普通高等教育“十四五”规划教材

现代商务礼仪

胡晓玲　周演华　主　编
邵晓晖　副主编

上海财经大学出版社
SHANGHAI UNIVERSITY OF FINANCE & ECONOMICS PRESS
上海学术·经济学出版中心

图书在版编目(CIP)数据

现代商务礼仪/胡晓玲,周演华主编. —上海:上海财经大学出版社,2023.12

(普通高等教育"十四五"规划教材)

ISBN 978-7-5642-4275-6/F・4275

Ⅰ.①现… Ⅱ.①胡… ②周… Ⅲ.①商务-礼仪-高等学校-教材 Ⅳ.①F718

中国国家版本馆 CIP 数据核字(2023)第 210260 号

□ 策划编辑 汝 涛 杨 闯
□ 责任编辑 石兴凤
□ 封面设计 贺加贝

现代商务礼仪

胡晓玲 周演华 主 编
邵晓晖 副主编

上海财经大学出版社出版发行
(上海市中山北一路 369 号 邮编 200083)
网 址:http://www.sufep.com
电子邮箱:webmaster @ sufep.com
全国新华书店经销
上海华教印务有限公司印刷装订
2023 年 12 月第 1 版 2023 年 12 月第 1 次印刷

787mm×1092mm 1/16 14.25 印张 365 千字
印数:0 001—3 000 定价:49.00 元

主　编

胡晓玲　周演华

副主编

邵晓晖

编　者

邵晓晖　聂新田　马慧敏

刘　雯　詹育红　李冬芹

湖北省教育科学规划课题“教育服务乡村振兴的多维协同和实现路径研究(2022GB151)”阶段性成果之一；武汉工商学院管理学院旅游管理系，2019年湖北高校省级优秀教学基层组织阶段性成果之一；武汉工商学院管理学院人力资源管理系，2019年湖北省高校教学团队阶段性成果之一；武汉工商学院管理学院工商管理系，2019年湖北省省级一流专业阶段性成果之一；武汉工商学院管理学院会计学系，2022年国家一流专业阶段性成果之一。

目　录

前　言

礼仪是人类社会文明的标志，具有鲜明的时代特征和地域特色。礼仪是人们在社会交往中受历史传统、风俗习惯、宗教信仰、时代潮流等因素的影响而形成的，为人们所认同和遵守，是各种符合交往要求的行为准则和规范的总和。自古以来，中国以“礼仪之邦”著称，讲“礼”重“仪”是中华民族的优秀传统，体现了中华民族的礼仪文化理论和实践探索。

在商务交往中，不论是正式场合还是非正式场合，同客户相见，不懂商务习惯，不了解商务礼仪，会对商务活动产生消极影响。这要求每一个人须努力学习商务礼仪，规范行为，在商务交往中尊重自己、尊重他人。“现代商务礼仪”是一门综合性很强的课程，涉及企业文化、地域文化、跨国文化，以及历史学、地理学、心理学、交际学、管理学、组织行为学等学科知识。因此，现代商务礼仪的教学融入企业行为规范、企业价值观、沟通能力、团队合作、领导能力等训练。学习现代商务礼仪是时代的潮流，更是现实所需。

笔者认为，需要改变传统的教学模式，让学生将理论和实践有效结合，加大实训力度，学以致用。我们编写这本教材时紧密围绕我国国情，突出实践训练环节。每章都编写了情境案例，对每个训练目标、训练案例内容等都做了详细规定，确保每个情境项目都有可操作性。通过情境训练，可以提高学生对礼仪知识的实际运用能力，同时加深学生对现代商务礼仪知识的理解。

本书分为十章，每章内容独立、自成体系，分别介绍了商务礼仪概述、商务人员个人礼仪、商务人员日常办公礼仪、商务人员交际礼仪、商务旅行礼仪、商务宴请礼仪、商务谈判礼仪、会展礼仪、商务仪式礼仪和涉外商务礼仪。本书由胡晓玲、周演华主编，邵晓晖副主编，聂新田、邵晓晖、詹育红、刘雯、李冬芹等参与编写。

通过学习本书，可以使学生学到现代商务礼仪知识，同时通过情境训练，培养学生良好的礼仪习惯，提升素质，为走向社会打下基础。对于其他读者而言，可以规范自己日常生活和工作中的言谈举止，学会在现代商务礼仪场合应对自如，成为文明的成功人士。本书除作为高校学生学习礼仪知识和技能的用书之外，还可以用于各级、各类人员的培训和自学。

在编写过程中，本书得到许多专家、教授的指导，还得到上海财经大学出版社的支持。本书在写作过程中参阅了许多国内外学者的研究成果，谨此表示感谢！另外，本书为增强效果，使用了一些公开发布的图片，在此对图片的所有者表示感谢！

限于编者的学术水平，加之时间仓促，本书难免出现错误和疏漏，热忱欢迎专家、读者赐教。

编　者
2023年10月

第一章 商务礼仪概述

知识目标

熟悉商务礼仪的概念与构成。

了解商务礼仪与其他礼仪的相同点与不同点。

了解商务礼仪的特征与功能。

掌握商务礼仪的基本原则。

熟悉礼仪的历史沿革。

技能目标

通过本项目的学习，了解商务礼仪的含义与特征，熟悉和掌握商务交往过程中应该遵循的礼仪原则，在商务活动中能熟练地运用相关礼仪技巧，促进商务活动的顺利实施。

案例导入

礼仪修养

一批应届毕业生22个人，实习时被导师带到北京的国家某部委实验室里参观。全体学生坐在会议室里等待部长的到来。这时，秘书进来给大家倒水。同学们表情木然地看着她忙活，其中一个还问了句："有绿茶吗？天太热了。"秘书回答说："抱歉，刚刚用完了。"林然看着有点别扭，心里嘀咕："人家给你倒水，还挑三拣四。"轮到他时，他轻声地说了句："谢谢，大热天的，辛苦啦！"秘书抬头看了他一眼，满含着惊奇，虽然这是很普通的客气话，却是她今天唯一听到的一句。

门开了，部长走进来和大家打招呼，不知怎么回事，静悄悄的，没有一个人回应。林然左右看了看，犹犹豫豫地鼓了几下掌，同学们这才稀稀落落地跟着拍手，由于不齐，越发显得零乱。部长挥了挥手，说道："欢迎同学们到这里参观。平时这些事一般都是由办公室负责接待，因为我和你们的导师是老同学，非常要好，所以这次我亲自来给大家讲一些有关情况。我看同学们好像都没有带笔记本，这样吧，王秘书，请你去拿一些我们部里印的纪念手册，送给同学们作纪念。"接下来，更尴尬的事情发生了。大家都坐在那里，很随意地用一只手接过部长双手递过来的手册。部长的脸色越来越难看,他来到林然面前时,已经快要没有耐心了。这时,林然礼貌地站起来,身体微倾,双手握住手册,恭敬地说了一声:“谢谢您!”部长闻听此言,不觉眼前一亮,伸手拍了拍林然的肩膀:“你叫什么名字?”林然照实作答。部长微笑点头,回到自己的座位上。早已汗颜的导师看到此景,才微微松了一口气。

两个月后,同学们各奔东西,而林然的“去向”栏里却赫然写着“国家某部委实验室”。几位颇感不满的同学找到导师质问:“林然的学习成绩最多算是中等,凭什么推荐他而没有推荐我们?”导师看了看这几张尚显稚嫩的脸,笑道:“是人家点名来要的。其实你们的机会是完全一样的,你们的成绩甚至比林然还要好,但是除学习之外,你们需要学的东西太多了,修养是第一课。”

资料来源:https://wenku.baidu.com/view/0e29314f250c844769eae009581b6bd97f19bcb8.html。

随着市场经济的发展,激烈的竞争在商务行业内部以及相近行业间的产品、服务、品牌、文化、管理等多个方面展开,这使得行为方式和商务礼仪成为影响客户选择企业的产品和服务的非常关键的因素。因为商务礼仪体现了企业文化的形态、企业管理的水平、企业员工的素质,这些都是维护和塑造企业形象的重要组成部分,所以我们必须重视学习商务礼仪知识。

礼仪是人们步入文明社会的“通行证”。人类自诞生那天起便开始了对文明与美的追求。礼仪体现了人类社会不断摆脱愚昧、野蛮、落后,促进整个社会进步的程度,也是一个国家、一个民族进步、开化与兴旺的标志。我国作为东方文明古国和东方文化的发源地,素有“礼仪之邦”的美誉,数千年来对文明的不懈追求,形成了丰富多彩的东方文化和礼仪。

第一节　商务礼仪的概念与构成

一、商务礼仪的概念

在西方,“礼仪”一词,最早见于法语 etiquette,原意是“法庭上的通行证”。作为英文,就有“礼仪”的含义,即“人际交往的通行证”。礼仪包含礼节和仪式的意思。

商务礼仪是人们在商务活动中用于维护企业形象或个人形象,对交往对象表示尊重和友好的行为规范和惯例。商务礼仪在商务活动中作为指导、协调人际关系的行为方式和活动形式,用来约束日常商务活动的方方面面,其中,包括仪容仪表礼仪、商务日常交往礼仪、商务拜访与接待礼仪等。目前,商务活动的场合可以分为办公礼仪、会议礼仪、仪式礼仪、宴请礼仪、求职礼仪、专题活动礼仪、涉外礼仪。商务礼仪广泛涉及社会经济生活的各方面,调节社会中全体成员的相互关系和行为规范,为各国家、各民族、各阶级、各党派、各社会团体以及各阶层人士共同遵守。

商务礼仪的核心作用,体现人与人之间的相互尊重。因此,我们学习商务礼仪就显得更为重要。可以说,商务礼仪是商务活动中对人的仪容仪表和言谈举止的普遍要求。商务礼仪以礼仪为基础,与礼仪有着共同的基本原则:尊重、友好、真诚。

礼出于俗,俗化为礼。只有在商务交往中做到“约束自己,尊重他人”,才能使人们轻松、愉快地交往。“为他人着想”不仅是商务交往,而且是人与人之间正常交往的基本原则。学习并正确地运用商务礼仪,既是人际交往中适用的一种艺术,又是一个人内在修养和素质的外在表现,也是人际交往中约定俗成的示人以尊重、友好的习惯做法。人们在人际交往中进行相互沟通,一定要掌握商务礼仪的技巧。从个人的角度看,掌握一定的商务礼仪,有助于提高人们的自身修养、美化自身、美化生活,有效地促进社会交往,改善人际关系,还有助于净化社会风气。

二、商务礼仪的构成

商务礼仪的构成主要有三个方面:商务礼仪的主体、商务礼仪的客体(对象)、商务礼仪的媒体与环境。

(一)商务礼仪的主体

商务礼仪的主体,指的是商务礼仪实施者。它既可以是个人,又可以是组织。当商务礼仪活动规模较小、较为简单时,其主体是个人;当商务礼仪活动规模较大、较为复杂时,其主体则是组织。

商务礼仪主体的代表者代表主体进行礼仪操作和实施。商务礼仪主体在选代表时应考虑以下问题:第一,代表者真正代表礼仪的主体,具备资格和能力,能较好地完成代表礼仪主体操作和实施具体礼仪的任务;第二,代表者能够为礼仪对象认同、接受、欢迎,能巩固并发展礼仪对象与礼仪主体之间的良好关系。

(二)商务礼仪的客体(对象)

商务礼仪客体(对象),指的是各种礼仪行为和礼仪活动的指向者或接收者。任何商务礼仪行为和礼仪活动都须有所指向,都须有接收者。

礼仪客体(对象)的外延非常广泛,可以说,一切礼仪主体都具有真、善、美,都可以成为礼仪的客体(对象)。例如,奏国歌时,庄重、严肃,祖国是我们的礼仪客体(对象);升国旗时,行注目礼,国旗是我们的礼仪客体(对象)。再如,演员结束表演,站在舞台上向观众鞠躬,观众是演员的礼仪客体(对象)。

礼仪的客体(对象)既可以是有形的,又可以是无形的;既可以是具体的,又可以是抽象的;既可以是物质的,又可以是精神的;既可以是人,又可以是其他物体。

(三)商务礼仪的媒体与环境

任何商务礼仪行为和活动都须依托媒介,这个媒介是商务礼仪的媒体。商务礼仪媒介的类型多种多样、千差万别,主要分为言语交际符号和非言语交际符号。大量的礼仪实践事例说明,生活中的人、物、事在一定的环境下都可以作为礼仪的媒体而发挥作用。在具体操作和实施礼仪的时候,不同类型的礼仪媒体交叉结合和配套使用。

商务礼仪行为和活动都是在特定的时间和空间进行的。实施商务礼仪行为和活动的特定时空就是商务礼仪的环境。商务礼仪环境十分复杂,可以归纳为自然环境和社会环境两个方面,还可以是世事变迁、自然灾害、收成好坏、战争胜败、天气状况、地理位置、风俗习惯、人际关系等。这些环境都可以成为商务礼仪的环境。

第二节　商务礼仪的特征与功能

一、商务礼仪的特征

礼仪的本质特点是它的文化性,隶属于上层建筑范畴,由经济基础制约并反作用于经济基础。礼仪作为一种特定的社会现象有其独特的属性,具体表现为:

（一）规范性

礼仪言行的实施要符合一定的社会、民族、时代的规范和程式。礼仪是在人类共同生活的基础上形成的，是调节同一社会成员相互关系的一种行为规范，并逐步发展成为社会成员都必须遵守的准则。礼仪的规范性，不仅约束着人们在一切交际场合的言行举止，使之合乎礼仪，而且也是人们在一切交际场合必须采用的一种“通用语言”，是衡量他人、判断自己是否自律、敬人的一种尺度。任何人要想在交际场合表现得合乎礼仪、彬彬有礼，就必须无条件地遵守礼仪。

（二）继承性

任何国家的礼仪都是社会历史发展的产物。作为一种民族文化的积累和精神财富的礼仪，本身就具有世代相传的继承性。任何国家的礼仪都具有其鲜明的民族特色，任何国家的当代礼仪都是在本国古代礼仪的基础上继承、发展起来的，离开了对本国、本民族既往礼仪成果的传承、扬弃，就不可能形成当代礼仪。我国有 5 000 多年的文明史，素有“礼仪之邦”的美称。中华民族向来以“知书达理”作为传统美德，礼仪在中国传统文化中占有重要的地位。随着社会的不断进步与发展，礼仪也在不断地发展更新。传统礼仪中，许多精华被保存下来，融入现代礼仪之中，成为今天人们处世行事的规矩和习惯，而其糟粕则被抛弃，不再沿用。当然，礼仪除有很强的继承性外，还要有发展性，并充分体现时代特色。

（三）相互性

《礼记・曲礼上》说：“礼尚往来，往而不来，非礼也；来而不往，亦非礼也。”这段话的意思是，重视施礼方与受礼方相互之间的往来。人际交往是相互影响、相互作用的，是双向交流、相互尊重的过程。一般来说，人际交往的一方，充分礼待另一方，另一方很少不受感动，而同样礼待对方，这样可以构建起和谐、融洽的人际关系。自古至今，流传着许多脍炙人口的礼仪双方互动的故事，如著名的“三顾茅庐”。汉朝末年群雄纷争，已负盛名的刘备不嫌当时诸葛亮的身份低微，多次礼访，终于感动了诸葛亮，诸葛亮出山，为其成就了“三国鼎立”的霸业，并为蜀国“鞠躬尽瘁”；又如“蔺相如礼让廉颇”，蔺相如为国家大局着想放下个人恩怨，不但不与廉颇对着干，而且处处不惜受辱做出礼让，终于感动廉颇，向他“负荆请罪”，成就了一段流传千古的“将相和”美谈；再如“张英让墙”，清代中期大臣张英以一首幽默的打油诗“千里家书只为墙，让他三尺又何妨。万里长城今犹在，不见当年秦始皇”，化解了与叶侍郎家争地砌墙院的矛盾。从此两家相安无事，并以礼相待，两家墙院之间还多出了一条被后人称颂的“六尺巷”。历史虽然过去了千百年，礼仪相互性是恒久不变的，它促进人们交往时为建立和谐的人际关系而讲究礼让，并不断追求对礼貌礼仪的修养，使自身的礼仪水平日臻完善。可见，礼仪的互动性在协调人际关系方面起着重要的作用。

（四）限定性

礼仪主要适用于交际场合，适用于普通情况下一般的人际交往与应酬。在此范围内，礼仪肯定是行之有效的，但离开了这个特定的范围，礼仪就未必适用。因此，不能把礼仪当作是放之四海而皆准的标准，更不要在非交际场合拿礼仪去以不变应万变。必须明确，不同场合、不同身份适用不同的礼仪，这体现了礼仪的限定性特点。例如，大学同学聚会，同学们经历不同，有的同学当了省长，有的同学是处长，有的同学是科长，有的同学是教师……难道还要论职排位？礼仪应用于限定的场合。

（五）差异性

礼仪规范因时间、空间或对象的不同而有所不同，存在着明显的差异性。俗话说：“到什么山唱什么歌。"这句话包含了礼仪的应用要看时代、地点、场合、对象等意思。礼仪的应用,因处于不同的时代、地点、场合等会产生不同的要求和差别限制。古代的某些礼仪规范在今天就不再适用,一个国家和民族的礼仪也不一定适合另一个国家和民族。例如,在我国,封建社会时期行"三跪九叩"的礼节,当时以鞠躬代替跪拜礼是会被视为异端的。但在今天,若还应用"三跪九叩",就十分荒唐。因此,尽管礼仪对传统文化有着深厚的继承性,但随着社会的发展,礼仪的时代差别还是很明显的。另外,尽管礼仪在不同国家、不同民族间有相互兼容、相互渗透的现象与趋势,但礼仪的民族地域性特征决定了不同国家、不同民族间的礼仪有一定的差别,差别有些还会很大,例如,非洲许多国家的礼仪和我们亚洲的礼仪就截然不同。因此,在对外交往中,要了解和熟悉各个国家、民族和地区的礼仪习俗,以及在各种场合,面对各类对象的不同礼仪要求,规范自己在对外交往中的行为,以免造成不必要的误会与误解。

(六)民族地域性

俗话说:"十里不同风,百里不同俗。"不同的国家、民族,同一国家的不同民族,都有其生息地域、生活方式、思维方式、社会文化、风俗习惯,并从长期的社会生活实践中形成了体现本民族特点的礼仪习俗和礼节规范。这些礼俗和规范往往有着鲜明的地域性和民族特征,人们在行使礼仪时总会潜移默化地受到传统民族文化的影响。例如,中国崇拜龙,就是从原始社会的图腾崇拜开始的;进入君主时代,龙又成了"真龙天子"的象征;今天,龙又成了吉祥喜庆的代名词。然而,在英国以至整个西方世界则不同,给英国人送带有龙图案的礼物,则是大大的失礼。又如,西方民族亲朋好友见面时,一般都要拥抱和亲吻脸颊,是热情友好的表现,而中国人就不习惯,在中国过去一般是行拱手礼,现在一般是行握手礼,也不失热情友好。可见,不同的民族有着截然不同的礼仪习俗和规范。

礼仪的民族地域特征,使得人们在对外交往时特别要注意"入乡随俗""入境问禁",充分尊重外民族的礼仪习俗,以防对外民族造成不必要的冒犯和误会,影响对外交往的顺畅和友谊。同时,各国、各民族之间相互了解、学习别人的礼仪,也有利于促进各国、各民族之间的交流交往,促进国际经济一体化进程。

因此,礼仪一方面具有强烈的国家、地方、民族特色;另一方面,随着国际交往的深入、信息沟通的飞速增长、国家之间的距离不断拉近,人们都将人类共同生活的这个世界亲切地称为"地球村",各国的礼仪出现相互兼容、相互渗透的现象,并形成大家都能接受的礼仪规范。现今有句话叫做"越是民族的,便越是世界的",这句话在礼仪上十分合适。礼仪除有很强的民族特色,还有很重要的民族间、国家间的交流意义。

小案例

我国江南的一座城市,外宾准备在此投资。外宾在考察当地情况时兴致颇高。他们谢绝乘坐专车,坚持徒步而行。尤其是一位担任副团长的女士,尽管白发苍苍,依然健步如飞、谈笑风生,令人钦佩。当时在场作陪的当地一位副市长见到这番情景,便由衷地对那位女士说:"夫人,您身体真好,真是老当益壮啊!您老人家今年高寿?"在这位副市长讲话之初,这位女士还笑容可掬地聆听着,可是在翻译员翻译完之后,对方竟勃然变色,拂袖而去。

二、商务礼仪的功能

礼仪是人类社会文明发展的产物,是人们在社会交际活动中的共同准则。加强礼仪教育,对于提高自身的修养和素质、促进社会主义精神文明建设、塑造良好的形象、扩大社会交往、促进事业成功具有十分重要的作用。礼仪具有多方面的功能，主要表现在以下几个方面：

（一）规范行为

礼仪最基本的功能就是规范各种行为。在商务交往中，人们相互影响、相互作用、相互合作，如果不遵循规范，双方就缺乏协作的基础。在商务规范中，礼仪规范可以使人明白应该怎样做、不应该怎样做，以及哪些可以做、哪些不可以做，可以维护自我形象、尊重他人、赢得友谊。

礼仪作为行为规范，对人们的社会行为具有很强的约束作用。礼仪一经制定和推行，便成为社会的习俗和行为规范。一个生活在某种礼仪习俗和规范环境中的人，需自觉或不自觉地受到该礼仪的约束。自觉接受礼仪约束的人是“成熟的”标志；不接受礼仪约束的人，社会就会以道德和舆论的手段来对他加以约束，甚至以法律的强制手段来约束。

（二）协调关系

商贸活动和商务谈判中难免碰到沟通不畅的事情，有时还会导致谈判双方关系破裂，影响谈判结果。这时如果处理不当，不仅客户对商务从业人员的印象不佳，而且会影响企业的形象。礼仪具有调节人际关系的作用。一方面，礼仪作为一种规范、程序，作为一种文化传统，对人们之间的相互关系模式起着规范、约束和及时调整的作用；另一方面，某些礼仪形式、礼仪活动可以化解矛盾，建立新的关系模式。礼仪在发展健康、良好的人际关系中起着极其重要的作用。

在商务活动过程中，通过对一定的商务礼仪的巧妙运用，可以化解矛盾，消除分歧，相互谅解，缓和人与人之间的紧张关系，从而妥善地解决纠纷。在现代生活中，人们之间的相互关系错综复杂，有时会突然导致冲突，甚至极端行为。礼仪有利于冲突各方保持冷静，缓解已经激化的矛盾，得以沟通感情，建立起相互尊重、彼此信任、友好合作的关系，促进各项事业的发展。

（三）沟通信息

商务活动是一种双向交往活动，交往成功与否，取决于沟通的效果。商务交往是一个复杂的过程，由于交往对象的文化背景、思想、情感、观点和态度都存在不同，因此就使交往双方的沟通有时变得不那么容易，甚至会产生误解。若交往达不到沟通的效果，不仅交往的目的不能实现，而且会给交往双方所代表的组织造成严重的负面影响。

随着交往的深入，商务交往的双方可能都会产生一定的情绪体验，主要有两种情感状态：一种是情感共鸣，另一种是情感排斥。礼仪是一种信息，可以表达尊敬、友善、真诚等感情，使别人感到温暖。在人际交往中，自觉地执行礼仪规范，可以使交往双方的感情得到沟通，在向对方表示尊重、敬意的过程中，获得对方的理解和尊重。人们在交往时以礼相待，有助于加强人们之间互相尊重，建立友好合作的关系，缓和或者避免不必要的矛盾和冲突。良好的礼仪容易使双方互相吸引，增进感情，促进良好的人际关系的建立和发展；反之，如果不讲礼仪，那么很容易产生感情排斥，造成人际关系紧张，给对方留下不好的印象。因此，在商务活动中，恰当的礼仪可获得对方的信任，有助于事业的发展。

通过商务礼仪的学习和掌握，可以消除差异，使双方相互接近，达到感情沟通的目的，使商业事务顺利进行。在当今这个繁忙而又竞争激烈的商业环境里，彬彬有礼的谈吐和举止会使商务活动容易被同事和交易方所接受，可避免误解和剧烈冲突发生。商务活动是双向交往活动，交往成功与否，首先要看是否能够沟通，或者说是否能够赢得对方的理解。交往的对象是人，不是被动的客体。由于立场不同、观点不同，人们对同一个问题会有各自不同的理解和看法，这就使交往双方的沟通有时变得困难。如果交往中无法沟通，不仅交往的目的不能够实现，而且会导致误解，给企业造成严重的负面影响。商务礼仪旨在消除差异，使双方相互接近，达到情感沟通的目的，而和谐的沟通则是良好的商业合作的平台。

（四）塑造形象

礼仪的基本目的是树立和塑造个人及企业的良好形象。个人形象，是个人在公众观念中的总体反应和评价。作为从事商务活动的人员，必须积极地学习和掌握现代商界共同遵守的礼仪规范，注重礼仪修养，做到礼仪无小事，这样可以树立良好的个人形象。树立公司形象，是通过得体而诚挚的商务接待、拜访、谈判、宴请、通信、社交、赠礼等活动，为公司树立高效、讲信誉、易于交往、善待商业伙伴的形象。例如，戴尔电脑以良好的售后服务而闻名。

商务人员应注意自己的个人形象。从企业员工形象的好坏往往能够推断出企业的实力情况和信誉状况。如果员工的形象良好，则无疑为其所代表的企业传递了无声的商业信息，不仅宣传了企业的形象，而且会给企业带来有形和无形的财富。

小案例

法国公爵奥古斯丁的故事

1786 年，法国国王路易十六的王后玛丽·安东尼到巴黎戏剧院看戏，全场起立鼓掌。放荡不羁的奥古斯丁为了引起王后的注意，面向王后吹了两声很响的口哨。当时吹口哨被视为严重的调戏行为，国王大怒，把奥古斯丁送进监狱。而奥古斯丁入狱后似乎就被遗忘了，既不审讯，又不判刑，就日复一日地关着。后因时局变化，他也曾有过再次出狱的机会，但阴差阳错，终究还是无人问津。直到 1836 年，老态龙钟的奥古斯丁才被释放，当时他已经 72 岁。两声口哨换来 50 年的牢狱之灾，实在是巨大的代价。

（五）赢得机会

人的言谈举止影响着别人对他的看法，这些看法可能会影响一个人的人际关系，甚至会影响个人的发展和提升；同样，优雅的举止、恰当的服饰和良好的行为举止，可赢得更多的机会。对于一个管理者来说，良好的行为举止可以使管理工作更有效，使人际关系更加和谐，更加容易得到上级的赏识和下级的理解与支持；对于一个员工来说，更容易赢得更多的学习、工作机会，更容易与集体融洽相处，使领导更赏识自己，得到升迁的机会，使个人生活更幸福；对于一个集体来说，有着良好的礼仪规范意味着这个集体有着更强的凝聚力与更多的生存和发展机会，更容易做到全员公关，从而树立良好的组织形象。

在服务产业领域，对服务提供者的评价的一个重要指标，就是他们在处理与顾客的关系的时候表现出来的工作态度、个性和沟通技巧以及他们的外表等要素，而这些要素正是商务礼仪需要强调的内容。态度不佳、口齿不清、不修边幅的商务人员会影响人们对其和其所代表的组织所提供的服务的满意度。商务人员要彻底避免这些负面影响，就应通过专业的训练使自己具有高超的人际交往技巧和修饰整洁的外表形象，让顾客对自己提供的服务留下良好的印象。

第三节 商务礼仪的基本原则

礼仪的原则，是指行礼致意时应遵循的一些基本要求。具体的礼仪规范内容庞杂，又因民族、地域的不同而存在很大的差异。但无论何人、何时、何地，在行礼致意时都有些需要共同遵守的基本原则。在商务活动中，掌握一定的礼仪原则，尊重为本，善于表达的形式规范，有助于商务活动的成功。因此，礼仪的原则是礼仪研究中的一项重要课题。

一、尊重原则

尊重是礼仪的核心，是人性的需要，是人际交往的基本原则，是企业管理的法宝。古人云："仁者爱人，有礼者敬人。爱人者人恒爱之，敬人者人恒敬之。"英国作家高尔斯华绥说："尊敬别人，就是尊敬自己。"俄国作家陀思妥耶夫斯基说："对别人不尊敬，就是对自己不尊敬。"这些中外人生名言告诉我们：礼仪归根到底都是为了表示对他人的尊重。只有人与人之间相互尊重，才能保持和谐的人际关系。在商务交往中只有尊重对方的人格尊严，才能保持和谐、愉快的商务关系。不论什么国家、民族、地区，不论什么时间、场合，各种各样的礼仪形式，都应体现"尊重"的精神。尊重包括自尊和尊重他人。自尊和尊重他人是礼仪的感情基础。

二、平等原则

平等原则是现代礼仪的基础，是现代礼仪有别于以往礼仪的主要原则。平等原则，是指以礼待人，有来有往，既不能盛气凌人，又不能卑躬屈膝。传统社会是等级森严的社会，有形或无形的等级制度将人们划分为不同的等级。近代资本主义的兴起瓦解了旧的等级社会存在的基础，平等成了社会发展的内在要求。资产阶级启蒙思想家洞察了历史的需要，提出了"自由、平等、博爱"的口号，主张人生来平等，这就为现代礼仪的产生打下了思想基础。平等原则的适用范围非常广泛，从家庭到组织、从亲朋到公众、从国内到国际，都存在着平等问题。不允许因为交往对象彼此之间在年龄、性别、种族、文化、身份、财富以及关系的亲疏、远近等方面有所不同而厚此薄彼，给予不同待遇，但可以根据不同的交往对象采取不同的具体方法，针对具体情况，掌握分寸。

小案例

有一次，英国著名喜剧家萧伯纳访问苏联，在莫斯科街头散步时遇到了一位可爱的小姑娘，便与她攀谈、玩耍。分别时，萧伯纳对小姑娘说："回去告诉你妈妈，今天同你一起玩的是世界著名的萧伯纳。"小姑娘望了望萧伯纳，学着大人的口气说："回去告诉你妈妈，今天同你一起玩的是苏联小姑娘安妮娜。"这使萧伯纳大吃一惊，立刻意识到自己太傲慢了。他对此事感慨万分地说："一个人不论有多大的成就，对任何人都应该平等相待，要永远谦虚。这就是苏联小姑娘给我的教训，我一辈子也忘不了她！"

三、宽容原则

宽即宽待，容即相容、宽容，就是心胸坦荡、豁达大度，能设身处地地为他人着想，谅解他人的过失，不计较个人的得失，有很强的容纳意识和自控能力。中国传统文化历来重视并提倡宽容的道德原则，把宽以待人视为一种为人处世的基本美德。从事商务活动，也要求宽以待人，在人际纷争问题上保持豁达大度的品格或态度。在商务活动中，出于各自的立场和利益，难免会出现冲突和误解。遵循宽容的原则，凡事想开一点，眼光看远一点，善解人意，体谅别人，才能正确对待和处理好各种关系与纷争，争取到更长远的利益。

四、遵守约束原则

俗话说："礼多人不怪。"在交际应酬中，每一位参与者都必须自觉、自愿地守礼仪，以礼仪去规范自己在交际活动中的一言一行、一举一动。对于礼仪，不仅要学习、了解，更重要的是学以致用，将其付诸个人社交实践。懂礼节，遵守礼节，会使别人尊敬你、认同你、亲近你，无形之中拉近了同他人的心理距离，也为日后合作共事创造宽松的环境；相反，若不注重这些细节问题，坏了"规矩"，就可能会使人反感，甚至使关系恶化，导致事情朝着坏的方向发展。任何人不论身份高低、职位大小、财富多少，都应自觉遵守、应用礼仪，否则就会受到公众的指责，阻碍交往活动的正常进行。因此，在把握原则问题的前提下，还应该注重礼节，并尽可能地遵守这些礼节，只有这样，才能确保事情的正常发展。

五、适度原则

人际交往中要注意各种不同情况下的社交距离，也就是要善于把握住沟通时的感情尺度。古话说："君子之交淡如水，小人之交甘若醴。"此话不无道理。在人际交往中，沟通和理解是建立良好的人际关系的重要条件，但如果不善于把握沟通时的感情尺度，即人际交往缺乏适度的距离，结果会适得其反。例如，在一般交往中，既要彬彬有礼，又不能低三下四；既要热情大方，又不能轻浮谄谀。所谓适度，就是要注意感情适度、谈吐适度、举止适度。只有这样，才能真正赢得对方的尊重，达到沟通的目的。

六、诚信原则

诚信原则是指遵时守信，"言必信，行必果"，要求在人际交往中运用礼仪时，待人以诚，言行一致，一诺千金，表里如一，以及"用人不疑，疑人不用"。倘若对交往对象口是心非、言行不一、弄虚作假、投机取巧，则注定是行不通的。在人际交往中，你只有博得大家的信赖，才能有利于成功。

七、从俗原则

《礼记·曲礼上》说："入境而问禁，入国而问俗，入门而问讳。"由于国情、民族、文化背景不同，不同的人之间存在差异。俗话说："十里不同风，百里不同俗。"对这一客观现实要有正确的认识，不要自高自大、唯我独尊、以我画线，简单否定其他人不同于己的做法；注意遵守对方特有的习俗，易于增进双方的相互理解和沟通，有助于更好地表达亲善友好之意。在商务活动中，对客观现实要有正确的认识，要真正地做到尊重对方，就必须了解和尊重对方所特有的风俗习惯，必要时，坚持入乡随俗的原则，与当地绝大多数人的习惯做法保持一致。例如，赠送礼品，人之常情。送礼要考虑对象，要知道他喜欢什么不容易做到，但起码要了解他不喜欢的东西不能送。

总之，只有掌握并遵行礼仪原则，在人际交往、商务活动中才有可能成为待人诚恳、彬彬有礼之辈，并受到他人的尊敬和尊重。

第四节　礼仪的历史沿革

一、中国礼仪的起源与发展

（一）中国礼仪的起源

中国是世界公认的文明古国之一，也是人类文明的发源地之一。中国自古以来都崇尚礼仪，素有“礼仪之邦”的美称。那么，礼仪研究起源于何时呢？

礼仪的起源可以追溯到原始社会的远古时代。我国作为一个以“礼仪之邦”著称的文明古国，礼仪的发展历史源远流长，归纳起来，大体有五种礼仪起源说：一是天神生礼；二是礼是天地人的统一体；三是礼起源于人的自然本性；四是礼是人性和环境矛盾的产物；五是礼生于理，起于俗。

1. 天神生礼

这种观点是指礼仪起源于一种信仰说教，代表人类图腾崇拜时期对原始礼仪的一种认识。《左传》有言：“礼以顺天，天文道也。”意思是说，礼是用来顺乎天意的，而顺乎天意的礼，就是合乎“天道”。天神生礼说虽然不科学，但是反映了礼仪起源的某些历史现象。

2. 礼是天地人的统一体

这种观点是春秋以后兴起的一股思潮。它认为，天地与人既具有制约关系和统一性，又具有高于人事的主宰性。将礼引入人际关系中讨论，比单纯的天神生礼说有了很大进步，但仍没有摆脱原始信仰，不科学。

3. 礼起源于人的自然本性

这是儒家的创见。儒家学派把礼和人性结合起来，认为礼起源于人的天性。孔子以仁释礼，一方面把“礼”作为处理人际关系的总则，另一方面把“仁”当做“礼”的心理依据。克己以爱人，就是“仁”；用仁爱之心正确而恰当地处理好人际关系，就是“礼”。

4. 礼是人性和环境矛盾的产物

这一学说的目的在于解决人和环境的矛盾。孔子“克己复礼”的观点是看到了人和环境的矛盾，而解决这种矛盾的方法是“克己”。人的好恶欲望若不加以节制，则什么坏事都干得出来，于是圣人制礼，节制贪欲。

5. 礼生于理，起于俗

这是对礼仪起源的更深入的探讨。理，是指事物的必然性的道理。人们根据面临的生存条件，制定出合乎人类生存发展必然性和道理的行为规范，就是“礼”。“礼”是理性认识的结果。事物的礼落到实处，使之与世故习俗相关，因此又有了礼起源于俗的说法。荀子说：“礼以顺民心为本……顺人心者皆礼也。”此言从理和俗上说明了礼的起源。

根据上述说法，可以认为，“礼”先于“仪”，有了“礼”这个道德规范，才用“仪”这种形式去表现。“礼”与“仪”常常密不可分。礼仪与部落群居的形成过程同步产生，并随着社会组成形式和国家制度的变化而变化，随着人类社会生活的发展而逐步完善起来。

（二）中国礼仪的发展

从社会发展的历史脉络来看，中国礼仪文化的发展经历了漫长的时期，大致可以分为礼仪的起源、礼仪的形成、礼仪的变革、礼仪的强化、现代礼仪、当代礼仪六个基本阶段。

1. 礼仪的起源：夏朝以前（公元前 21 世纪前）

礼仪起源于原始社会，在原始社会中晚期(约旧石器时代)出现了早期礼仪的萌芽。整个原始社会是礼仪的萌芽时期，此时的礼仪较为简单和虔诚，不具有阶级性。其内容包括：制定明确血缘关系的婚嫁礼仪，制定区别部族内部尊卑等级的礼制，为祭天敬神而确定一些祭典仪式，规定了一些人们在相互交往中表示礼节和表示恭敬的动作。

2. 礼仪的形成：夏、商、西周三代(公元前 21 世纪—公元前 771 年)

随着原始社会的解体，人类社会进入奴隶社会，"礼"开始打上阶级的烙印，礼仪的含义有所变化。在周代，礼除了祭祀之外，还作为治国之本。中国第一次形成了比较完整的国家礼仪与制度，如"五礼"就是一整套涉及社会生活各方面的礼仪规范和行为标准。古代的礼制典籍也多撰修于这一时期，如周代的《周礼》《仪礼》《礼记》就是我国最早的礼仪学专著，在汉以后 2 000 多年的历史中，它们一直是国家制定礼仪制度的经典著作，被称为礼经。

3. 礼仪的变革：春秋战国时期(公元前 770 年—公元前 221 年)

春秋战国时期是我国奴隶社会向封建社会转型时期。在此期间，相继出现了孔子、孟子等思想家，发展和革新了礼仪和礼仪理论，使中国的礼仪发展进入百家争鸣的新时期。这一时期，以孔子、孟子、荀子为代表的诸子百家对礼教进行了研究和发展，对礼仪的起源、本质和功能进行了系统阐述，第一次在理论上全面而深刻地论述了社会等级秩序的划分及意义。

孔子对礼仪非常重视，把礼看成治国、安邦、平定天下的基础。他认为"不学礼，无以立""质胜文则野，文胜质则史。文质彬彬，然后君子"。他要求人们用礼的规范来约束自己的行为，要做到"非礼勿视，非礼勿听，非礼勿言，非礼勿动"。他倡导"仁者爱人"，强调人与人之间要有同情心，相互关心，彼此尊重。

孟子把礼解释为对尊长和宾客严肃而有礼貌，即"恭敬之心，礼也"，并把"礼"看做是人的善性的发端之一。

荀子把礼作为人生哲学思想的核心，把礼看做是做人的根本目的和最高理想，"礼者，人道之极也"。他认为，"礼"既是目标、理想，又是行为过程。"人无礼则不生，事无礼则不成，国无礼则不宁。"管仲认为礼关系到国家的生死存亡。

4. 礼仪的强化：秦汉到清末(公元前 220 年—公元 1911 年)

在我国长达 2 000 多年的封建社会里，尽管在不同的朝代礼仪文化具有不同的社会政治、经济、文化特征，但却有一个共同点，即一直为统治阶级所利用，一直是维护封建社会等级秩序的工具。这一时期礼仪的重要特点是尊君抑臣、尊夫抑妇、尊父抑子、尊神抑人。在漫长的历史演变过程中，它逐渐变成妨碍人类个性自由发展、阻挠人类平等交往、窒息思想自由的精神枷锁。

综观封建社会的礼仪，内容大致有涉及国家政治的礼制和家庭伦理两类。这一时期的礼仪构成中华传统礼仪的主体，因此，需要用历史的、辩证的观点来对待，既要放弃"糟粕"，又要继承和发扬优良的礼仪传统。

5. 现代礼仪(约从 1912 年民国初期到中华人民共和国成立前)

辛亥革命为西方资产阶级革命的理性思想传入中国提供了平台，中国推翻了封建落后的政治体制，人们的生活风貌、风俗礼仪也随之发生了深刻的变化，传统的礼仪规范和制度逐渐被时代抛弃，如普及教育，废除祭孔读经；改易陋习，剪辫子、禁缠足。随着科学、民主、自由、平等的观念逐渐深入人心，新的礼仪标准、价值观念得到推广和传播。我国的现代礼仪主要是在辛亥革命后逐渐形成的。辛亥革命不仅赶走了最后一个皇帝，也结束了中国上千年的帝制，对封建礼教产生了强烈的冲击。

6. 当代礼仪(从1949年至今)

中华人民共和国成立后,在马克思主义、毛泽东思想的指导下,摒弃昔日束缚人们的“神权天命”“愚忠愚孝”以及严重束缚妇女的“三从四德”等封建礼教,以合作互助和男女平等为主要内容的新型人际关系和社会关系得到确立,而且优良的民族传统、良好的礼仪习俗也得到继承和发扬。中华人民共和国成立后,随着社会制度的彻底变革,人与人的关系出现了前所未有的变化,在人民内部,合作代替了对抗,互助互利代替了尔虞我诈,建立起真正平等的、亲密的同志关系,由此而建立的礼仪规范为世人所称赞,人们至今仍对20世纪50年代良好的社会风尚留有深刻的印象。随着中国与世界的交往日趋频繁,西方一些先进的礼仪、礼节陆续传入我国,我国的礼仪建设有了更广阔的发展天地。随着社会的进步、科技的发展和国际交往的频繁,礼仪必将得到新的完善和发展。

二、西方礼仪的起源和发展

(一)西方礼仪的起源

古希腊是西方文明的发源地。当时,人们不仅遵从法律,也讲究礼仪。尤其对贵族来说,有无礼仪修养绝非小事。早在荷马时代,贵族们就把“作战英勇,能言善辩,谦恭有礼,高度负责甚至对战败者的宽宏大量和对自己高度的责任感”看做是贵族不可缺少的高贵品质。作为一名贵族,“不许说谎,必须恪守信用,不准损人利己;在买卖交易中,宁可自己吃亏,也不能诈骗他人的一分一厘”。古希腊这些礼仪的具体形式为西方文明奠定了基础。

公元前146年,古罗马开始统治西欧。古罗马在继承古希腊文化遗产的基础上发展和创造了自己的文明样式。古罗马教育理论家昆体良在这方面做出了突出的贡献,并写了《雄辩术原理》一书。他认为一个人的道德、礼仪应从幼儿时期开始,在孩子幼儿时期要选择品质优秀、“言行合礼”的人来充当保姆,因为此时保姆跟幼儿接触最多,对幼儿的影响也就最大,到了一定的年龄,送到学校学习,提高他们的交际能力。

总之,在古希腊和古罗马时期,交际礼仪已经引起了人们的重视,一些思想家已对其中的一些问题进行了初步的探讨,但还比较零碎,且往往蕴含在伦理道德的理论当中。

(二)西方礼仪的发展

西方礼仪的发展经历中世纪和近现代两个阶段。

1. 中世纪时期西方礼仪的发展

12—17世纪的欧洲社会,统治者极力宣扬世间万物都是上帝创造的,社会上的一切制度和关系也都是上帝安排的,“上等人统治,下等人服从统治”是天经地义的。在这种理论指导下的封建等级制度以土地关系为纽带,通过层层分封,在人与人之间形成了上尊下卑的等级差别。国王是最高的“封主”,其下有各级爵位的贵族,骑士属于封建统治者中最低的等级,在贵族之中形成了封建社会所特有的严格而烦琐的贵族礼仪、宫廷礼仪。贵族必须接受一种所谓的“骑士教育”内容,包括打猎、角力、骑马、跳舞、唱歌、上流社会的礼节和行为规范及少量的文学知识。这种“骑士教育”强调培养骑士对贵族妇女的特殊感情,养成一种为她们献身的精神,由此而产生出一种所谓的“骑士风度”,即在交际生活中给予贵妇人种种礼遇,如出入大门请她们先走,在她们面前鞠躬低头,吻她们的手,聚会时请她们坐上座等。这种对待贵妇人的礼仪,后来随着文艺复兴、宗教改革和启蒙运动的到来,范围逐步扩大,最后成为今天西方普遍遵从的“女士优先”的礼仪。但当时的平民劳动妇女并不同等享有该待遇,她们反而受着各种封建礼仪规范的束缚。当时为了驯服妇女,《训女手册》之类的书籍还出现过。

2. 近现代时期西方礼仪的发展

14—16 世纪，欧洲出现了资本主义萌芽，随之而来的是文艺复兴。新兴的资产阶级高举“人文主义”的旗帜，主张一切以人为本，一切为了人的利益，提倡人性、反对神性，提倡人权、反对神权，提倡个性解放、反对宗教神学，提倡理性、反对蒙昧主义和神秘主义。随着资本主义的确立和发展，带有封建等级色彩的礼仪退出历史舞台，资产阶级在原有礼仪形式的基础上逐渐建立起一整套反映资产阶级利益和思想的礼仪规范。此时期的思想家、政治家纷纷提出了许多有关礼仪、礼仪教育的理论。

英国资产阶级教育思想家约翰·洛克写了《教育漫话》，系统地论述了礼仪的地位、作用以及礼仪教育的意义和方法。他主张吸收封建社会中一切与资本主义文明相适应的礼仪形式，培养出既有封建贵族派头又具有资产阶级精神风貌的“绅士”。要造就这样的人最重要的是德行教育，而在德行教育中，又要特别注意礼貌品质的养成和礼仪知识的灌输。

1716 年，德国学者缅南杰斯出版礼仪专著《论接待权贵和女士的礼仪——兼论女士如何对男士保持雍容态度》，对具体交际场合的礼仪作了详尽的阐述。英国政治家切斯特菲尔德勋爵在名著《教子书》中指出：“世界最低微、最贫穷的人都期待从一个绅士身上看到良好的教养，因为他们在本性上是和你平等的，并不因为教育和财富而比你低劣。同他们说话时，要非常谦逊、温和，否则，他们会因为你的傲慢而憎恨你。”这就说明人际交往中对礼仪的要求是普遍的。随着生产力的提高、教育的普及和文化的发展，现代社交生活已不再是少数阶层专有的特权，各种具有现代文明特色的交际礼仪已广泛渗透到社会生活，这对人们的文明教养水平提出了更高要求。很多有关这方面的论著随之出现，其中比较著名的有法国学者让·塞尔著的《西方礼节与习俗》，英国学者埃尔西·伯奇·唐纳德编的《现代西方礼仪》，德国作家卡尔·斯莫卡尔著的《请注意您的风度》，美国礼仪专家伊丽莎白·波斯特编的《西方礼仪集萃》以及美国教育家卡耐基编的“成功之路丛书”等。

情境案例分析

情境一

某公司新建的办公大楼需要添置一系列的办公家具，价值数百万元。公司的总经理已做了决定，向 A 公司购买这批办公用具。这天，A 公司的销售部负责人打电话来，要上门拜访这位总经理。总经理打算等对方来了，就在订单上盖章，定下这笔生意。不料对方比预定的时间提前了 2 个小时。原来对方听说这家公司的员工宿舍也要在近期内落成，希望员工宿舍需要的家具也能向 A 公司购买。为了谈这件事，销售负责人还带来了一大堆的资料，摆满了台面。

总经理没料到对方会提前到访，刚好手边又有事，便请秘书让对方等一会。这位销售员等了不到半小时，就开始不耐烦了，一边收拾起资料，一边说：“我还是改天再来拜访吧。”这时，总经理发现对方在收拾资料准备离开时，将自己刚才递上的名片不小心掉在了地上，对方却并未发觉，走时还无意从名片上踩了过去。就这个不小心的失误，却令总经理改变了初衷，A 公司不仅没有机会与对方商谈员工宿舍的设备购买，连几乎到手的数百万元办公用具的生意也告吹了。

根据案例内容，用商务礼仪的相关知识分析 A 公司这次的业务为什么会失败。

情境二

《林肯传》中记载了这样一件事：一天，林肯总统与一位南方的绅士乘坐马车外出，途遇一老年黑人深深地向他鞠躬。林肯点头微笑并摘帽还礼。同行的绅士问道："为什么你要向黑人摘帽？"林肯回答说："因为我不愿意在礼貌上不如任何人。"可见林肯深受美国人民的热爱是有其原因的。1982年，美国举行民意测验，要求人们在美国历届40位总统中挑选一位"最佳总统"，名列前茅的就有林肯。

林肯向老年黑人脱帽致礼说明了什么？

情境三

《韩诗外传》里有一个故事：楚庄王有一天与群臣宴饮，到天黑时大家都有些醉意了。一阵轻风吹来将灯吹灭。就在灯灭之际，有位将军动手去扯楚庄王爱妾许姬的衣服，欲行不轨。许姬在抗拒中随手将这位将军的盔缨扯了下来并要求当场严惩轻薄之徒。

假如你是楚庄王，你会怎样处理这件事情？

情境四

第一个故事：在一场激烈的战斗中，上尉忽然发现一架敌机向阵地俯冲下来。照常理，发现敌机俯冲要毫不犹豫地卧倒。这时，他发现离他四五米处有一个小战士还站在那儿。他顾不上多想，一个鱼跃飞身将小战士紧紧地压在身下。一声巨响，飞溅起来的泥土落在他们的身上。上尉拍拍身上的尘土，抬头一看，顿时惊呆了：刚才自己所处的那个位置被炸了两个大坑。

第二个故事：古时候，有两个兄弟各自带着一只行李箱出远门。一路上，沉重的行李箱将兄弟俩都压得喘不过气来。他们只好左手累了换右手，右手累了换左手。忽然，大哥停了下来，在路边买了一根扁担，将两个行李箱一左一右挂在扁担上。他挑起两个箱子上路，反倒觉得轻松了许多。

从这两个小故事你分别得到了什么启示？

第二章　商务人员个人礼仪

知识目标

掌握商务人员的仪容礼仪。
掌握商务人员的仪表礼仪。
掌握商务人员的仪态礼仪。

技能目标

能规范地进行个人仪容修饰，能熟练掌握商务人员应遵循的商务着装礼仪，能正确表现站、立、行、蹲的姿势；掌握个人礼仪的基本知识，能将个人礼仪运用到实际的商务交往活动中。

案例导入

背后的鞠躬

日本人讲礼貌，行鞠躬礼是司空见惯的。我国某留学生在日本期间看到的一次鞠躬礼却在脑海中留下了深刻的印象。

一天，这位留学生来到了日航大阪饭店的前厅。那时，正是日本国内旅游旺季，大厅里宾客进进出出，络绎不绝。一位手提皮箱的客人走进大厅，行李员立即微笑着迎上前去，鞠躬问候，并跟在客人身后，问客人是否要帮助提皮箱。这位客人也许有急事吧，嘴里说了声“不用，谢谢”，头也没回，径直朝电梯走去。那位行李员朝着匆匆离去的背影深深地鞠了一躬，嘴里还不断地说：“欢迎，欢迎！”这位留学生看到此情景困惑不解，便问身旁的日本经理：“当面给客人鞠躬是为了礼貌服务，可那位行李员朝客人的后背深鞠躬又是为什么呢？”“既是为了这位客人，也是为了其他客人”，经理说，“如果此时那位客人突然回头，他会对我们的热情欢迎留下印象。同时，这也是给大堂里的其他客人看的，他们会想，当我转过身去，饭店的员工肯定对我一样礼貌。”

礼仪文明作为中国传统文化的一个重要组成部分，对中国社会历史发展起到了广泛深远的影响。在儒家学说中，礼为天下先，强调以礼治国、以礼治家。随着社会的进步，人们更需要文明礼仪来树立良好的社会形象。我们应继承和弘扬中国的传统文化，养成文明礼仪规范，争做文明的中国市民。个人形象在商务活动中是非常重要的。良好的形象能给人一种光环效应，使人的品德和才智放出光芒。完美的个人形象包括良好的仪容、规范的仪态和合适的服装等。

个人是交往活动和公共关系活动的主体，其自我礼仪面貌，即仪容、仪表、仪态和得体的语言、良好的心理素质，对树立良好的个人形象和组织形象、建立成功的公共关系会产生积极的影响，因此，必须把个人的礼仪面貌当作一种职业要求加以重视，从一点一滴做起。

第一节　仪容礼仪

在商务交往中，整洁、明朗的仪容一方面体现了一个人的素养，另一方面还体现了其对商务活动和交往对象的重视，为双方的沟通交流与合作打下良好的基础。在人际交往中，每个人的仪容都会引起交往对象的特别关注，并将影响到对方对自己的整体评价。

仪容的首要要求是仪容美，其包括三个方面：仪容自然美、仪容修饰美和仪容内在美。

(1)仪容自然美。仪容自然美是指仪容的自然条件好，五官精致，天生丽质，目睹此人之后让人赏心悦目。美丽端庄的容貌容易给人留下较好的印象。

(2)仪容修饰美。仪容修饰美是仪容礼仪关注的重点。修饰仪容的基本原则为美观、整洁、卫生、得体。仪容的修饰美是指依照规定场合和个人条件，对仪容施以必要的修饰，扬长避短，塑造出美好的个人形象，这在人际交往中是非常必要的，可以增加自己在人际交往中的自信，同时给人以美的享受。在人际交往的过程中，进行必要的修饰是一项基本礼仪。

(3)仪容内在美。仪容内在美是仪容美的最高境界，通过个人的努力，可以不断提高个人的文化、艺术素养和思想、道德水准，培养高雅的气质与美好的心灵。

真正意义上的仪容美应当是上述三个方面的高度统一，忽略其中任何一个方面，都会使仪容美黯然失色。

小案例

一位记者去采访一位外交官的太太。这位美丽的夫人为记者开门时，身穿一套淡粉色的运动装。她把客人请进客厅，道一声“sorry”后便消失在一扇白色门后。几分钟后，夫人换了衣服，化了妆，并且坦诚地说，穿着刚才那套与孩子一起玩耍的衣服与客人在客厅中交谈有些不妥。此刻，她的装束细腻而不奢华，俨然是一位准备迎候宾客的主人形象，也更正了记者第一次见到她留下的随意的印象。

仪容是个人仪表的重要组成部分，在人的仪表美中占有举足轻重的地位。修饰仪容被称为仪表礼仪的核心内容，是个人礼仪的基础规范。仪容即人的容貌，通常是指人的外观，即你的外表形象以及外观的内在修养，是你显示自身价值的一种重要方法。具体表述仪容，是由发型、容貌以及人体所有未被服饰遮掩的部分(如颈部、手部)等组成。

一、面部与手的修饰

仪容在很大程度上指的就是人的面部，面部修饰在仪容修饰中占据举足轻重的地位。修饰面部的首要工作是清洁,即勤洗脸,使脸部看上去清爽,无油光。修饰面部主要包括修饰眼睛和嘴部。

(一)眼睛

俗话说:“眼睛是心灵的窗户”,正所谓“巧笑倩兮,美目盼兮”。眼睛是人体传递信息最有效的器官,能表达最细微、最精妙的差异,显示出人类最明显、最准确的交际信号。据研究,在人的视觉、听觉、嗅觉和触觉感受中,唯独视觉感受最为敏感,人由视觉感受的信息占总信息的83%。人的七情六欲都能从眼睛这个神秘的器官内显现出来。对眼睛的修饰需要遵循如下原则:

1. 保持清洁

保证眼部洁净,清除眼睛的分泌物,这是最基本的要求,同时也是最重要的方面,须时刻谨记于心,不可忽视。

2. 保持美观

日常生活中注意预防眼部疾病,如沙眼、红眼等,若眼睛患有传染病,则避免出现在社交场合中,让他人近之不宜,避之不恭。在日常生活中需保证眼睛得到足够的休息,以免影响眼睛的美观。睡眠不足、生活不规律等都是影响眼睛美观的原因。

3. 眼镜的佩戴

在社交场合,不能戴墨镜或者有色眼镜。对于近视的人来说,在保证舒服的情况下,佩戴与自己的脸形适合的眼镜,保证眼镜的清洁。

4. 眉毛的修饰

如果一个人拥有漂亮的眼睛,但没有与之相称的眉毛,则会使眼睛黯然失色。如果感到自己的眉形不甚雅观,则可适当地对自己的眉毛进行修饰。对于眉毛较少、较短或较细的人,可以描眉弥补;对于眉毛过长且杂乱的人,可以采用修眉、剪眉、拔眉或者剃眉的方法,修出眉形。

(二)嘴部

嘴处于面部最显眼的位置。光滑、红润的嘴唇是面部最灵活的部分,它与眼睛配合工作,可以将个人的情感、态度自然地流露出来。所以,在仪容修饰部分,嘴唇的修饰也非常重要。

1. 口腔清洁且无异味

嘴是人的进食之处,同时也是人的发声之所,是与人沟通的主要部位,所以保持嘴的清洁至关重要,一方面,保持嘴唇上无异物、无油迹等,时刻保持嘴唇的红润与光洁;另一方面,保持牙齿的洁白与清洁,口腔无异味。医学提倡每天定时刷三次牙,并且经常使用漱口水来清理口腔,去除异味异物。在重要应酬之前,切忌食用韭菜、大葱、大蒜等会让口腔发出刺鼻性气味的食物,以免尴尬。如果口腔有异味,则及时去除,可以采用淡盐水漱口或嚼口香糖的方法。切忌在客人面前嚼口香糖。

2. 嘴唇的修饰

在社交场合中,保持嘴唇的红润与光洁,是嘴唇修饰的基本要求。对于女性而言,涂口红是社交场合基本的礼仪。口红不仅可以帮助女性掩盖嘴唇的缺陷,而且可以增加其在社交过程中的自信,使其更具有魅力。有一点需要注意:口红颜色的选取根据肤色、唇形、服装而定,这样可以使女性看起来有气质。

3. 胡须的修饰

对于男性,胡子应该刮干净或修整齐,一般不允许留八字胡或其他奇怪形状的胡子。在社交场合,即使是胡子茬被他人看到,也非常失礼。男士须养成每天修面剃须的好习惯,如无特殊的信仰或民族习惯，最好不要蓄须。对于有些女性而言，如果嘴上的汗毛过浓，则也应注意修饰。

（三）手部

双手如同皮肤一样是别人关注的焦点之一，被认为是商务交往活动中的“第二张名片”。干净清洁，保养良好的双手，给人以美感并博得交往对象的好感。修饰手部需注意以下几个细节：

1. 勤洗双手

与面部相比，双手应该洗得更勤一些，因为在人体的各个部位中，双手接触的物品最多，容易受到污染。用餐之前、“方便”之后，要及时洗净双手。

2. 保养双手

手部不仅需要勤洗，也需要精心养护，比如，出现粗糙、发皱、皮裂等现象，影响美观和卫生时，经常需用护肤品进行保养。养成平日定期修剪指甲的良好习惯，至少 3 天修剪 1 次，一般不要留过长的指甲。修剪后的指甲以不超过手指顶端为宜。长指甲让人感觉不洁净，不仅容易积存污垢、有碍美观，而且容易滋生细菌，影响卫生。慎重美甲。一般对手部的美化主要侧重于指甲的美化，而涂抹指甲油又是其中最主要、最常见的方法。指甲油的色彩多种多样，但在选择使用时一定要慎重，最好选择无色透明或自然肉色的指甲油。这种指甲油能增加指甲的光洁度和色泽度，充分体现认真、细致的生活态度，提升形象，会给人留下很好的印象。此外，指甲油的色彩需同自己的衣着服饰、化妆风格相协调。

资料卡

护肤小秘方

◎ 黄瓜美容

黄瓜纤维丰富，食之能促进排泄肠内毒素。吃黄瓜还可以降低血脂。另外，黄瓜还具有美容护肤作用，黄瓜中的丙醇二酸还可以减肥。鲜黄瓜的黄瓜酶是很强的活性生物酶，能有效促进机体的新陈代谢和血液循环，达到润肤美容的作用。黄瓜具有摄取身体多余热量的作用，还能消除皮肤的发热感，使发热皮肤趋于平稳，同时排出毛孔内积存的废物，去除褐斑，使肌肤更加美丽，特别对容易出汗及脸上常长小疙瘩的人更合适。

黄瓜美容的方法是：首先把一根鲜黄瓜切成薄片，然后用热毛巾在脸上仔细擦拭，接着仰面将黄瓜片逐一贴于脸部，对于鼻子等不好贴部位，可把黄瓜切成半片贴在上面。保持 10 分钟左右，最后再用热毛巾把脸部擦拭干净。坚持每天做一次黄瓜美容，能使皮肤柔润，毛孔内不积存污物，肌肤焕然一新，达到清洁皮肤的效果。

◎ 蛋清去死皮

把蛋清涂在皮肤上，可溶掉死皮，等蛋清干后用温水洗去，死皮便脱去，使人容光焕发。

◎ 花生酱软肤霜

将两勺花生酱涂在膝和手肘等粗糙部位的皮肤上，等 10 分钟抹去，温水洗净。花生酱富含蛋白质和脂肪酸，有助于软化和美化那些干燥起屑的皮肤。

◎ 乳酪洁肤霜

把一匙乳酪和一匙柠檬汁混合后涂在脸上，等 10 分钟，用温水洗净，然后擦上肌肤水及润肤品，肌肤会变得洁白无瑕。

◎ 柠檬青瓜紧肤霜

把一个新鲜青瓜切成大块放入搅拌机中，搅成浆状，去渣，加入一个新鲜柠檬的汁和 1/4 杯水，用棉花棒涂在皮肤上，皮肤立刻紧收起来。

◎ 冻奶去眼肿

把棉花团在冻奶中浸泡，取出敷眼 5 分钟，之后再在眼皮上贴两片梨或菠萝，可使眼睛明亮。

◎ 润唇膏

把半勺干麦片与 1/8 匙蜂蜜及 1 匙牛奶混合成糊，涂在嘴唇上按摩，然后用清水洗净，嘴唇会光亮润泽。

二、头发的修饰

仪容整洁最基本的要求是拥有整洁、干净的头发。头发是人体的第一个制高点，是别人注意的焦点部位之一，而且还会给人留下深刻的印象。头发体现了一个人的生活状态和当前情绪。保持头发的清洁与整齐是对头发护理的基本要求，在商务场合塑造个人形象，必须“从头做起”。健康的头发在外观和感觉上应具备：头发弹性很好、有韧性、有光泽、柔顺，不分叉、不打结、不容易折断，用手轻抚时有润滑的感觉。

（一）发型与发质、服装

一般而言，直而硬的头发容易修剪整齐，故设计发型时应尽量避免花样复杂。以修剪技巧为主，做成简单而又高雅大方的发型，例如，梳理成披肩长发，给人一种飘逸秀美的感觉；用大号发卷梳理成略带波浪的发型或梳成发髻等，展现一种雍容、典雅的高贵气质。

细而柔软的头发，比较服帖，容易整理成型，可塑性强，适合做小卷曲的波浪式发型，显得蓬松自然；也可以梳成俏丽的短发，充分体现个性美。

在现代美容中，一个人的发式与服装有着十分密切的关系。服装与发式相配，这样才显得协调大方。假如一个高贵、典雅的发髻配上一套牛仔服就显得不伦不类。因此，只有和谐统一才能体现美。

（二）发式与脸形

1. 圆脸形

这种脸形接近于孩童脸，双颊较宽，因此选择头前部或顶部略半隆的发式，两侧则要略向后梳，将两颊及两耳稍微留出，这样既可以在视觉上冲淡脸圆的感觉，又显得端庄大方。圆脸形的人，尤其适合梳纵向线条的垂直向下的发型或者盘发，这样显得挺拔而秀气。

2. 长脸形

这种脸形端庄、凝重，给人一种老成感。长脸形的人，往往会给人古典感，显娇美。这种脸形适宜加厚脸部的头发，以增加量感；宜将前发剪成“刘海儿”，遮住额头，使脸部显得丰满，发分线采用侧分法。

3. 方脸形

这种脸形前额较宽、两腮突出，显得短阔。方脸形的人留额发宜遮掩额部的两角，所以额发要有倾斜感，做到方中见圆。头发的两侧可选择卷曲的波浪形，以改善方形脸的形状；还可利用卷曲的长发遮住下颌两侧，遮掩太宽的下颌线条。近年来，由于人们的审美标准逐渐改变，方形脸因极富个性而得到青睐，所以不少女性不加掩饰，选择富有个性的发型。

4. 三角形脸

其特征是上窄下宽，所以在选择发型时应平衡上下宽度，可用波浪形发卷增加上部分的发量，也可用头发掩饰较为丰满的下部，不宜将额发向上梳，以免暴露额头太窄的缺陷。分缝可采用中分或侧分。耳旁及以下的头发不宜留太多，也不宜选择贴紧双颊的发型。

5. 倒三角形脸

其与三角形脸恰好相反，可以选择掩饰上部、增宽下部的发型，将头发做成大量蓬松的发卷，并遮掩部分前额。具体选择时，最忌选往上梳的高头形，这样只会突出细小的下巴，使整个脸部更不平衡。可以使耳边的头发留得多一些，并显出额角，令脸部变得丰满一些。这样的脸形不宜选择直的短发和长发等自然款式。刘海可留得美观、大方而不全部垂下。面颊旁的头发要梳得蓬松，以给人头发很多的感觉，这样可以遮掩较宽的上部分。

6. 椭圆形脸

其是东方女性最理想的脸形，拥有这种脸形的人梳什么样的发型都不会难看。不过，如果选择中分、左右均衡的发型，则更能体现娴静、端庄的美感。若留一袭黑色直发披在肩头，则更有飘逸之感。

7. 菱形脸

如果脸部棱角突出、下巴稍宽，则在选择发型时应掩盖太突出的棱角，使脸部看上去长一些，可以利用波浪形增加脸部的柔和感，并宜将前额和头顶的头发上扬，露出部分额头，但切忌全部露出。

（三）发型与身材

1. 高瘦型

身材高瘦者，适合留长发，适当增加发型的装饰。该体型的人容易给人以细长、单薄、头部小的感觉。要弥补这些不足，发型就要生动饱满，应避免将头发梳得紧贴头皮，或头发过分蓬松，显得头重脚轻。一般来说，高瘦身材的人比较适宜留长发、直发，应避免将头发削剪得太短薄，或高盘于头顶上。头发长至下巴与锁骨之间最理想，且要使头发显得厚实，有分量。

2. 矮小型

身材矮小者，适宜留短发或盘发，因为露出脖子可以使身材显得高一些。个子矮小的人给人一种小巧玲珑的感觉，发型选择上要与此特点相适应，以秀气、精致为主，避免粗犷、蓬松，否则会使头部与整个形体的比例失调，给人头大身小的感觉。身材矮小者不适宜留长发，因为长发会使头部显得更大，破坏人体比例的协调。烫发时花式应做得小巧、精致一些。该体形的人若盘头则会给人身材增高的感觉。

3. 高大型

身材高大健壮者，选择体现大方、健康、洒脱美的发式。该体型的人会给人一种力量美，但对女性来说，缺少苗条、纤细的美感。为适当减弱这种高大感，发式要大方、简洁，一般以直发或者大波浪卷发为宜，且头发不要太蓬松，总的原则是简洁、明快，线条流畅。

4. 矮胖型

身材较胖者，适宜梳淡雅舒展、轻盈俏丽的发式，尤其要注意将整体发式向上，将两侧束紧，使脖子亮出，这样使人产生错觉，感觉瘦了一些。矮胖者显得健康，要利用这一点制造一种有生气的健康美，譬如，选择运动式发型，此外，应考虑弥补缺陷。矮胖者一般脖子显短，因此不要留披肩长发，应尽可能让头发向高度发展，显露脖子，以增加身体的高度感。头发应避免过宽或过于蓬松。

（四）发式与服饰

1. 与西服相适应的发型

无论直发还是烫发都要梳理得端庄、整洁、大方，不要过于蓬松，可以在头发上适当抹点油，使之有光泽。

2. 与礼服相适应的发型

着礼服时，可将头发挽在颈后结低发髻，从而显得庄重、高雅。

3. 与运动衫相适应的发型

可将头发自然披散，给人以活泼、潇洒的感觉，如将长发高束，或将长发编成长辫，可增加柔美的情调。

4. 与皮制服装相适应的发型

如穿皮装，可选披肩发、盘发、梳辫子等，这些发型可以给人增加干练感。

5. 与连衣裙相适应的发型

如果穿的是一种外露较多的连衣裙，则可选择披发或束发；如果穿 V 字形领连衣裙，则可选择盘发。

（五）发式与职业

1. 工作时需戴安全帽的人

发型不要做得太复杂，应尽量剪成短发或将长发扎成辫子。

2. 运动员和学生

由于年龄及身份特点，可做成轻松而活泼的短发，易梳理。

3. 文秘、公关人员及交际活动频繁的人

这类人社会活动较多，头发最好留长一些，以便能经常变换发型。

4. 教师、机关工作人员

简洁明快、大方朴素的发型，表现出淡雅、端庄的气质。

5. 文艺工作者、服装模特

发型可以做得具有创意性，前卫一点。

（六）发式与年龄

商务人士在选择发型时必须客观地正视年龄的实际状况，切勿“以不变应万变”，使自己的发型与自己的年龄相去甚远，彼此抵触。发型还可以反映一个人的文化修养和社会地位。不同的年龄者在发型选择上有所不同。年轻女士可以选择披肩长发或短发及时髦的发式，成熟的大波浪卷发则不适合。年龄较大的女士可选择一些比较端庄的发型，如波浪式及各种发髻等，以追求成熟女性的风韵，给人一种稳重、高雅之美。举例来说，一位青年女士若将自己的头发梳成“马尾式”或“刘海儿”或是编成一条辫子，则可显现出青春和活力，可若是一名中年女士做出这样的选择，则显得不合适，与年龄不协调。

三、化妆适度

（一）化妆的准备

1. 洁肤

使用有效的清洁用品彻底清洁面部的污垢和油脂，然后根据不同的肤质涂上合适的化妆水,给皮肤补充水分或收缩毛孔。

2. 护肤

选择能改善并保护皮肤的护肤品,如润肤霜、乳液、日霜等,涂在脸上,可令肌肤柔滑;防止化妆品与皮肤直接接触,可以起到保护皮肤的作用。

3. 修眉

使用眉钳和眉剪修整眉形并拔除多余的眉毛,使之更加清秀。

资料卡

化妆水的区别

化妆水是爽肤水、紧肤水、调理水、柔肤水、洁肤水的统称。它们具有滋润肌肤的功效,但它们的侧重点又各不相同。

爽肤水:涂抹的感觉比较清爽,能补充肌肤的水分。

紧肤水(收敛水):最大功效在于细致毛孔,还可以有效平衡油脂分泌,特别适合于需要收缩毛孔的油性肌肤及混合性肌肤的 T 字部位,其他肌肤并不适合使用,因为通常含有酒精成分。

调理水:其作用是调整肌肤的酸碱值。肌肤在正常情况下呈弱碱性,洗完脸后,用调理爽肤水可将肌肤恢复到弱酸性。

柔肤水:较其他化妆水而言比较滋润,能给予肌肤细致的呵护,可以软化角质,增加肌肤吸收滋润护肤品的能力。

洁肤水:除洗脸可以清洁皮肤之外,一些洁肤水还能再次清洁脸部的残余污垢,是洁肤的保障。

(二)化妆的原则

美容化妆必须坚持美化、自然、协调的原则。

1. 美化原则

每个化妆的人都希望通过化妆使自己变得美丽,这是毫无疑问的。但事实上,有些人以为把各种色彩涂抹在脸上的相应部位就自然美了,这是错误的。美化的原则是从效果上来说的。要使化妆达到美的效果,一方面必须了解自己脸部的特点,五官孰优孰劣心中有数;另一方面必须清楚怎样化妆和矫正才能扬长避短,使容貌更迷人。

2. 自然原则

自然是化妆的生命,能使化妆后的脸看起来真实而生动,不是一张生硬的面具。化妆一旦失去了自然的效果,那就是无生命力和美了。自然化妆要依赖正确的技巧和合适的化妆品;要一丝不苟,井井有条;要讲究适度,体现层次;要点面到位,浓淡相宜,总之,要使化妆说其有、看似无,就像被化妆的人确确实实长了一张美丽的面容。化妆时不讲艺术技巧和手段,敷衍了事,片面追求速度,有可能使妆面失真。

3. 协调原则

妆面协调,指化妆部位色彩搭配、浓淡协调。所化的妆针对脸部个性特点,整体设计协调。全身协调,指脸部化妆还必须注意与发型、服装、饰物协调。身份协调,指化妆时要考虑自己的职业特点和身份,采用不同的化妆手段和化妆品。例如,作为教师职业人士,注意化妆后体现端庄、稳重的气质。场合协调，是指化妆要与所去的场合的气氛一致。例如，日常办公场合，妆可以化淡一些；宴会、舞会场合，妆可以化浓一些，尤其是舞会，妆可以亮丽一些；参加追悼会，应素衣淡妆，切忌使用鲜艳的装束。不同场合不同化妆相得益彰，不仅会使化妆者内心保持平衡，也会使周围的人心里融洽。

（三）化妆的方法

1. 打粉底

打粉底，又叫敷底粉或打底，它是以调整面部皮肤颜色为目的的一种基础化妆。打粉底需注意：选择比肤色暗一点或是与肤色相近的粉底，用海绵蘸取，在额头、面颊、鼻部、唇周和下颌等部位，采用印按的手法，由上至下依次涂抹均匀。还需注意：细小的部分，鼻翼两侧、下眼睑、唇周围等部位可用手指进行调整。各部位要连接自然，在脸与脖颈的衔接处逐渐淡下去。注意粉底不要打得太厚。粉底打好之后要达到调整肤色、掩盖瑕疵、使皮肤细腻光洁的目的。

2. 画眼线

画眼线这一步骤在化妆时最好不要省掉。它的最大好处是，可以让化妆者的一双眼睛生动而精神，富有光泽。一般把眼线画得紧贴眼睫毛，具体而言，就是：画眼线时，闭上眼睛，用一只手在上眼睑处轻推，使上睫毛根充分露出来，用眼线笔贴着睫毛根，内眼角应淡且细，外眼角则应加重，至外眼角时要向上挑一点，把眼角向上提，使眼角显得上翘。画下眼线时，眼睛向上看，由外眼角向内眼角贴着下睫毛根画。浓妆时眼线可以稍宽一些，淡妆时应稍细一些。

3. 施眼影

施眼影的目的是强化面部的立体感，以凹眼反衬隆鼻，并且使化妆者的双眼显得更为明亮传神。施眼影时，需注意：眼影用什么颜色，用多少种颜色，如何画，是因人、因事而异的。一般情况下，在上眼睑处，用两种或两种以上的眼影颜色，由内眼角向外眼角横向搭配晕染，可充满发挥眼睛的动感，使眼睛生动有神而具平面感，且在眼睑内侧涂上较深的眼影，以衬托出鼻子的线条，这是衬托东方人脸形常用的一种技巧。

4. 描眉毛

一个人眉毛的浓淡与形状，对其容貌发挥着重要的烘托作用。任何有经验的化妆者，都会将描眉视为其化妆时的重中之重。描眉需要注意：首先用眉刷自下而上将眉毛梳理整齐；然后用眉笔顺着眉毛生长的方向描画，眉毛从眉头起至 2/3 处为眉峰，描至眉峰处，应以自然弧度描至眉尾，眉尾处渐淡；最后用眉刷顺着眉毛生长的方向刷几遍，使眉毛自然、圆滑。

5. 刷睫毛

先用睫毛夹将睫毛夹得由内向外翻卷，然后用睫毛刷从睫毛根到睫毛尖刷上睫毛膏，为了使睫毛显得长些、浓些，可在睫毛膏干后再刷第二遍、第三遍，最后再用睫毛刷上的小梳子将黏在一起的睫毛梳开。

6. 上腮红

上腮红是指化妆时在面颊处涂上适量的胭脂。上腮红的好处是可以使化妆者的面颊更加红润，面部轮廓更加优美，显示出健康与活力。化妆需注意：腮红应涂在微笑时面部形成的最高点，然后向耳朵上缘涂一条，将边缘晕开。可用腮红和阴影粉做脸形的矫正，如在宽鼻梁两侧涂浅咖啡色，在鼻梁正中涂上白色，可使鼻子的立体感增强。

7. 涂唇彩

化妆时，唇部的地位仅次于眼部。涂唇彩，既可改变不理想的唇形，又可使双唇更加娇媚迷人。涂唇膏时注意的事项有：先用唇线笔画出所设计的唇形，再用口红涂在唇廓内。口红的颜色应与服装以及整个妆面相协调。

8. 定妆

用粉扑蘸上干粉轻轻地、均匀地扑到妆面上，只需薄薄一层，以起到定妆作用，使整个妆面显得柔和、自然。扑好粉后，用大粉刷将妆面上的浮粉扫掉。

9. 喷香水

喷香水主要是为了掩饰身体的异味，而不是为了使香气袭人，这一点很重要。喷香水要注意的问题：第一，不应使之影响本职工作，有碍于人；第二，宜选气味淡雅、清新的香水，并应使之与自己同时使用的其他化妆品香味大体一致，而不是彼此“串味”；第三，切勿使用过量，产生适得其反的效果；第四，应当将其喷在或涂抹于适当处，如腕部、耳后、衣领下、膝后等，不要将它直接喷在衣物上、头发上或身上其他易出汗处。

小案例

形象与就业

要毕业了，桃子突然发现很多同学烫了头发。放眼望去，一大片都是各式各样的卷发，千姿百态，争奇斗艳。她也曾经想过跟潮流，但最后还是放弃了。她依旧穿着休闲服，留着毫无规则的长发，素面朝天，我行我素，还美其名曰“要保留自己的特色”。但是，其他同学的工作一个个落实，而她依然没有着落。桃子心里不免着急，但始终想不出原因何在。后来在一个好朋友的指点下，她意识到自己是一个马上要步入社会的人，但穿着打扮仍然还是一个学生的样子。如此不注意自己的形象，被用人单位拒之门外也就在情理之中。

从那以后，桃子开始了自己的“形象改变”计划。她从头到脚收拾了一番，而且还为自己选购了许多化妆品。在售货小姐以及好朋友的指导下，她开始化妆了。她第一次将眼影 、腮红、睫毛膏、口红等涂抹脸上后，到镜子前一照，明眸善睐，眼波流转。她都不敢相信自己的眼睛，没想到自己也可以这么美。带着漂亮的妆容，当天晚上她就和朋友们出去 happy 了一番。感受着别人那种欣赏的目光，她忽然觉得好惬意，再也不用羡慕别人了。

不久，桃子的工作单位就定了下来。她终于意识到：化妆确实是一门艺术，是一门既能给自己又能给别人带来快乐和美感的艺术。

（四）化妆的礼节

1. 切忌当众化妆或补妆

在日常生活中，我们会看到一些现象：女士拿出自己的化妆包，在众目睽睽之下旁若无人地掏出各种化妆品，修饰自我形象。注重自我形象固然重要，然而在人际交往的过程中，当众化妆或补妆是非常失礼的。此项要求在礼仪上称为“修饰避人”。在许多国家，女士当众化妆或补妆会让人鄙视。

2. 切忌借用他人化妆品

化妆品直接接触皮肤，借用他人的化妆品，一方面不卫生，容易传染疾病；另一方面不礼貌，会使对方反感。如果确实需要化妆而又忘记带化妆盒，除非别人主动给你提供方便，否则千万不要用别人的化妆品。

3. 切忌妆容的选择不合时宜

妆容的选择应根据时间、地点、场合来定，在保证妆容完美的基础上，保证其“适用性”。比如，在丧礼等一些庄重、严肃的场合，不化浓妆。化妆的浓淡视时间而定，白天在工作场合化淡妆，夜晚化浓妆，淡妆都适宜。

4. 切忌评价他人化妆的优劣

每个人对化妆的要求及审美观不一样，所以不评价他人化妆的优劣，这容易使对方难堪，进而产生厌恶情绪，是非常失礼的行为。在与他人交往的过程中，也不要主动为别人化妆、改妆或修饰，这样做就是强人所难和热情过度。

5. 男士化妆应适当，化妆品不宜太多，否则让人讨厌

6. 不允许在同事面前化妆，否则会引起误会

资料卡

常见的仪容化妆类型

在日常生活中，我们参加一些社交活动，必须根据不同的场合、时间，做不同的化妆，有时浓妆，有时淡妆。

◎ 工作妆

妆容应为淡妆，目的是适合日常办理公务的场合，粉底颜色要接近肤色，薄施于脸部。眼影颜色要简单、明快，一两种即可，看起来淡雅、清楚。眼线可细一些、轻一些，睫毛膏可省去。腮红淡在似有似无中，犹如脸上的自然色。口红接近自然唇色，不可太明艳。

发型以短发为佳，整洁、整齐。前额的刘海儿不能挡住眼睛，因为透过刘海儿看别人是不礼貌的。在办公室里长发也应留到肩部为止，而且最好将长发束紧、固定，以免时常摆弄垂下的发丝。在办公室不应涂艳丽的指甲油，可涂单色或是无色的指甲油，即使指甲油不注意剥落了也不明显。在办公室中，手还是以清洁最重要。另外，留长指甲也不妥，指甲太长，打电话、操作电脑都会影响效率。

◎ 晚宴妆

晚宴的化妆特点是粉底与皮肤的颜色相差不可太远，但要遮盖力强，可使用粉底，上腮红，涂阴影，以增加脸部的立体效果。扑干粉定妆，扫去多余粉粒，如穿的是西式晚装，在露出的肩、背等处也要扑上干粉，以免裸露皮肤，与脸部肤色不一致。眉毛要修剪细描。眼影色可多达三种。眼线可画得略粗，也可用眼线液画。睫毛用防水睫毛液多刷几遍。唇膏可用明亮的颜色，以增加立体感。

晚宴的发型比较讲究，男性可吹发、定型，以显潇洒；女性可盘发、卷发，尽显妩媚动人。有条件的可上美容院做头发。

手要护理得柔细、滋润，可根据口红与服饰涂上指甲油。

◎ 舞会妆

舞会妆适合于灯光昏暗的舞会场合，应化浓妆。粉底要遮盖力强，保持持久。眉毛可浓一些、深一些。眼部化妆可略夸张一些，用色可大胆一些，使用防水睫毛液。腮红可浓重一些，口红也可用明艳、亮丽甚至是珠光色的。指甲油可用艳丽的、闪光的色彩。

发型可比晚宴妆随意一些，用彩色喷发剂喷洒在头发上，以增加发型的华丽感，也

可用假发，这是对职业女性最简便易行的办法。

舞会妆应显得光彩夺目、热情奔放。参加舞会时难免出汗，要随身带好化妆盒，以便随时补妆。

总之，美丽、整洁的仪容要靠我们精心装扮。在社交场合中，我们只有根据实际情况有意识地美化自我，才能做到浓妆淡抹总相宜。

第二节　仪态礼仪

仪态是指人们在行为中的姿势和风度。姿势是指身体呈现的样子，即举止、动作、体态等；风度是指气质方面的表露，是一个人知识、阅历、文化和教养的集合。在人际交往中，人们的感情流露和交流往往借助于人体的不同姿势的变化来完成各种活动，这就是人们常说的“仪态语言”，它被看作人的“第二语言”。在商务交往中，商务人员的行为举止对沟通有着很大的影响。不同的姿势有其不同的作用，反映着人的不同心态，甚至可以替代口语，表达口语难以表达的信息。商务人员的行为举止要符合一定的规范，才能体现出本身的教养及对交往对象的尊重。根据仪态礼仪规范，影响个人风度的举止主要涉及体姿仪态、体态仪态。

一、站姿礼仪

在日常交往中，走路与站立是必不可少的，而且可以直观地表现出一个人的修养与风度，因此，应该遵守一定的站姿礼仪。站姿是人的一种本能，是一个人站立的姿势，是人们平时所采用的一种静态的身体造型，同时又是其他动态身体造型的基础和起点。常言道：“站如松，坐如钟”，这是中国传统的有关形象的标准。人们在描述一个人生机勃勃充满活力的时候，经常使用“身姿挺拔”这类词语。站姿是衡量一个人的外表乃至精神的重要标准。优美的站姿是保持良好体型的秘诀。从一个人的站姿，可以看出他的精神状态、品质和修养及健康状况。

（一）站姿类型

1. 垂手式

这是最基本的站姿。它的具体要求如下：(1)上半身挺胸、立腰、收腹，双肩平齐、舒展，双臂自然下垂，双手放在身体两侧；头正，两眼平视，嘴微闭，下颌微收，面带笑容。(2)下半身双腿靠拢，两腿关节与髋关节展直，双脚呈“V”字形，身体重心落在两脚中间。这种站姿一般用于较正式的场合，如参加庆典、聆听贵宾讲话、商务谈判后合影等。

2. 握手式

握手式主要用于女士，是在基本站姿的基础上双手搭握，稍向上提，放于小腹前；双脚前后略分开，前脚的脚跟稍稍向后脚的脚背处靠拢，如图 2－1 所示。男士有时也可以采用这种姿态，但两脚要略微分开。这种站姿可用于迎客礼仪，也可用于前台的站立服务。

（二）正确的站姿

标准的站姿，从正面看，全身笔直，精神饱满，两眼正视（而不是斜视），两肩平齐，两臂自然下垂，两脚并拢，两脚尖张开 60 度，身体中心落于两腿正中；从侧面看，两眼平视，下颌微收，挺胸收腹，腰背挺直，手中指贴裤缝，整个身体庄重、挺拔。

站姿的要领是：一要平，即头平正、双肩平、两眼平视；二是直，即腰直、腿直，后脑勺、背、臀、脚后跟成一条直线；三是高，即重心上拔，看起来显得高。男女正确站姿的具体要求如下：

图 2—1　握手式站姿

1. 男士站姿

男士站立时不但要自己觉得舒适，而且应给人一种稳重感和信赖感。正确的站姿要求：(1)肩部平衡，两臂自然下垂，腹部收紧，挺胸，抬头，为求稳重，两腿可略分开，大约与肩膀同宽，双手呈半握拳状最好。(2)挺直背部，缩回下颌并伸长后颈，双肩往后拉，两侧平衡对称。(3)略微收起臂部，两腿挺直，膝盖放松，大腿稍微收紧上提，身体重心落于前脚掌上。站累了，脚可以向后撤半步，但上身仍须保持挺直。

2. 女士站姿

在正式场合，女士站姿需体现挺、直、高的姿势，抬头平视，表情自然，收腹，胸部上挺，自然、舒展、大方，右手放在左手上，轻贴腹前，两脚尖向外略展开，将重心置于其中一只脚上，成丁字步脚位站立。(1)站得挺。身体的各部位要舒展、放松，脖子不要弯曲，不能驼背、含胸。(2)站得直。胸、背挺直，下巴微收，前胸微挺，收腹塌腰。(3)站得高。身体重心要尽量提高，将身体重量的 2/3 集中在一条腿上，另外 1/3 则由另一条腿承担，如图 2—2 所示。

(三)标准站姿训练方法

好的站姿，能通过学习和训练获得。通过理论学习后，我们还要在生活中加以训练。利用每天空闲的时间练习 20 分钟左右，效果将会非常明显。

1. 贴墙直立(九点靠墙法)

背着墙站直，全身背部紧贴墙壁，然后后脑勺、肩、腰、臀部及脚后跟与墙壁间的距离尽可能地减少，让头、肩、臀、腿之间纵向连成直线。

2. 头顶书本

如果把书放在头顶上行走，不让它掉下来，那么你会很自然地挺直脖子，收紧下巴，挺胸挺腰。

拥有优美的站姿，需养成良好的习惯，长期坚持。只有站姿优美，身体才会得到舒展，且有助于健康；若看起来有精神、有气质，那么别人能感觉到你的自重和对别人的尊重，并且容易引起别人的注意和好感，有利于社交时给人留下美好的第一印象。

图 2—2　女士正确站姿

（四）错误站姿

好的站姿，可以让身体各个关节均匀受力，不会让某些特定的关节承担大部分的重量。不良的站姿则会影响到体内的血液循环，可能会压迫内脏，导致消化不良。不管在形体上还是在外貌上，不良的站姿都会对人体产生消极的影响。

1. 弯腰驼背

在站立时，一个人弯腰驼背，除去其腰部弯曲、背部弓起之外，通常还会同时伴有颈部弯缩、胸部凹陷、腹部凸出、臀部撅起等一些其他的不良体态。这说明一个人缺乏锻炼、无精打采甚至健康不佳。

2. 手位不当

在站立时，必须注意以正确的手位去配合站姿。若手位不当，则会破坏站姿的整体效果。站立时手位不当主要表现在：一是双手抱在脑后，二是用手托着下巴，三是双手抱在胸前，四是把肘部支在某处，五是双手叉腰，六是将手插在衣服或裤子口袋里。

3. 脚位不当

在正常情况下，“V”字步、“丁”字步或平行步均可采用，但要避免“人”字步和“蹬踩式”。“人”字步也就是“内八字”步；“蹬踩式”指的是在一只脚站在地上的同时，把另一只脚踩在鞋帮上，或是踏在其他物体上。

4. 半坐半立

在正式场合，注意坐立有别，该站的时候就站，该坐的时候就坐。在站立之际，绝不可以为了贪图舒服而擅自采用半坐半立姿势。当一个人半坐半立时，样子不好看，还会显得过分随便。

5. 身体歪斜

站立时身体不能歪歪斜斜。若身躯明显歪斜，如头偏、肩斜腿曲、身歪，或是膝部不直，不但会直接破坏人体的线条美，还会显得颓废消沉、萎靡不振或自由放荡。俗话说“站有站相，坐有坐相”，个人的举止风度是从他的举手投足以及待人接物中具体表现出来的。“站如松，行如风，坐如钟，卧如弓”是古人对人体姿态的形象概括，也是对人们举止的形象化要求。

二、坐姿与蹲姿礼仪

首先站好，全身保持站立的标准姿态，两腿平行于椅子前面，弯曲双膝，挺直腰背坐下；落座时声音轻，动作缓。在落座过程中，腰、腿肌肉稍有紧张感；坐着时，上身正直而向前倾，头肩平正，两臂紧贴下垂，两手可随意铺放在大腿上，两腿外沿间距与肩宽大致相等，两脚平行，自然着地。人在坐着时由臀部支撑上身，减少了两腿的承受力。由于身体重心下降，上身适当放松，可减轻心脏的负担。因此，坐姿是一种可以维持较长时间的姿势，它既是一种主要的姿势，也是一般工作、劳动、学习姿势，还是社交、娱乐常见的姿势。正因为这个缘故，坐姿需端正、大方、舒展。

(一)坐姿礼仪

优雅的坐姿能传递自信、友好、热情的信息，同时也能显示高雅、庄重的良好风范，其整体要求是端庄、文雅、得体、大方。

1. 标准坐姿

(1)正襟危坐。这种坐姿要求上身与大腿、大腿与小腿、小腿与地面成一直角，双膝双脚完全并拢。这是最基本的坐姿，适合特别正规的场合。

(2)双脚内收。两大腿首先并拢，双膝略微打开，两条小腿分开后向内侧屈回。这种坐姿在一般场合下采用，男女都比较适合。

(3)双脚交叉。双膝先要并拢，然后双脚在脚踝部分交叉。交叉后的双脚可以内收，也可以斜放，但不适合向前方远远地伸出去。这种坐姿适用于各种场合，男女都可以选用。

小案例

与人交往的体姿礼仪

风景秀丽的某海滨城市的朝阳大街高耸着一座宏伟楼房，楼顶上“远东贸易公司”六个大字格外醒目。某照明器材厂的业务员金先生按原计划，手拿企业新设计的照明器材样品，兴冲冲地登上六楼，脸上的汗珠未及擦一个，便直接走进了业务部张经理的办公室，正在处理业务的张经理被吓了一跳。“对不起，这是我们企业设计的新产品，请您过目”，金先生说。张经理停下手中的工作，接过金先生递过的照明器材，随口赞道“好漂亮啊!”，并请金先生坐下，倒上一杯茶递给他，然后拿起照明器材仔细研究起来。金先生看到张经理对新产品如此感兴趣，如释重负，便往沙发上一靠，跷起二郎腿，一边吸烟一边悠闲地环视着张经理的办公室。当张经理问他电源开关为什么装在这个位置时，金先生习惯性地用手搔了搔头皮。好多年了，别人一问他问题，他就会不自觉地用手去搔头皮。虽然金先生作了较详尽的解释，但是张经理还是有点半信半疑。谈到价格时，张经理强调:“这个价格比我们预算的高出较多，能否再降低一些?”金先生回答:“我们经理说了，这是最低价格，一分也不能降了。”张经理沉默了半天没有开口。金先生却有点沉不住气，不由自主地拉松领带，眼睛盯着张经理。张经理皱了皱眉:“这种照明器材的性能先进在什么地方?”金先生又搔了搔头皮，反反复复地说:“造型新，寿命长，节电。”张经理托词离开了办公室，只剩下金先生一个人。金先生等了一会，感到无聊，便非常随便地抄起办公桌上的电话，同一个朋友闲谈起来。这时门被推开，进来的却不是张经理，而是办公室秘书。

2. 男士坐姿

(1)分膝式坐姿。上身与大腿、大腿与小腿都成直角,小腿垂直于地面,双膝分开,但不能超过肩膀的宽度。这种坐姿比较正规,一般为男士所使用,如图 2—3 所示。

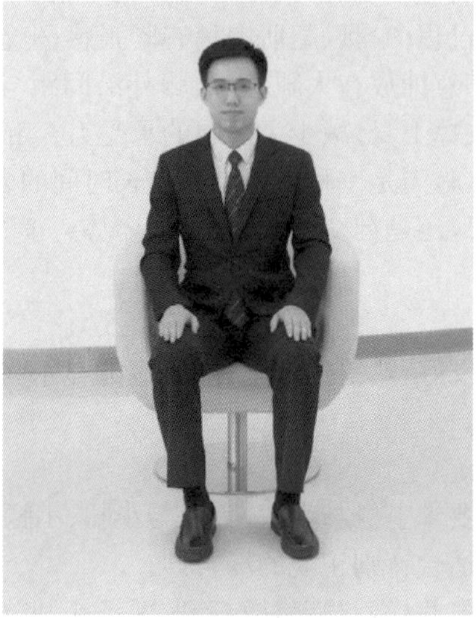

注意点:男员工可直接落座,双膝分开,双手自然置于腿上或桌面,坐椅面的 2/3,不抖动腿,不裸露袜口。

图 2—3　分膝式坐姿

(2)大腿叠放式坐姿。两条腿的大腿部分叠放在一起,叠放之后位于下方的一条腿垂直于地面,脚掌着地;位于上方的另一条腿的小腿则向内收,同时脚尖向下。这种坐姿适用于男士在非正式场合使用。

3. 女士坐姿

(1)基本坐姿。基本坐姿有以下几项要求:

①入座要轻而稳,女士着裙装要先轻拢裙摆,而后入座。

②面带笑容,双目平视,嘴唇微闭,微收下颌。

③双肩平正放松,两臂自然弯曲放在膝上,也可放在椅子或沙发扶手上。

④立腰、挺胸、上体自然挺直。

⑤双膝自然并拢,双腿正放或侧放。

⑥坐满椅子的 2/3,脊背轻靠椅背。

⑦起立时,右脚向后收半步而后起立。

(2)基本类别。女士常用坐姿分为以下几种:

①垂直式坐姿。上身与大腿、大腿与小腿、小腿与地面都呈直角,双膝、双脚完全并拢,适合最正式的场合,如图 2—4 所示。

②标准式坐姿。在垂直式坐姿的基础上,女子两脚保持小丁字步,适合各种场合,如图 2—5 所示。

③前伸式坐姿。在标准式基础上,双腿与双脚并在一起,向前伸一脚的长度。按照脚位的不同,前伸式坐姿又可以分为两脚完全并拢式(见图 2—6)和脚踝交叉式(见图 2—7),脚尖不

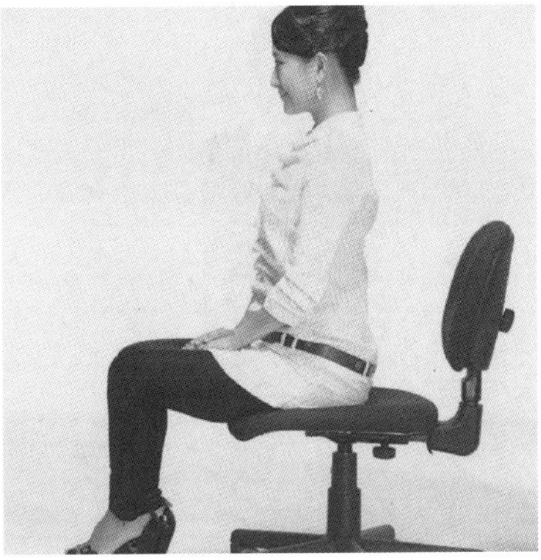

图 2—4　垂直式坐姿

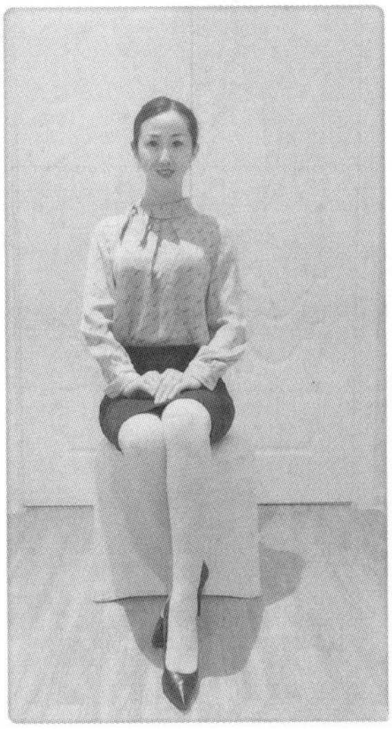

图 2—5　标准式坐姿

跷起，适合女子在各种场合。

④重叠式坐姿。即通常的"二郎腿"，常被认为是一种不严肃、不庄重的坐姿，但是只要掌握要领，就可以充分展示这种姿势的风采与魅力。两脚的脚尖尽量指向同一个方向，跷起来的脚尖要用力朝下，不可以指向他人，更不能让对方看到鞋底，如图 2—8 所示。

4. 坐姿禁忌

不正确的坐姿有：上体不直，左右晃动；跷二郎腿；猛起猛坐，弄得座椅乱响；不断晃脚尖；双腿分开，伸得很远；把脚藏在座椅下或勾住椅腿；谈话时将双手置于膝上或扶手上。

第一，注意上身不要失态。坐时腰身不挺直，前趴后仰、东倒西歪；头部晃动，摇头晃脑，左顾右盼；双手抱于胸前、双手抱于脑后、双手抱膝盖、用手抚摸脚腿都是失礼的行为。双手尽量减少不必要的动作，身前有桌子时不要将肘部支撑在上面，双手夹在大腿间同样不雅观。

图 2—6　两脚完全并拢式

图 2—7　脚踝交叉式

第二，注意脚腿不失态，双腿在入座后敞开过大，无论对于男士还是女士都是失礼的行为；不要在公众场合高跷“4”字形腿，叠腿的坐姿给人以优越感，不适宜在尊长面前展示；两腿在工作场合不宜伸得太长；切勿在入座后将腿抬得过高，以脚尖指向他人，使对方看见自己的鞋底是失礼的；坐下后不适宜在公众场合脱鞋、脱袜，也不要将脚架在桌面上，不宜勾住桌腿，也不适宜把脚踩到自己和他人的座位上。

（二）蹲姿礼仪

在日常生活中，下蹲的动作相对于行走、站立以及落座等用得少些，但其礼仪要求非常严格。如果蹲姿不正确，不但影响形象，而且可能“走光”。

1. 蹲姿类型

(1)交叉式蹲姿。这种蹲姿是下蹲时右脚在前，左脚在后，右小腿垂直于地面，全脚着地；左腿在后与右腿交叉重叠，左膝由后面伸向右侧，左脚跟抬起，脚掌着地；两腿前后靠紧，合力支撑身体；臀部向下，上身稍前倾。这种蹲姿通常适用于女士，尤其是穿短裙的女士，如图 2—9 所示。

图 2—8　重叠式坐姿

图 2—9　交叉式蹲姿

(2)高低式蹲姿。下蹲时左脚在前，右脚稍后，两腿靠紧下蹲；左脚全脚着地，小腿基本垂直于地面，右脚脚跟提起，脚掌着地；右膝低于左膝，右膝内侧靠于左小腿内侧，形成左膝高、右膝低的姿势；臀部向下，基本上以右腿支撑身体。男士选用这种蹲姿时，两腿之间可有适当距离，而女性则双腿靠紧，如图 2—10 所示。

(3)半蹲式蹲姿。这种蹲姿一般是在行走的时候临时采用，也是在需要应急的时候使用。在下蹲时，上身稍微弯下，但不要和下肢构成直角或锐角；臀部务必向下，而不能撅起；双膝略微弯曲，角度一般为钝角；身体的重心应该放在一条腿上；两腿之间不要分开过大。

(4)半跪式蹲姿。这是一种非正式的蹲姿，多用于下蹲时间比较长或为了用力方便的时候。下蹲后，一腿单膝点地，臀部坐在脚跟上，以脚尖着地；另外一条腿应当全脚着地，小腿垂

图 2—10　高低式蹲姿

直于地面。双膝应同时向外，双腿应该尽力靠拢。

2.蹲姿禁忌

(1)突然下蹲。蹲下的时候如果速度过快，是不符合礼仪要求的。行走过程中如果需要下蹲，则要特别注意这一点。

(2)方位不当。在别人身边下蹲时，最好是和他人侧身相向。正面面对他人，或者背部面对他人，都是不礼貌的行为。

(3)离别人太近。下蹲时，应该和身边的人保持一定的距离。和他人同时下蹲时，更不能忽略双方的距离，以防止两人相撞，或发生其他的误会。

(4)蹲在凳子或椅子上。在日常生活中，有些人喜欢蹲在凳子或椅子上，这在公共场合是不礼貌的。

(5)没有遮掩。有些人，尤其是穿短裙的女士，在下蹲的时候一定要避免下身露出的情况，也要防止大腿叉开。

三、行姿礼仪

在公共场所，走路作为一项必不可少的举止行为，不仅要遵守交通规则，而且要符合一定的礼仪要求，以树立自身形象。

(一)标准的行姿

上身基本保持站立的标准姿势，挺胸收腹，腰背笔直；两臂以身体为中心，前后自然摆动。前摆约 35 度，后摆约 15 度，手掌朝向体内；起步时身子稍向前倾，重心落在前脚掌，膝盖伸直；脚尖向正前方伸出，行走时双脚踩在一条线上。

上体的稳定与下肢的频繁规律运动形成对比，和谐均匀、干净利落的脚步，形成节奏感，前后、左右行走动作的平衡对称，会呈现出行走时的形态美。

1. 男士行姿

对于男士来说，保持正确的行姿，能够给人一种自信和值得信赖的感觉。男士正确的行姿主要涉及以下几个方面：(1)双腿并拢，身体挺直，下巴微向内收，眼睛平视，双手自然垂于身体两侧，并随脚步微微前后摆动。(2)腰部稍用力，收小腹，臀部收紧，背脊挺直，抬头挺胸，切勿垂头丧气。(3)气要平，脚步要从容和缓，尽量避免短而急的步伐，步伐大小以自己的足部长度为准，鞋跟不要发出大声。(4)双脚要尽量走在同一条直线上，脚尖指向正前方，忌内八字或外八字。(5)在上下楼梯时，应将整只脚落在阶梯上，同时身体挺直，目视前方，弯腰驼背或肩膀高低不一的姿势都是不可取的。如果阶梯窄小，则应侧身而行。

2. 女士行姿

女士行走姿势是众人瞩目的焦点，一举手、一投足恰当地表现自己的身份与地位，让别人感到亲切而有涵养。因此，无论是在正式场合还是在非正式场合，女士都应保持良好的行走举止风范。女士正确的行姿是：上半身不要过于晃动，自然而又均匀地向前迈进，这样的走路姿态不疾不缓，给人如沐春风的感觉，具体而言，应注意以下几点：(1)女士走路时手部应在身体两侧自然摇摆，幅度不宜过大。如果手上持有物品，如手提包等，应将大包挎在手臂上，小包拎在手上，背包背在肩膀上。走路时身体不可左右晃动，以免妨碍他人行走。雨天拿雨伞时，应将雨伞挂钩朝内挂在手臂上。(2)女士在走路时不宜左顾右盼，经过玻璃窗或镜子前，不可停下梳头或补妆，不要三五成群，左推右挤，一路谈笑，这样有碍他人行路顺畅。在行进过程中，如果有物品遗落在地上，不要马上弯腰拾起。正确的姿势是：首先绕到遗落物品的旁边蹲下身体，然后单手将物品捡起来，这样可以避免正面领口暴露或裙摆打开等不雅观的情况出现。(3)女士如果穿高跟鞋，走路时不要发出踢踏声，这样不仅不文雅，而且容易干扰他人，尤其是在正式场合。但高跟鞋对于女士来说又是必不可少的，因此，穿高跟鞋时应注意：上半身挺直，吸气，收腹，把气停在胸腔的位置；将大腿轻轻抬起，并以大腿的力量带动小腿往前跨出步伐；跨步着地时，不要用脚跟或脚尖着地，要用脚板中间的部位着地，这不但会让双腿的压力减轻，而且让鞋跟着地时所产生的噪声降至最低；两脚交互跨出时，不一定要成直线，只要自然往前走即可，两手则放松垂下，自然摆动。

(二)行姿禁忌

在日常生活中应当避免一些不雅观的行姿，这可能会给人留下轻浮、傲慢或者不值得交往的印象。如下行姿往往被认为不符合要求：(1)走路时身体前俯、后仰或者乱晃乱摆。(2)内八字或外八字。(3)走路时扭腰摆臀，左顾右盼。(4)走路时步子太大或太小。(5)双手反背于后。(6)脚蹭地面，上下颤动。(7)一边走路一边对别人指指点点。

四、手势与表情礼仪

在人际交往中，手势与表情作为肢体语言，应用非常广泛。如果不符合礼仪要求，不但不能表达自己的意思，而且可能引起误会，使人际关系恶化。

(一)手势礼仪

手是人体上最富灵性的器官，如果说“眼睛是心灵的窗户”，那么手就是心灵的触角，是人的第二双眼睛。手势在传递信息、表达意图和情感方面发挥着重要的作用。

1. 手势的重要性

手势表现的含义非常丰富，表达的感情也非常微妙复杂，如招手致意、挥手告别，拍手称赞、拱手致谢，举手赞同、摆手拒绝，手抚是爱、手指是怒，手搂是亲、手捧是敬、手遮是羞等。恰当地运用手势表情达意，会为交际形象增辉。因此，手势作为仪态的重要组成部分，应该得到正确的使用。在社会交往中，手势有着不可低估的作用，生动、形象的有声语言再配合准确、精彩的手势动作，必然能使交往更富有感染力、说服力和影响力。

手势活动的范围有上、中、下三个区域，此外，还有内区和外区之分。肩部以上称为上区，多用来表示理想和希望、宏大、激昂等情感，表达积极、肯定的意思；肩部至腰部称为中区，多表示比较平静的思想，一般不带有浓厚的感情色彩；腰部以下称为下区，多表示不屑、厌烦、反对、失望等，表达消极、否定的意思。

2. 常见手势

(1)伸大拇指。伸起大拇指，对于中国人来说是表示赞同、敬佩或者夸奖的意思。但澳大利亚人则认为竖起大拇指，尤其是横向伸出大拇指是对他人的一种污辱。英国人伸大拇指是请求搭车的意思，德国人伸大拇指是表示数字"1"，日本人跷起大拇指表示"5"，而在希腊跷起大拇指则是让对方离开的意思。所以，在与澳大利亚人和希腊人交往的时候，千万不要乱跷大拇指。

(2)"OK"手势。拇指和食指合成一个圆圈，其余三指自然伸张。这种手势在西方某些国家比较常见，但应注意在不同国家其语义有所不同。比如：在美国表示"赞扬""允许""了不起""顺利""好"；在法国表示"零"或"无"；在印度表示"正确"；在中国表示"零"或"三"两个数字；在日本、缅甸、韩国则表示"金钱"。

(3)"V"字形手势。这一手势是第二次世界大战期间英国首相丘吉尔首先使用的，表示"胜利"的意思，但如果掌心向内，就变成骂人。

(4)捻指手势。这一手势是指用拇指与食指弹出"叭叭"的响声，有时表示高兴，有时表示对所说的话或者所做的举动比较感兴趣或完全赞同，有时则是一种比较轻浮的手势。所以，在陌生的场合或者不熟悉的人面前，尤其是陌生异性面前，不要轻易使用这一手势。

(5)伸出食指手势。在我国及亚洲一些国家或地区表示"一""一个""一次"等，在法国、缅甸等国家表示"请求""拜托"之意。在使用这一手势时，一定注意不要用手指指人，更不能在面对面时用食指指着对方的面部和鼻子，因为这是一种不礼貌的动作，且容易激怒对方。

3. 手势礼仪禁忌

掌握正确的手势礼仪，务必注意以下事项：

(1)在交往中，为了增强说话者的语言感染力，一般可考虑使用一定的手势，但手势不宜过多，动作不宜过大，切忌"指手画脚"和"手舞足蹈"。

(2)打招呼、致意、告别、欢呼鼓掌属于手势范围，其力度的大小、速度的快慢、时间的长短，都不可过度。以鼓掌为例，鼓掌是表示欢迎、祝贺、赞许、致谢的礼貌举止，在观看文艺演出、听报告、听演讲等正式社交场合都要用热烈的掌声表示钦佩、祝贺。鼓掌的标准动作是用右手掌轻拍左手掌的掌心，鼓掌时不应戴手套，宜自然，不应使劲鼓掌，而应自然终止。鼓掌要热烈，但不要"忘形"，一旦忘形，鼓掌的意义就发生了质的变化，而成了"喝倒彩""鼓倒掌"，有起哄之嫌，这样是失礼的。鼓掌尽量不要用语言配合，那是没有修养的表现。

(3)在任何情况下，不要用大拇指指自己的鼻尖或用手指指点他人。谈到自己时应用手掌轻按自己的左胸，那样会显得端庄、大方、可信。而用手指指点他人也是极不礼貌的行为。

(4)一般认为，掌心向上的手势带有诚恳、尊重他人的含义；掌心向下的手势意味着不够坦率、缺乏诚意等；攥紧拳头暗示进攻和自卫，也表示愤怒；伸出手指指点是要引起他人的注意，也含有教训人的意味。因此，在介绍某人，为某人引路、指示方向，请人做某事时，应该掌心向上，以肘关节为轴，上身稍向前倾，以示尊敬。

(5)有些手势在使用时注意各国、各地区的不同习惯，不可乱用。如前所述，各地习俗迥异，相同的手势表达的意思不仅有所不同，而且有的大相径庭。每种文化都有自己的手势语言，千姿百态的手势语言饱含着无比丰富的情感。它虽然不像有声语言那样实用，但在人际交往中却能起到有声语言无法替代的作用。

(6)在日常生活中不要做出不雅的行为，如当众搔头皮、掏耳朵、抠鼻孔、剔牙、咬指甲、挖眼屎等。这些行为都会令人极为反感，从而严重影响自我形象。餐桌上尤其要注意避免这些不雅行为。

(二)表情礼仪

表情是一个人的内心情感在面部的表观，它是人际交往中相互沟通的形式之一。总体而言，眼神、微笑、面容是表达感情最主要的三个方面。

1. 眼神

(1)眼神的作用。①表达感情。眼睛被人们称为"心灵的窗户"，这是因为心灵深处的奥秘都会自觉不自觉地从眼神中流露出来。印度诗人泰戈尔说："一旦学会了眼睛的语言，表情的变化将是无穷无尽的。"这又说明，眼睛语言的表现力是极强的，是其他举止无法比拟的。在礼仪中，正确地运用目光能恰当地表现出内心的情感，如一双炯炯有神的眼睛会给人以感情充沛、生机勃发的感觉，而目光呆滞、麻木则会给人疲惫、厌倦的印象。②与人交流。在人与人之间进行交流时，目光的交流总是处于最重要的地位，信息的交流要以目光的交流为起点。在交流过程中，双方要不断地运用目光表达意愿和情感，还要适当观察对方的目光，探测"虚实"。交流结束时，也要用目光做一个圆满的结尾。在各种礼仪形式中，目光有重要的作用，其运用得当与否，会直接影响礼仪的质量。

(2)眼神的含义。眼神根据不同的注视角度、注视部位和注视时间表达不同的感情和礼仪含义。①注视角度。平视，也叫正视，常常用在与身份、地位平等的人进行交往时。侧视，是平视的特殊情况。当位于交往对象的侧面时，要面向并平视对方。如果斜视对方，则是一种不礼貌的举动。仰视，表示尊重、敬畏对方。俯视，可以表示对晚辈的宽容和怜爱，也可以表示对他人的轻慢和歧视，所以不能随便使用。②注视部位。双眼，表示重视对方，但注视的时间不要太久。额头，表示严肃、认真、公事公办。眼部与唇部，表示礼貌、尊重对方。眼部与胸部，多用于关系密切的男女之间，表示亲近和友善。任意部位，对他人身上的某一部位随意一瞥，多用于在公共场合注视陌生人，但最好不要轻易使用。③注视时间。据调查研究，人们在交谈时视线接触对方脸部的时间约占全部谈话时间的30%—60%。超过这一平均值，可认为对谈话者本人比谈话内容更感兴趣；低于平均值，则表示对谈话内容和谈话者本人都不怎么感兴趣。不难想象，如果谈话者心不在焉、东张西望，或只是由于紧张、羞怯不敢正视对方，目光注视的时间不到谈话的1/3，则这样的谈话必然难以被人接受和信任。当然，必须考虑到文化背景，如南欧人注视对方可能会被认为是冒犯。

(3)眼神的运用。在不同场合和不同情况下，对眼神的要求不一样，因此应学会运用不同的眼神。①见面时，不论是见到熟悉的人还是初次见面的人，不论是偶然见面还是约定见面，首先要眼睛正视对方片刻，且面带微笑，显示出喜悦和热情。对初次见面的人，还应头部微微一点，行注目礼，以示尊敬和礼貌。②在集体场合开始发言讲话时，要扫视全场，表示"我要开始讲了，请予以注意"。③在与人交谈时，应当不断地通过各种目光与对方交流，以调整交谈的气氛。交谈中，应始终保持目光接触，这是表示对话题很感兴趣。长时间回避双方的目光而左顾右盼，是不感兴趣的表示。但应当注意，交流中的注视绝不是把瞳孔的焦距收束，紧紧盯住对方的眼睛，这是失礼的，也会让对方感到尴尬。正确的做法是自始至终地都在注视，但并非紧盯。瞳孔的焦距要呈散射状态，用目光笼罩着对方的面部，同时应当辅以真挚、热忱的面部表情。交谈中，目光应随着话题、内容的变换，做出及时、恰当的反应，或喜或惊，或微笑或沉思，用目光流露出情意，使整个交谈融洽、和谐、生动、有趣。交谈和会见结束时，目光要抬起。道别时，应用目光注视着对方的眼睛，面部显露出惜别的深情。

(4)"阅读"眼神。在掌握并正确运用目光语言的同时，还应当学会"阅读"对方的目光语言，从对方的目光变化中分析他人的内心活动和意向。对方的目光长时间地中止接触或游移不定，表示对交谈不感兴趣，交谈应当很快结束。交谈中目光歪斜，表示鄙夷；目光紧盯，表示疑虑；偷眼相觑，表示窘迫；瞪大眼睛，表示吃惊；等等。目光语言是千变万化的，但都是内心情感的流露。因此，学会阅读分析目光语言，对于社交活动的顺利开展有着重要意义。

2. 微笑

微笑是世界通用的体态语。微笑是人人都喜爱的体态语。正因为如此，无论个人和组织，都应充分重视微笑及其作用。

(1)微笑的魅力。①有效沟通。人的感情是非常复杂的，表现在面部有喜、怒、哀、乐等多种形式。其中，"笑"在人际交往中有着突出的作用。微笑是处理好人际关系的一种重要手段。微笑可以表现出温馨、亲切的表情，能有效地缩短双方的距离，给对方带来美好的心理感受，从而形成融洽的交往氛围。微笑不仅是一种外化的形象，也是内心情感的写照。面对不同的场合、不同的情况，如果能用微笑接纳对方，可以反映出本人高超的修养、待人的诚挚。②化解矛盾。微笑是人际交往中的润滑剂，是广交朋友、化解矛盾的有效手段。

(2)微笑的种类。①含笑。不出声、不露齿，面带笑意，表示接受对方，待人友善，适用范围较为广泛。②微笑。唇部向上移动，略呈弧形，但牙齿不外露，表示自乐、充实、会意、友好，适用范围最广。③轻笑。嘴巴微微张开一些，上齿显露在外，不发出声响，表示欣喜、愉快，多用于会见客户向熟人打招呼等情况。④浅笑。笑时抿嘴，下唇含于牙齿之中。多见于年轻女性害羞之时，通常称为抿嘴而笑。⑤大笑。表现张扬，一般不在正式场合使用。

(3)微笑的要求。口眼结合；笑与神、情、气质相结合；笑与语言相结合；笑与仪表、举止相结合。一般来说，符合礼仪的微笑有如下要求：①发自内心。笑的时候要自然大方。②声情并茂。笑的时候，要做到表里如一，使笑容与自己的举止、谈吐有很好的呼应。③气质优雅。笑要讲究适时、尽兴，更要讲究精神饱满、气质典雅。④表现和谐。从直观上看，笑就是人们的眉、眼、鼻、口、齿以及面部肌肉和声音所进行的协调动作，如图 2－11 所示。

图 2—11　微笑

(4)微笑禁忌。在正式的社交场合,以下几种微笑是应该避免的:①假笑,即笑得虚假,皮笑肉不笑。②冷笑,即含有怒意、讽刺、不满、无可奈何、不屑一顾、不以为然等意味,是容易使人产生敌意的笑。③怪笑,即怪里怪气、令人心里发麻的笑,多含有恐吓、嘲讽之意。④媚笑,即有意讨好别人,而非发自内心,具有一定功利和目的的笑。⑤怯笑,即害羞、怯场,不敢与他人交流视线,甚至会面红耳赤地笑。⑥窃笑,即偷偷地洋洋自得或幸灾乐祸地笑。⑦狞笑,即面容凶恶的笑,多表示愤怒、惊惧、恐吓。

尽管微笑有其独特的魅力和作用,但若不是发自内心的真诚的微笑,那将是对微笑的亵渎。有礼貌的微笑是自然的、坦诚的,是内心真实情感的表露;否则强颜欢笑,假意奉承,那样的"微笑"则可能演变为"皮笑肉不笑""苦笑"。比如,拉起嘴角一端微笑,使人感到虚伪;吸着鼻子冷笑,使人感到阴沉;捂着嘴笑,个人以不自然之感,这些都是失礼之举。

小案例

微笑服务的结果

一天,一位陌生的顾客走进美国花旗银行营业大厅,要求换一张崭新的面值100元的美钞,准备当天下午作为礼品用。花旗银行是世界上最大的银行之一,每天的营业额高达数亿美元,公务十分繁忙。但是,接待这位陌生顾客的银行职员微笑着听完这位顾客的要求后,请他稍候,立即先在一沓沓钞票中寻找,又拨了两次电话,15分钟后终于找到了一张这样的钞票,并把它放进一个小盒子里递给这位陌生顾客,同时附上一张名片,上面写道:"谢谢您想到了我们的银行。"事隔不久,这位偶然光顾的陌生顾客又来了,这次来是到这家银行开个账户。在以后的几个月中,这位顾客所在的那个律师事务所在花旗银行存款25万美元。

3. 面容

面容是指人们面部所表现出来的综合表情。它对眼睛和微笑起着辅助作用,同时也可以自成一体,表现其独特含义。

(1)局部表情。人的眉毛、嘴巴、鼻子、下巴都可以独立地显出表情。①眉毛。皱眉型:双眉紧皱,多表示困窘、不赞成、不愉快;耸眉型:眉峰上耸,多表示恐惧、惊讶或欣喜;竖眉型:眉角下拉,多表示气恼、愤怒;挑眉型:单眉上挑,多表示询问;动眉型:眉毛上下快动,一般用来表示愉快、同意或亲切。②嘴巴。张嘴:嘴巴大开,表示惊讶;抿嘴:含住嘴唇,表示努力或坚持;噘嘴:表示生气或不满;撇嘴:嘴角撇,表示鄙夷或轻视;拉嘴:上拉表示倾听,下拉表示不满。③鼻子。挺鼻:表示倔强或自大;缩鼻:表示拒绝或放弃;皱鼻:表示好奇或吃惊;抬鼻:表示轻视或歧视;摸鼻:表示亲切或重视。④下巴。收起下巴,表示忍耐;收缩下巴,表示听从、驯服;耷拉下巴,表示无精打采、困乏;突出下巴,表示有敌意;前伸下巴,表示自大,目中无人。

(2)综合表情。①表示快乐:眼睁大,嘴巴张开,眉毛上扬。②表示兴奋:眼睁大,眉毛上扬,嘴角微微上翘。③表示感兴趣:嘴角向上,眉毛上扬,眼睛轻瞥。④表示严肃:嘴角抿紧下拉,眉毛拉平,注视额头。⑤表示敌意:嘴角拉平或向下,皱眉皱鼻。⑥表示发怒:嘴角向两侧拉,眉毛倒竖,眼睛睁大。⑦表示观察:眉毛拉平,平视或视角向下。⑧表示无所谓:平视,眉毛展平,整体面容平和。

第三节 着装礼仪

着装指服装的穿着。从礼仪的角度看,着装不能简单地等同于穿衣。着装基于人自身的阅历修养、审美情趣、身材特点,根据不同的时间、场合、目的,力所能及地对所穿的服装进行精心选择、搭配和组合。在正式场合,注重个人着装的人能体现仪表美,增加交际魅力,给人留下良好的印象,使人愿意与其深入交往。同时,注意着装也是每个事业成功者的基本素养。

一、着装原则

着装时,遵循人们公认的三原则,即时间原则、环境原则和个性原则。T、P、O 分别是 Time、Place 和 Object 三个英文单词的首字母。"T"表示时间,泛指早晚、季节、时代等;"P"表示地方、场所、位置、职位;"O"表示目的、目标、对象。TPO 原则是目前国际上公认的衣着原则。根据这一原则,在着装方面应该做到如下几点:

第一,穿着与自身条件适应。选择服装首先应该与自己的年龄、身份、体形、肤色、性格和谐统一。年长者、身份地位高者,选择服装款式不宜太新潮,款式与面料质地的选择也要有所讲究。青少年着装则应着重体现青春气息,以朴素、整洁、清新、活泼为宜。形体条件对服装款式的选择也有很大影响。身材矮胖、颈粗圆脸者,宜穿深色低"V"字形领或大"U"字形领的套装,浅色高领服装则不适合;而身材瘦长、颈细长、长脸形者宜穿浅色高领或圆领服装。方脸形者则宜穿小圆领或双翻领服装。身材匀称、形体条件好、肤色也好的人,着装范围则较广。

第二,穿着与职业、场合、交往目的和对象相协调。一个单位职员的着装和精神面貌是一个组织、单位的标志和象征,体现这个单位的工作作风和发展前景。现在越来越多的组织、企业、机关、学校开始重视着装,这是富有积极意义的举措。例如,教师、公务员一般穿着庄重一些,衣服款式也不要过于怪异;医生穿着力求稳重,不宜过于时髦,给人轻浮的感觉。

着装要与职业、场合相宜,这是不可忽视的原则。正式社交场合,着装宜庄重、大方,不宜过于浮华。参加晚会或出席喜庆场合,服饰则应明亮、艳丽。节假日休闲时着装可随意、轻便,西装革履则显得拘谨而不适宜。家庭生活中,着休闲装、便装更易于与家人之间沟通感情,营造轻松、愉悦、温馨的氛围。穿睡衣、拖鞋到大街上购物或散步,是不雅和失礼的行为。着装还应与交往对象和目的相适应。与外宾、少数民族相处,要特别尊重他们的习俗禁忌。

第三,穿着和环境相协调。办公室是一个严肃的地方,在穿着上应整齐、庄重。外出旅游,穿着以轻装为宜,力求宽松、舒适,方便运动。平日居家,可以穿着随便一些,但有客人来访,请客人稍坐,自己立即穿着整齐,如果只穿内衣内裤接待客人,则显得失礼。除此之外,在一些特殊的场合,还有一些专门的穿着要求。例如,在喜庆场合不宜穿得太素雅、古板;庄重的场合不能穿得太宽松、随便;悲伤场合不能穿得太鲜艳。

总之,着装最基本的原则是体现"和谐美",包括与身份、年龄、职业、肤色、体形和谐,与时令、季节、环境和谐,上下装呼应和谐,饰物与服装色彩和谐等。

(一)整体原则

正确的着装能起到修饰形体、容貌的作用,能体现和谐的整体美。服饰的整体美包括人的形体、内在气质和服饰的款式、色彩、质地、工艺及着装环境等。服饰美就体现在这诸多因素的和谐统一之中。

（二）个性原则

个性原则主要指着装应依个人的性格、年龄、身材、爱好、职业等要素而定，力求反映一个人的个性特征。因此，选择服装应该因人而异，着重点在于展示所长，遮掩所短，体现独特的个性魅力和最佳风貌。

（三）整洁原则

在任何情况下，服饰都应该是整洁的。衣服不能沾有污渍，不能有绽线的地方，更不能有破洞或扣子等配件不齐全的现象。衣领和袖口处尤其要注意整洁。

二、女士着装礼仪

在服装行业有这样一句话，“得女装者得天下”，可见女装的重要性。女士着装讲究配套，款式简洁，色彩单纯，充分表现女士的精明强干、落落大方。

（一）女士西服礼仪

女士西装套装给人以精明干练、富有权威的感觉，显得比较严肃，适合成熟的女士或职位较高的女领导工作时穿用，而西装套裙成为社交中女士普遍适用的服装。西服套裙的上装是西装，下装是裙装，如西装裙、喇叭裤、百褶裙等。交际中，穿着的西服套裙，面料是高档面料，如夏季用丝绸，华贵柔美；春秋用各类毛料，考究挺括；冬季用羊绒或毛呢织物，高贵典雅。西服套裙的色彩呈中性，可以偏暗，单色的面料比较适宜，各种条子、格子、点子面料也常用。西服套裙上下一色，显得端庄，有成熟感，色彩上浅下深或上深下浅，式样上简下繁或上繁下简，花色或上轻下杂，或上杂下轻，均可以搭配出动感和活力，适合女士在不同场合穿出不同的风貌。

女士穿西服还要注意服装与配件的和谐，可选择带领的纯色衬衫。里边穿高领毛衣时，还可以佩戴精巧、漂亮的胸花，以免他人看到里面的保暖衣。此外，还要注意皮鞋和皮包的式样、颜色与西服颜色的搭配，并辅以优美大方的发型。

（二）女士职业装礼仪

在比较正式的场合，女士应着职业装，如图 2－12 所示。穿着职业装也有一定的原则与礼仪要求。

1. 着装原则

对女士来说，穿着职业装不仅是对服务对象的尊重，也使着装者有一种职业自豪感、责任感，是敬业、乐业在服饰上的具体表现。职业装的穿着要求整齐、清洁、挺括、大方。

（1）整齐。服装必须合身，袖长至手腕，裤长至脚面，裙长过膝盖，尤其是内衣不能外露；衬衫的领围以插入一指大小为宜，裤裙的腰围以插入五指为宜；不挽袖、不卷裤、不漏扣、不掉扣；领带、领结、飘带与衬衫领口的吻合要紧凑且不系歪；如有工号牌或标志牌，要佩戴在左胸正上方，有的岗位还要戴好帽子与手套。

（2）清洁。衣裤无污垢、无油渍、无异味，尤其是领口与袖口处干净。

（3）挺括。衣裤不起皱，穿前要烫平，穿后要挂好，做到上衣平整、裤线笔挺。

（4）大方。款式简练、高雅，线条自然、流畅。

2. 着装禁忌

（1）忌残破。职业装该洗就洗，该换就换，该淘汰就淘汰，残破不能穿。

（2）忌杂乱。一方面，单位应该对员工统一要求，不能发了制服，一半人穿，一半人不穿；另一方面，穿的时候要有规则，比如，穿西服的时候得穿皮鞋；女孩子穿凉鞋的时候，露指凉鞋不

图 2—12 女士职业装

能穿袜子。

(3)忌鲜艳。从制作的角度来讲,应该统一颜色,不能太鲜艳。一般遵守三色原则,也就是说,颜色不能超过 3 种。

(4)忌暴露。职业装在款式上要利于工作,时尚、新颖,不能过于暴露。职业装要"四不露",即不露胸、不露肩、不露腰、不露背。

(5)忌透视。职业装不能透视,内衣、外衣的色彩要协调。

(6)忌短小。职业装不能太短小。如果太短小,弯腰时则会露出里边的内衣,这是很不雅观的。

(7)忌紧身。身着紧身衣不但工作不方便,而且容易走光,会带来不好的影响。工作时展示的是爱岗敬业的精神和训练有素的态度,而不是优美的线条。

(三)女士裙装礼仪

(1)不能穿黑皮裙。

(2)不能光腿。

(3)不能在裙子下加健美裤,不能穿半截的袜子,弄出三截腿。

(4)袜子上不能有漏洞。

(5)不能配便鞋。

(6)正式场合要穿正式的凉鞋,不能露脚趾和脚后跟。

资料卡

女士穿着裙装注意事项

1. 不穿黑色皮裙

黑色皮裙在国际社会,尤其在西方国家,被视为一种特殊行业的服装,通常是站街女郎用来标示身份的。因此,一般女士在穿着裙装方面要首先注意这个问题。越是正规场合,越不能穿黑色皮裙。

2. 正式场合不宜不穿丝袜

夏天穿裙子主要是为了凉爽。在普通的休闲场合，女性穿裙装可以不穿丝袜，但在正式场合却不适宜这样做，否则会影响职业形象。

3. 不露“三截腿”

所谓“三截腿”，是指女性穿裙装和袜子时没有搭配好，使丝袜的长度低于裙子的下摆，袜口外露，形成丝袜、腿部皮肤和裙子“三截腿”。有人觉得光脚不好，高筒袜又太热，就改穿短袜，结果形成恶性分割；有人也认为应该穿高筒袜，但觉得太热，就把袜子卷一卷，露出“三截腿”；有人也穿袜子，但裙子太短，连膝盖都到不了，这也成了“三截腿”。

4. 不穿太暴露、性感的裙装

在休闲时间女性穿裙装可以在能接受的尺度内穿得靓丽性感些。不过，在正式场合，职业女性应避免穿太过暴露或太性感的裙子。一般来说，裙子应到膝盖或以下，同时不要太紧。

5. 不能忽略裙装和鞋袜的搭配

女士穿西装套裙不能穿便鞋，一定要与裙、袜、鞋相搭配，达到整体协调。一般来说，西装套裙、制式皮鞋和肉色或深色丝袜是比较常见的搭配。

三、男士商务着装礼仪

西装起源于欧洲，目前是全世界最流行的一种服装，也是商界男士在正式场合着装的优先选择。西装“一半在于做，一半在于穿”。一套得体的西装，做工精良才可能穿出好的效果。

（一）商务服装的选择

1. 选西装

选择西装是难度较高的事，因为需考虑面料、颜色、款式、尺寸等因素。

（1）面料。商界男士选择西装时将毛料作为西装的首选面料。具体而言，纯毛、纯羊绒的面料以及高比例含毛的毛涤混纺面料，皆可作为西装的面料；而不透气、不散热、发光发亮的各类化纤面料，则尽量不用于制作西装。

（2）颜色。适合于男士在商务交往中所穿的西装在色彩选择上，以单色为宜；深蓝色显示出高雅、理性、稳重；灰色比较平和，衬出专业气质与权威感；咖啡色是一种自然而朴素的色彩，显得温暖而亲切；黑色西装富有弹性，不但婚丧喜庆皆适宜，上班场合亦可接受，是每位男士衣橱里必备的行头。除此之外，商界男士还可以选择灰色或棕色的西装。商界男士在正式场合不宜穿色彩过于鲜艳或发光发亮的西装。朦胧色、过渡色的西装，通常也不宜选择。越是正规的场合，越讲究穿单色的西装。

（3）款式。单排扣的西装上衣，最常见的有一粒纽扣、两粒纽扣、三粒纽扣三种。一粒纽扣、三粒纽扣的两种单排扣西装上衣穿着比较时髦，而两粒纽扣的则显得更为正统些。双排扣的西装上衣，最常见的有两粒纽扣、四粒纽扣、六粒纽扣三种。两粒纽扣、六粒纽扣两种款式的双排扣西装上衣属于流行款式，而四粒纽扣则明显地具有传统风格。

（4）尺寸。一套西装无论其品牌名气有多大，只要它的尺寸不适合自己，就坚决不要穿。

2. 选衬衫

与西装配套的衬衫，应当是正装衬衣。正装衬衫必须为长袖衬衫，而面料以高级精细的纯棉纯毛制品为主。以棉毛为主要成分的混纺衬衫，亦可酌情选择。从色彩上讲，正装衬衫必须为单一色彩，白色衬衫是正规的商务场合中唯一的选择。除此之外，蓝色、灰色、棕色、黑色亦根据实际情况加以选择。从图案上讲，正装衬衫以无任何图案为佳，唯一的例外是，较细的竖条衬衫在一般性的商务活动中可以穿，但是禁止同时穿着竖条纹的西装。

衬衫最能体现人的风度，衬衫的领子必须是硬质的，衬衫领口的大小以合领后可以自由插进食指为标准。正装衬衫的领型多为方领、短领和长领，扣领的衬衫，有时也可选用。其他的领型，如立领、翼领和异色领的衬衫，大多不适合同正装西装相配套。衬衫袖子的长度应比西服袖子长出 1—2 厘米，穿着衬衫时要将其下摆塞在裤子里。长袖衬衫与西服合穿时，配扎领带，扣好衬衫的全部扣子，并注意领口与袖口要干净；长袖衬衫不与西服合穿时，领口的扣子可以不扣，但一般只能敞开一粒扣子，袖口可以挽起，按袖口宽度挽两次，绝不能挽过肘部。

3. 选领带

领带是西装的灵魂，穿西服参加社交活动，一般均应系领带。在欧美各国，领带则与手表和装饰性袖扣并列，称为“成年男子的三大饰品”。作为西装的灵魂，领带的选择讲究甚多。较好的领带，选用真丝或者羊毛制作而成。以涤丝制成的领带售价较低，尽量不要选用。

领带的颜色花样应与衣服颜色搭配，或与衣服颜色调和，或与之形成鲜明对比。一般来说，穿黑色西装加白衬衫时，应选灰、蓝、绿色领带；穿灰色西装加白衬衫时，宜选灰、绿、黄色领带；穿深蓝色西装加白色或浅蓝色衬衫时，宜选蓝色、胭脂色、橙黄色领带；穿蓝色西装加银灰等明亮色衬衫时，宜选择深蓝色、灰色、胭脂色、黄色领带。在商务活动中，蓝色、灰色、棕色、黑色、紫红色等单色领带都是十分理想的选择。商务男士在正式场合中切勿使自己佩戴的领带颜色多于 3 种，同时也尽量少打浅色或鲜艳色领带。

领结适宜与礼服、翼领衬衫搭配，并且主要适用于社交场合。

小案例

米高梅环球公司的着装规定

美国著名的电影公司米高梅环球影城公司一向以严格的衣着习惯著称。该公司的高级职员一般都要穿深色套装和白衬衫，以至于人们在看到米高梅公司的人时往往会笑着说“瞧，企鹅又来了”。这当然是一句玩笑话。但在演艺界这样一个充满活泼、浪漫色彩的行业，米高梅公司为何做如此古板的规定呢？要知道，米高梅公司的总经理并不是一个严肃而缺乏幽默感的人，他之所以要求他的员工如此，是因为他知道在大众的心目中“好莱坞人”的形象总是口叼雪茄的商人模样。这些人往往喜欢夸夸其谈，给人以很不诚实的感觉。因此，米高梅公司试图从衣着上给大众一种稳重的正面形象，以消除过去留下的消极印象。

（二）商务服装

1. 穿西装

一般而言，商界男士站立时，在大庭广众下起身站立之后，其西装上衣的纽扣应当系上，以示郑重其事。唯独在内穿背心或羊毛衫，外穿单排扣上衣时，才允许站立时不系上衣的纽扣。就座之后，西装上衣的纽扣需要解开，以防其扭曲走样。气氛较为融洽的场合，可以不用全系纽扣。穿单排两粒纽扣式的西装时，讲究“扣上不扣下”；穿单排三粒纽扣式的西装时，要么只系中间那粒纽扣，要么系上面那两粒纽扣；而穿双排细扣式的西装时，则能系上的纽扣一律都要系上，如图 2—13 所示。

图 2—13　男士西装

此外，商务男士在办公室里可以暂时脱下西装上衣，直接穿着长袖衬衫，打着领带。但是，不穿西装上衣，而直接穿着长袖衬衫，打着领带去参加正式活动，是不合乎礼仪规范的。

除衬衫与背心之外，一般商务男士在西装上衣内最好不再穿其他任何衣物。在冬季寒冷难忍时，只宜暂作变通，穿上一件薄型 V 领的单色羊毛衫或羊绒衫。不要穿色彩、图案十分繁杂的羊毛衫或羊绒衫，也不要穿扣式的开领羊毛衫或羊绒衫。因特殊原因而需要在衬衫内再穿背心、内衣时，有三点注意事项：一是数量上以一件为限；二是色彩上宜与衬衫的色彩相仿，至少也不应使之较衬衫的色彩更深；三是款式上应短于衬衫。其领型以 U 领或 V 领为宜。此外，勿让内衣的袖管暴露在别人的视野之内。

穿西装时，腰带上不别挂钥匙、手机等物品。西装上衣左侧的外衣袋可以放入一块用以装饰的真丝手帕，不再放其他任何东西，尤其不应当别钢笔、挂眼镜。内侧的衣袋，可别钢笔、放钱夹或名片夹，但不要放过大过厚的东西或无用之物；外侧下方的两只口袋，原则上以不放任何东西为佳。西装背心的口袋多具装饰功能。除可以放置怀表之外，不宜再放别的东西。西装的裤子、两侧的口袋一般放纸巾或者钥匙包，其后侧的两只口袋大多不放任何东西。

除此以外，商务男士还要注意西装的搭配。西装的韵味不是单靠穿西装，而是用西装与其他衣饰一道精心组合、搭配出来的。

西装穿着禁忌有以下几点：

(1)忌西裤短，标准的西裤长度为裤管盖住皮鞋。

(2)忌衬衫放在西裤外。

(3)忌衬衫领子太大，领脖间存在空隙。

(4)忌领带颜色刺眼。

(5)忌不系衬衫扣就佩戴领带。

(6)忌西服上衣袖子过长，应比衬衫袖短 1—2 厘米。

(7)忌西服上衣或裤子口袋鼓鼓囊囊。

(8)忌西服配运动鞋。

(9)忌皮鞋和鞋带颜色不协调。

2. 打领带

打领带的基本要求有:挺括、端正,并且在外观上呈倒三角形。领带结的具体大小最好与衬衫衣领的大小成正比。要想使之稍有变化,则可在它的下面压出一处小窝或一道小沟。在正式场合露面时,提前收紧领带结。领带标准的长度,是领带打好之后其下端正好与皮带扣的上端对齐。

打领带一般不用任何配饰。在国外,除了在有必要限制领带的"活动范围"或穿制服时,人们大多不用领带夹。即便使用领带夹,也不宜令他人看到,最好将其夹在领带打好后的"黄金分割点"上,即标准衬衫自上而下的第四粒至第五粒纽扣之间。打领带时也可选择领带针或领带棒。前者应插在领带打好后偏上方的正中央,后者则只能用在衬衫衣领上。应当强调的是,使用领带的配饰,数量上以一件为限。

3. 鞋袜

社交中,男士的鞋一般是皮鞋。穿民族服装和中山装也可以穿布鞋。男士的皮鞋以黑色最为通用,样子以保守一点为宜。男士的袜子应是深色的,最好是服装与鞋的过渡色。有的人在穿西装时穿白袜子,破坏了整体的稳重感,把人的视线吸引到脚上。一双袜子破坏了精心设计的整体美。

4. 公文包

公文包被称为商务男士的"移动式办公桌",是其商务外出之际不可离身之物。公文包的面料以真皮为宜,并以牛皮、羊皮制品为最佳。它的色彩以深色、单色为好。黑色、棕色的公文包,是最正统的选择。从色彩搭配的角度来说,公文包的颜色若与皮鞋的颜色一致,则看上去十分完美而和谐。除商标之外,商务男士所用的公文包在外表上不宜再带有任何图案、文字。最标准的公文包,是手提式的长方形公文包。箱式、夹式、挎式、背式等其他类型的皮包,均不可充当公文包使用。

使用公文包时应注意如下几点:

(1)不张扬。使用公文包前,须先行拆去所附的真皮标志。在外人面前,切勿显示自己所用公文包的名贵高档。

(2)不乱装。无用之物千万别放在包里。

(3)不乱放。进入室内后,应将公文包自觉地放在自己就座之处附近的地板上或主人的指定之处,切勿将其乱放在桌、椅之上。

(三)男士休闲装礼仪

休闲装是在休闲场合所穿的服装。所谓休闲场合,就是人们在公务、工作外,置身于闲暇地点进行休闲活动的时间与空间。如居家、健身、娱乐、逛街、旅游等都属于休闲活动。穿着休闲装,追求的是舒适、方便、自然和无拘无束的感觉。

适用于休闲场合穿着的服装款式一般有居家装、牛仔装、运动装、沙滩装、夹克衫、T恤衫等。男式西服也可做成休闲装。男式休闲西服的面料有小格子薄呢、灯芯绒、亚麻、卡丹绒等,式样大多为不收腰身的宽松式,背后不开叉,有的肘部打补丁,有的采用小木纹纽扣等。正规的西服内穿T恤衫、花格衬衫、牛仔布衬衫、半高领羊毛衫,西服上装配牛仔裤,灯芯绒休闲西服配正规西裤,以致不同面料、不同颜色的西服上下装组合也能穿出休闲味来。

四、饰品佩戴礼仪

饰品在着装方面起着点缀的作用，佩戴合适，可以显出一个人的品位，但如果不合适，可能会使其形象受损。

（一）饰品种类

根据作用不同，饰品大致可以划分为两大类：装饰类和实用类。戒指、耳环、项链、手镯与手链、胸花等属于装饰类，鞋子、袜子、帽子、腰带、提包等属于实用类。饰品如果与服饰搭配得当，可以锦上添花；反之，则会破坏整体的美感。

（二）饰品佩戴原则

（1）在色彩上，力求同色。若同时佩戴两件或两件以上的首饰，色彩需一致，戴镶嵌首饰时，要使其与主色调保持一致。

（2）在身份上，服从本人的身份，与自己的性别、年龄、职业、工作环境保持大体一致。

（3）在体形上，佩戴首饰可扬长避短。

（4）佩戴方法上，女士注意：戒指戴在不同的手指上有不同的寓意，戴在食指上表示自己还没有男朋友，戴在中指上表示自己还在热恋，戴在无名指上表示已婚，戴在小指上表示主观上自愿独身。

（三）饰品佩戴方法

1. 戒指

戒指一般只戴在左手上，而且最好仅戴一枚，至多戴两枚。戴两枚戒指时，可戴在左手两个相邻的手指上，也可戴在两只手对应的手指上。戒指是一种沉默的语言，往往暗示佩戴者的婚姻和择偶状况。戒指戴在中指上，表示已有了意中人，正处在恋爱之中；戴在无名指上，表示已订婚或结婚；戴在小手指上，则暗示自己是一位独身者；戴在食指上，表示无配偶或求婚。手上戴好几枚戒指以炫耀财富的做法是不可取的。

资料卡

戒指的意义和佩戴方法

戒指最初并不是作为装饰品用的，而是宫廷中的嫔妃们每月避忌君王“御幸”的一种特殊标志，故称为“戒指”。而在今天，戒指已不仅是美化生活的装饰品，而且成为爱情的信物。

国际上比较流行的戴法有以下几种：

大拇指：据古罗马文献记载，将戒指戴在此指，可助你达成心愿，迈向成功之路。

食指：指示方向的手指。把戒指戴在此指，个性会变得开朗而独立，最适合从事自由职业的人。

中指：次于无名指，最适合戴婚戒的手指。戒指戴在其上最能营造自由、爽朗的气氛，能让你灵感涌现，变得更有魅力，有异性缘。

无名指：从古罗马时代以来习惯将婚戒戴在其上，相传此指与心脏相连，最适合发表神圣的誓言。而且无名指上有重要穴道，戒指戴其上可以适度按压肌肉，有安定情绪之效。

小指：传达的是一种媚惑性感的信息。戒指戴在其上，将会有意想不到的事发生，特别推荐给直觉敏锐、从事流行时尚职业的工作者。

另外，戒指戴在右手和左手又有不同的意义：右手小指——不谈恋爱，右手无名指——热恋中，右手中指——名花有主，右手食指——单身贵族，等待爱情；左手小指——不婚族，左手无名指——结婚，左手中指——订婚，左手食指——未婚；左右大拇指都代表着权势，也可以表示自信。

不过在不同的地方，戴戒指的学问也不尽相同。意大利、法国等国家的人都把结婚戒指戴在左手中指上。因为他们认为，人的十指中，唯有中指的血是通向心脏的，专司感情，称为心指。结婚戒指只有戴在这个手指，方能“心心相印”。英国人的结婚戒指戴在左手的无名指上，而波兰人则是戴在左手的小指上。

上述虽是约定俗成的规则，并不是法律条文，不必严格遵守，但是若不了解这种戴戒指的常识，随意佩戴，则可能会闹出笑话。

2. 耳环

耳环分为耳环、耳坠、耳链，一般情况下为女性所用，并且讲究成对使用。佩戴耳环时应根据脸型特点来选配。如圆形脸不宜佩戴圆形耳环，因为耳环的小圆形与脸的大圆形组合在一起，会加强“圆”的信号；方形脸也不宜佩戴圆形耳环，因为圆形和方形并置，在对比之下，方形更方，圆形更圆。

3. 项链

项链也是受到女性青睐的主要首饰之一。它的种类很多，可分为金属项链和珠宝项链两大系列。佩戴项链应与年龄及体形协调，如脖子细长的女士佩戴仿丝链，更显玲珑娇美；马鞭链粗实成熟，适合年龄较大的妇女。佩戴项链也应与服装相呼应，例如，身着柔软、飘逸的丝绸衣衫裙时，宜佩戴精致、细巧的项链，这样会显得更加妩媚动人；穿单色或素色服装时，宜佩戴色泽鲜明的项链。

4. 手镯与手链

手镯与手链是女性腕部的装饰品，一般只带其中一种。手镯的佩戴根据手臂的形状来定。手臂比较粗短的应该选细小的手镯，手臂细长的则可选粗宽的款式，或者多戴几种细小型的手镯来加强效果。手镯一般戴在右臂上，表明佩戴者是自由的。如果左臂或左右两臂同时佩戴，表明佩戴者已经结婚。一只手上一般不能同时戴两只或两只以上的手镯或手链，而且在佩戴手镯的同时不应该在同一腕部再戴手表饰品。

5. 胸花

佩戴胸花也是大有讲究的。如果胸部小，则可把胸花佩戴在衣领上或偏上的地方，这样可以转移别人的目光；如果乳房位置偏上，则可以把胸花佩戴在偏下的部位；若胸部较大，则不宜佩戴过大的胸花，而应佩戴体积较小的胸花，或者干脆不戴。

6. 鞋袜

鞋子和袜子被称做“脚部时装”和“腿部时装”。在正式或非正式场合，男性一般穿没有花纹的黑色平跟皮鞋，女性一般穿黑色半高跟鞋。露脚指头的皮凉鞋是绝对禁止在礼仪场合穿的。旅游鞋、布鞋和一些时装鞋与西服是不搭配的。在正式场合，女性应该穿长筒丝袜或裤袜，白天可以穿肉色或浅色的，晚上可以穿颜色稍微深一点的，但不宜穿短袜，更不可将里边的棉毛裤露出来。

7. 帽子

戴帽子必须谨慎，可以选择无饰边、不艳丽、雅致的帽子，并且要与整体服饰搭配。在生意场上不能戴有面纱、松软宽边的法式帽。

8. 腰带

腰带的选择与衣服、身材相协调。要想使自己看上去修长，应该选用和衣裙同色的腰带。如果个子高而腰围窄，则应该选用与衣裙织物不同、颜色不同的腰带。

9. 手提包

作为整体的一个重要组成部分，手提包的款式和花色很重要。正式场合用的手提包风格要稳重，不应携带体育用包、叮当作响的包或发光的包。另外，不要把包塞得满满的。年轻女子持很有品位的手提包会显得比较干练，中老年人持手提包则显得沉稳、端庄。同时，选择手袋需考虑衣服的颜色，白色或黑色手袋可配任何颜色的衣服。身材高大的女士不宜用太小的包；较矮的女性，包则不宜过大。

第四节　谈吐礼仪

语言是人类的交际工具，是人们沟通信息、交流思想、联络感情、建立友谊的桥梁，是我们所知道的最庞大最广博的艺术。在日常生活中，表达同样一个意思，在语言上却有美丑之分、文野之别。谈吐礼仪的目的是通过传递尊重、友善、平等的信息，给人以美的享受。语言礼仪与一般语言的不同在于，它不能使用侵犯他人的攻击性语言，要通过文明、礼貌的语言建立起情感沟通的纽带，在轻松、诙谐、明快、幽默、委婉、庄严、赞美的语言所营造的自然、愉快、兴奋、亲切和舒畅的氛围中培植和增进友谊。

一、谈吐的原则与方法

俗语说："病从口入，祸从口出。"平时与人交谈，如果不讲究原则与方法，虽然有时候不至于招致祸害，但也会损害自己的形象。

（一）谈吐的原则

言谈需遵循一定的原则，做到言之有据、言之有理、言之有情、言之有文，以使交谈达到理想的效果。

1. 目的性

坚持"有意而言，意尽言止""话由旨遣"的原则，明确谈话目的，是使交谈成功的前提条件。只有目的明确，才知道准备什么话题和资料，采取何种谈话风格、运用哪些技巧，从而做到有的放矢，临场应变。如果谈话目的不明确，漫无边际，不仅浪费时间，而且是失礼的表现。因此，谈话之前做好充分的准备工作是交谈成功的必备条件。

2. 对象性和适应性

谈话要有强烈的对象意识，适应语言表达的环境，即适应语境。话因人而异，根据谈话对象的年龄、性别、职业、社会地位、文化知识水平及思想状况区别对待。话讲得好不好，不仅要看话语是否恰到好处地表达自己的思想感情，而且看谈话内容是不是符合谈话对象的需要，对方是否乐于接受。好朋友碰到不顺心的事，正处在烦恼中时，即使开一个很小的玩笑，也可能引起不快。这种情况下宜表示同情，并多加劝导。与残疾人相处，不宜说有伤对方自尊的话。喜庆场合，谈论天灾人祸、某人离世等话题不会受人欢迎，遇到正办丧事的人，只应讲些节哀的劝慰话。总之，交谈中要多说对方喜欢听的话，人喜则语言易人，在提建议或批评时更是如此。提出建议或批评若能讲究方式和艺术，注意环境与场合，就会让对方心悦诚服地采纳、接受。

3.分寸性

在人际交往中，谈话有分寸，认清自己的身份，适当考虑措辞。哪些话该说、哪些话不该说、哪些话应该怎样说才能获得更好的交谈目的，是讲究谈吐礼仪者应注意的。同时应注意，讲话尽量客观、实事求是，不夸大其词、断章取义。讲话尽量真诚，有善意，尽量不说刻薄挖苦人的话，不说刺激伤害人的话。

4.忌谈话题不谈不问

人家不打听的消息别随口乱提，人家不提的问题别信口分析，这也是谈吐礼仪要遵循的原则。交谈时，一般不涉及疾病、死亡、灾祸等不愉快的话题。如果对方主动谈起，则真诚地表示关心和同情，说些劝慰的话。一般不谈那些荒诞离奇、黄色淫秽的传闻。年龄、婚姻、住址、收入、经历、信仰等属于个人隐私问题，交谈中一般不可询问。对方不愿意回答的问题不刨根问底。不经意间提出令对方反感的问题应表示歉意或立即转移话题。交谈时还要注意不直接批评长辈和身份高的人。要注意亲疏有度，"交浅"不能"言深"，是一种交际艺术。

（二）谈吐方法

在一切使人喜悦的艺术中，说话的艺术占第一位，只有通过它，才能使钝化的感官获得新鲜的乐趣。谈吐礼仪通过优化语言来提高表达效果，这就是谈吐艺术。优化语言的具体方法可因人、因时、因地而异，主要有委婉法、幽默法、模糊法和暗示法。

1.委婉法

委婉是一种既温和、婉转，又能清晰、明确地表达思想的谈话艺术。它的显著特点是"言在此，而意在彼"，即能够诱导对方去领会你的话，寻找言外之意。从心理学的角度来看，委婉、含蓄的话，不论是提出自己的看法还是劝说对方，都比较适应对方心理上的自尊感，从而容易取得对方的赞同。

2.幽默法

幽默是在一定的语言条件下通过语言反常组合来实现的。它与讽刺、否定性滑稽的不同之处在于，它所持的是温和与宽容的态度，而讽刺、否定性滑稽则是尖刻、辛辣、不友好的。幽默和语言礼仪在目的和功能上是一致的。幽默是笑的精华，而又不仅仅在于博人一笑。它是智慧的表现，充满着敏锐、机智、友善和诙谐。它有折射与引申，有针砭和讽刺，能在会心的笑声中启人心智，让人在笑声中反省自己，感悟真谛。幽默之所以有力量，是因为幽默本身与智慧密切相关。莎士比亚说："幽默和风度是智慧的闪现。"有幽默感的人大多是知识修养高、机智、聪慧的人。要成为一个富有幽默感的人就要有自信、乐观、豁达、积极向上的性格，有真诚善良、成人之美的品质和丰富渊博的知识。但如果过分地表现所谓的幽默，则有贫嘴之嫌。

3.模糊法

模糊性是语言的基本特征之一。在自然语言中，句子所使用的词大部分是模糊词，如汉语中的概数词"上下""左右""前后""多少""多日""多次"等，副词"马上""非常""刚刚""永远""略微"等，时间名词"拂晓""白天""黄昏""深夜""现在""过去"等。模糊法是运用不确定或不精确的语气进行交际的方法。

4.暗示法

暗示是一种信号化的刺激，表示"不公开地、隐蔽地给人以启示"。从社会心理学角度来看，暗示是在无对抗的条件下用含蓄、间接的方法对人的心理和行为产生影响。暗示法是通过语言行为或其他符号把自己的意向传递给他人，并引起反应的方法。暗示法可以通过人的语言形式、表情来表现，也可以通过情境（视觉符号、声音符号）表现。暗示法是交际语言中很有效的艺术。

小案例

面子很重要

在北京台湾饭店，一次，有位客人在离店时把房内一条浴巾放在提箱里带走，被服务员发现后报告给大堂副经理。根据酒店规定，一条浴巾需索赔50元。如何在不得罪客人的前提下维护酒店的利益呢？大堂副经理思索着。

大堂副经理在总台收银处找到刚结完账的客人，礼貌地请他到一处不引人注意的地方说："先生，服务员在收拾房间时发现您的房间少了一条浴巾。"言下之意是：你带走了一条浴巾，已被我们发现了。此时，客人和大堂副经理都很清楚浴巾就在提箱内。客人秘而不宣，大堂副经理也不点破。客人面色有点紧张，但为了维护面子，拒不承认带走了浴巾。为了照顾客人的面子，给客人一个台阶，大堂副经理说："请您回忆一下，是否有您的亲朋好友来过，顺便带走了？"意思是：如果您不好意思当众把东西拿出来，您尽可以找个借口说别人拿走了，付款时把浴巾买下。客人说："我住店期间根本没有亲朋好友来拜访。"从他的口气理解他的意思可能是：我不愿花50元买这浴巾。大堂副经理干脆就给他一个暗示，再给他一个台阶下，说："以前我们也有过一些客人说是浴巾不见了，但他们后来回忆起来是放在床上，毯子遮住了。您是否能上楼看看，浴巾可能压在毯子下被忽略了。"这下客人理解了，拎着提箱上楼。大堂副经理在大堂恭候客人。客人从楼上下来，见了大堂副经理，故作生气状："你们服务员检查太不仔细了，浴巾明明在沙发后面嘛！"这句话的潜台词是：已经把浴巾拿出来了，就放在沙发后面。大堂副经理心里很高兴，但不露声色，礼貌地说："对不起，先生，打扰您了，谢谢您的合作！"要索赔，就得打扰客人，理当表示歉意。可是"谢谢您的合作"则有双重意思，听起来好像是劳烦客人大驾为此区区小事上楼进房查找，其合作态度可谢。然而真正的含义则是：您终于把浴巾拿出来了，避免了酒店的损失。如此合作岂能不谢？为了使客人尽快从羞愧中解脱出来，大堂副经理很真诚地说了句："您下次来北京，欢迎再度光临我们酒店。"整个索赔结束，客人的面子保住，酒店的利益也保住了，双方皆大欢喜。

二、语言魅力

无论是在电话中还是在与人面对面的交谈中，声音用词以及态度都可以体现一个人的修养。说话没有分寸、不顾场合，有损自身形象。

（一）声音魅力

声音在语言中的地位相当重要，以声传意、以声传情。谈吐礼仪要求人们在讲话时用有魅力的声音，给人以美的享受。要让自己说话的声音充满魅力，就要多加注意，并坚持每天练习，具体应做到以下几点：

1. 音量大小适中

讲话时声音不宜过高，让人听清即可。明朗、低沉、愉快的语调最吸引人，放低声音比提高嗓门，声嘶力竭地喊，听起来让人感到舒适。语调偏高、音尖的人应该设法练习降低音量，当然还要把握好度，声音太低太轻，也会让人听不清楚。

2. 语调柔和优美

在社交场合中一般以语调柔和为宜，应尽可能使声音听起来柔和些，避免粗粝尖硬的讲话风格，要以理服人，而不是以声、势压人，理直气“和”更能让人诚服。语言美是心灵美的语言表现，“有善心，才有善言”。因此，要做到谈吐柔和优美，首先应加强个人的思想修养和品格锤炼。

3. 速度快慢适中

讲话时根据需要调整快慢。讲话速度不要过快，特别是有分量的谈话内容，尽可能娓娓道来，以给他人留下稳健的印象，也给自己留有思考的余地。

4. 音调抑扬顿挫

讲话时，注意音调的高低起伏、抑扬顿挫，增强讲话效果，避免平铺直叙、过于呆板的音调，因为这种音调会让人听着乏味，达不到预期的效果。对于任何一次讲话，语速的变化、音调的高低就像一首交响乐，搭配得当才能和谐动人。

5. 吐字清晰

讲话时应吐字清晰、段落分明，避免含糊其词、咬字不清。宁可把讲话的速度放慢，也要把话说清楚。特别是青少年学生，在学生时期就养成讲普通话的习惯，拥有一口标准流利的普通话。有口吃、谈吐不清诸如此类缺点的人，下决心纠正。较好的方法是大声地朗读，只要坚持不懈、勤学苦练，就一定会提高自己的声音魅力。

小案例

某天中午，一位下榻饭店的外宾到餐厅用午餐。当他走出电梯时，站在电梯口的一位女服务员很有礼貌地向客人点头，并且用英语说：“您好，先生！”

客人微笑地回答道：“中午好，小姐！”

当客人走进餐厅后，迎宾员讲了同样的一句话：“您好，先生！”

那位客人微笑地点了一下头，没有开口。

客人吃好午饭，顺便到饭店内的庭院走走。当走出内大门时，一位男服务员又是同样的一句话：“您好，先生！”

这时这位客人只是敷衍地略微点了一下头，已经不耐烦了。

当客人重新走进内大门时，不料迎面而来的仍然是那个男服务员，又是“您好，先生！”。此时客人已反感，默然地径直乘电梯回客房休息，谁知在电梯口仍碰见原先的那位服务员小姐，又是一声“您好，先生！”。客人此时忍耐不住，开口说：“难道你不能说一些其他的话同客人打招呼吗？”

（二）语言艺术

在谈吐礼仪中，文明礼貌的基本原则是尊重对方和自我谦让，为此应做到以下几点：

1. 态度诚恳、亲切

谈话中给对方认真、和蔼、诚恳的感觉，说话时的态度是决定谈话成功与否的重要因素。谈话时交谈双方都在互相观察，注视着对方的表情和神态，反应极为敏感，稍有不慎就会使谈话不欢而散或陷入僵局。当别人遇到不幸去看望安慰时，表情一定要同情、专注；别人有了成绩去祝贺时，表情要真诚、热情、愉快。如果三心二意、心不在焉，就是失礼，会引起别人的反感。

2. 措辞谦逊、文雅

措辞谦逊、文雅体现在两个方面：对他人大多用敬语、敬辞，对自己则应用谦语、谦辞，即外敬内谦。常用的敬语有“请”“您”“阁下”“尊夫人”“贵方”，而“请您稍候”“请帮我一下”“请多关照”“请留步”中的“请”字也不是多余的，多含有谦虚、尊重对方的意思，尤其是在指令性的句子中有很好的语气调节作用，会使语气委婉，不生硬，显得分外有礼貌。

敬语是表示恭敬和敬仰的词语，与谦语相对，使用时应注意以下几点：

(1)适用场合。敬语用于正规的社交场合、会议、谈判公务场合，与师长或身份、地位较高的人交谈时，与陌生人打交道时。

(2)根据不同对象使用不同敬语。敬语的使用有针对性，注意对象。比如，你想问一位中国长者的年龄就可以说“您老高寿?”“请问您老多大年纪了?”，对平辈或年龄不太大的人则不适合如此发问，而应说“请问你多大年龄?”。听到这类问话，中国人都会高兴地回答你，因为这样的语气让对方觉得你很有礼貌。但是如果你直接去问一个外国人的年龄，则他会很不愉快，认为这不礼貌，是对他的不尊重。

(3)只有由衷地、真诚地尊重对方，才能在语气上表现出恭敬之情。其实尊重他人就是尊重自己，“人敬我一尺，我敬人一丈”。只有在一个相互尊重的环境里人们才能更好地和睦相处。谦语与敬语相对，是向人表示谦恭和自谦的词语。使用谦语和使用敬语一样，都体现了说话者本身的文明修养。

3.多使用雅语和礼貌用语

雅语是指一些比较文雅的词语，与俗称相对。雅语常在正规场合以及有长辈或女性在场的情况下被用来代替那些比较随便甚至粗俗的话语。多使用雅语能体现出一个人的文化素养。

资料卡

常用的雅语

初次见面说“久仰”，好久不见说“久违”；等候客人用“恭候”，客人来到称“光临”；未及欢迎说“失迎”，起身作别称“告辞”；看望别人称“拜访”，请人别送用“留步”；出门送客说“慢走”，与客道别说“再来”；请人休息称“节劳”，对方不适说“欠安”；陪伴朋友用“奉陪”，中途告辞用“失陪”；求人解答用“请教”，盼人指点用“赐教”；欢迎购买用“惠顾”，请人受礼说“笑纳”；请人帮助说“劳驾”，求人方便说“借光”；托人办事用“拜托”，麻烦别人说“打扰”；向人祝贺说“恭喜”，赞人见解称“高见”；请人原谅说“包涵”，请人批评说“指教”；尊称老师为“恩师”，称人学生为“高足”；老人年龄说“高寿”，女士年龄称“芳龄”；平辈年龄问“贵庚”，打听姓名用“贵姓”。

4.拒绝的艺术

生活中谁都会有同窗、同事和朋友，日子相处久了，难免会有求于你，若朋友提出的某些要求太过分，不是我们力所能及的，就要拒绝。很多人往往在处理这类问题时感到很棘手，不知道该如何开口，明知有些事办不成，可又怕伤害朋友之间的友谊。那么，怎样开口拒绝才不会伤害对方呢?

(1)在说“不”前，务必让对方了解自己拒绝的苦衷和歉疚，而且态度诚恳，语言温和。

(2)避免模棱两可的回答，如“我再考虑考虑”等，虽然你认为这是表示拒绝，可是求助者却会认为你真的在替他想办法，这样一来，反而耽误了对方，所以切莫使用字眼含糊的语言。

(3)把不得不拒绝的理由以诚恳的态度加以说明，直到对方了解你确实是爱莫能助，这是最成功的拒绝。

5.倾听的艺术

交际场上善于倾听的人才是真正会交际的人。能说会道的人锋芒毕露，常有言过其实之嫌，有时候说得太多，反而给人留下夸夸其谈、油嘴滑舌的印象，而且言多必失。静心倾听就没有这些问题，反倒有兼听则明的好处。注意听，给人的印象是谦虚好学、专心稳重、诚实可靠；认真听，能减少不成熟的评论，避免不必要的误解。

大量事实证明，人际关系失败的原因很多时候不在于你说错了什么，或是应该说什么而没说，而是因为你听得太少，或者不注意听。比如，别人的话还没说完，就抢过话头，讲些不得要领、不着边际的话；别人的话还没听清，就迫不及待地发表自己的见解；对方兴致勃勃地与你谈话，你却目光斜视，手上还在不断地拨弄这个拨弄那个。试想有谁愿意与这样的人一起交谈？有谁喜欢和这样的人做朋友？一位心理学家曾说："以同情和理解的心情倾听别人的谈话，我认为这是维系人际关系、保持友谊的最有效的方法。"

可见，说是一门艺术，而听则是更高的艺术。倾听，是对他人的一种恭敬、一种尊重、一种理解、一种虔诚，是对友人最宝贵的馈赠。倾听，是心的接受，是情感的传递。倾听，是智者的宁静，犹如秋日葱茏，深邃的思想于无声中形成。我们不必抱怨自己不善言辞，只要认真倾听，就会赢得友谊、赢得尊重。成功的倾听必须做到以下几点：

(1)要有正确的"听"的态度。专心地听对方谈话，态度谦虚，始终用目光注视对方，不做无关动作，如看表、修指甲、打哈欠等。

(2)要善于通过体态语言或其他方式给予必要的反馈，做个积极的"听话者"。比如，赞成对方说的话时可以轻轻地点一下头，对他所说的话感兴趣时可以展露一下笑容等。

(3)提出问题。凭着你所提出的问题，让对方知道，你是仔细地在听他说话，而且提问可使谈话更深入地进行下去。

(4)不要中途打断对方，要让对方把话说完。打断对方的话不但会打断他的思路，而且会让对方觉得你不尊重他。

(5)适时引入新话题。人们不仅喜欢有人从头到尾安静地听他说话，而且更喜欢被引入新的话题，以便能借机展示自己的价值。你可以试着在别人说话时，适时地加一句"你能不能再谈谈对……问题的意见呢?"。

(6)忠于对方所讲的话题。无论你多么想把话题转到别的事情上去，以达到你和他对话的预期目的，但还是要等对方讲完以后，再岔开他的话题。

(7)要巧妙地表达你的意见，不要表示出或坚持与对方明显不合的意见，因为对方希望别人"听"他说话，或希望听的人能设身处地地为他着想，而不是给他提意见。你可以配合对方的证据，提出你自己的意见。

(8)要听出言外之意。一个聪明的倾听者，不能仅仅满足于表层的听知理解，而要从说话者的言语中听出话中之话，从其语情语势、身体的动作中推断对方话语的含义，把握说话者的真实意图。只有这样，才能真正达到交流、沟通的目的。

情境案例分析

情境一

阿美和阿娟是一所美容学校的学生，初学化妆非常感兴趣，走到大街上，总爱观察别人的妆容，因此发现了一道道奇特的风景线：

一位中年妇女没有做其他化妆，光涂了一个嘴唇，并且是那种很红很艳的唇膏，只突出了一张嘴；一位女士的妆容看起来真的很漂亮，可脖子却粗糙马虎，与脸庞轮廓有明显的分界线，像戴了面具一样；还有的女士用粗的黑色眼线将眼睛轮廓包围起来，像个“大括号”，看上去很生硬，不自然；一位很漂亮的女士身穿蓝色调的时装，却画着橘红色的唇膏……

请帮助阿美和阿娟分析一下，针对以上几种情形，自己化妆时应注意哪些问题。

情境二

某公司举行新项目开工剪彩仪式，请来了张市长和当地各界名流嘉宾参加，请他们坐在主席台上。仪式开始时，主持人宣布：“请张市长下台剪彩！”张市长却端坐没动。主持人很奇怪，重复了一遍：“请张市长下台剪彩！”张市长还是端坐没动，脸上还露出一丝恼怒。主持人又宣布了一遍：“请张市长剪彩！”张市长这才很不情愿地勉强去剪彩。

请指出本案例中的失礼之处。

情境三

某日华灯初上，一家饭店的餐厅里客人满座，服务员来回穿梭于餐桌和厨房之间，一派忙碌气氛。这时，一位服务员跑去向餐厅经理汇报，说客人投诉有盘海鲜菜中的蛤蜊不新鲜，吃起来有异味。

这位餐厅经理自信颇有处理问题的本领和经验，于是不慌不忙地向投诉的客人餐桌走去。一看，那不是老主顾张经理嘛！他不禁心中有了底，于是迎上前去一阵寒暄“张经理，今天是什么风把您给吹来了，听服务员说您老对蛤蜊不大对胃……”。这时张经理打断他说：“并非对不对胃口，而是我请来的香港客人尝了蛤蜊后马上讲这道菜千万不能吃，有异味。变了质的海鲜，吃了非出毛病不可！我可是东道主，自然要向你们提意见。”餐厅经理接着面带微笑，向张经理进行解释，蛤蜊不是鲜货，虽然味道有些不纯正，但吃了不会要紧的，希望他和其余客人谅解包涵。

不料此时，在座的那位香港客人突然站起来，用手指指着餐厅经理的鼻子大骂起来，意思是，你还笑得出来，我们拉肚子怎么办？你应该负责任，不光是为我们配药、支付治疗费而已。这突如其来的兴师问罪，餐厅经理一下子怔住了！他脸上的微笑一下子变成了哭笑不得。到了这步田地，他揣摩着如何下台阶。他想，总不能让客人误会刚才我面带微笑的用意吧，又何况微笑服务是饭店员工首先应该做到的。于是他仍旧微笑着准备再做一些解释。不料，这次的微笑更加惹起那位香港客人的恼火，甚至于流露出想动手的架势。幸亏张经理及时拉拉餐厅经理的衣角，示意他赶快离开现场，否则简直难以收场。事后，这一微笑终于使餐厅经理悟出了一些道理。

分析上述案例出现错误的主要原因是什么。如果你是餐厅经理，则该如何做？

情境四

郭先生是一位外贸公司的业务经理。有一天，郭先生因为工作上的需要在国内设宴招待一位来自英国的生意伙伴。有意思的是，那顿饭吃下来，令对方最欣赏的倒不是郭先生专门为其所准备的丰盛菜肴，而是郭先生在陪同对方用餐时一处细小的举止表现。用那位英国客人当时的原话来讲就是：郭先生，你在用餐时一点儿响声都没有，使我感到你的确有良好的教养。

英国客人为什么欣赏郭先生的举止表现？从中说明了什么问题？

第三章　商务场合日常办公礼仪

知识目标

学习办公室人际交往的基本礼仪。

掌握商务场合电话礼仪、传真礼仪以及电子通信礼仪等的基本规范。

学会基本的商务文书写作。

技能目标

加强对日常办公礼仪中人际交往关系礼仪的认识；

通过对办公礼仪的学习，在日常生活中养成良好的办公习惯。

案例导入

问候不敬让对方反感

“喂，你给我找一下×××。”一位先生有急事给某客户打电话，拨通电话后，高声地让接电话者去找人。正好那天接电话者心情不佳。听到这种电话，心情更是不爽。而且接电话者也知道他要找的人正在开会，这时也不能接听电话。于是接电话者不高兴地说“他不在”，随即挂掉了电话。这位先生也不知道客户到底干什么去了，什么时候才能打电话找着人，急得像热锅上的蚂蚁。他不知道造成这一结果的唯一原因是打电话忘了“客气”。

思考：回想一下自己平时都是怎么接打电话的？接打电话过程中怎样才能体现出“客气”呢？

第一节　办公室的基本礼仪

商务办公礼仪是指人们从事商务活动和日常办公时必须遵守的礼仪规范。在社交礼仪日益注重形式与规范的今天，掌握办公室礼仪、电话礼仪、商务文书礼仪，有助于增进相互之间的友情，加深交往的内涵与层次，提高办事效率，提升宴会组织的整体形象。

一、上下班规则

(一)遵守工作守则

工作场合应当遵守工作守则和与公司签订的劳动合同。通常,《工作守则》会包括公司对员工的一些常规性的规定,比如,上下班时间、假日、休假制度、工资、服务规则以及奖惩制度。

(二)上班应守时

上班应准时。最好提前5分钟到岗,做好上班前的准备工作,不能到了上班时间才匆匆忙忙跑到办公室。上班时,看到上司和同事,积极、主动打招呼,如果别人先打招呼,则你可以精神饱满地回应。

迟到是办公室礼仪中最低档次的违规,会被认为是不成熟的举动。当你发现要迟到的时候,务必在上班前和上司联络,在道歉的同时报告上班的确切时间。

(三)缺勤及休假的处理原则

如果身体不适,无法上班,则及时告知上司,同时考虑到当天要做的工作会不会因为缺席而无法进行。禁止无故缺席。请假时,这样说:"因为感冒发烧了,我想现在去医院,可以请假一天吗?"通常情况是由本人亲自打电话请假,除非病重,才可以让别人代为请假。请假的第二天上班后向上司和因为你请假受影响的同事道歉。

二、工作中的规则

(一)保持办公桌的整洁

在办公室,要让办公桌上的东西尽量少,桌子要经常整理、清洁;不要在办公桌上摆放娱乐设备、食物、镜子、化妆品等太多私人物品;不要超范围将文具、文件放到邻桌。办公桌下面也不要摆放无用的物品,并且要整理干净。将自己的物品摆到办公桌旁边的过道更是非常无礼的表现。离开办公室时,需将桌面上的文件、物品收拾归位,不能丢下一桌子的物品就走。

(二)不在办公室闲聊

在工作中,不要和同事闲聊与工作无关的事情。就算是办公室没有洗漱室、开水房、吸烟室等非办公区域,也不能三三两两凑在一起闲聊。这种闲聊等于怠工。尤其忌讳凑在一起议论别人的是非。在办公室中谈话的声音尽量放小,以不影响别人工作的音量为宜。

(三)不在办公室吸烟

通常,很多公司会禁止吸烟,有些还会专门为吸烟者设立一个吸烟室或吸烟区。所以,不要在不允许吸烟的场所吸烟,即使是在可以吸烟的场所,也要跟身边的人打招呼问对方是否介意自己吸烟。在可以吸烟的区域,要注意环境,不能随手弹烟灰、扔烟头。不小心弄脏的区域应立刻清洁,免得给别人带来麻烦。

(四)不泄露公司秘密

每个公司都有不能透露的公司秘密,如果是保密资料,使用过后应当及时归还或者锁起来。走出公司大门,不要向外人说公司内部的情报,即使是再亲密的客户,也避免谈及公司内部机密。如果从公司辞职或跳槽,则也不应该故意外泄原就职单位的机密。

三、接受工作指示的规则

(一)被上司召唤

被上司召唤,及时回应,带好纸、笔,到上司身边听候指示。在上司说明指示或者下达工作指令的时候，注意听和记录。如果有疑问，则在上司讲完之后集中提问，不要随意打断上司的讲话。

（二）确认指示

在接受了指示之后，向上司表明自己已经明白，有必要的话可以有选择地重复部分指令，比如："把这个文件明天上午10点前传真给伟达公司市场部，是这样吗？"如果自己手头上的事情很多，对上司下达的新指令今天无法完成，则及时回报目前的状况，进一步请求指示。如果上司发出的指示有问题，则再确认一遍。

四、向上司报告的规则

在商务活动中，上司指示或命令过的工作进行中或结束后，应逐一向其报告，通常先报告结果，再陈述过程。在报告的时候，明确汇报5w2h，即何事（what）、何时（when）、何地（where）、为何（why）、谁（who）、怎样（how）、多少钱（how much），语言简练，不能拖拖拉拉，不分巨细地汇报。

（一）口头报告

在日常办公中，很多事情不需书面报告。以下一些情况用口头报告的方式即可：

（1）一天工作结束时，按惯例进行工作报告；

（2）按指示或命令干的工作完成了以后；

（3）在按指示或命令干的工作没有成功的时候；

（4）一项长期工作的阶段报告；

（5）在工作突然发生了意外或者存在问题的时候。

通常，在向上司报告复杂、繁琐的事情时，向上司请示："我想向您报告一下某某事情，现在您方便吗？"

（二）书面报告

如果需要提出书面报告，则按照规定的书面报告格式，在规定限期内写出报告，提交给上司。通常书面报告的主要内容为：

（1）工作守则和业务规定的内容；

（2）在办公室已经形成惯例的事项；

（3）在口头报告中已经陈述的事项；

（4）记录正确的数字以及统计资料。

书面报告要求标题醒目，主题明确；不掺杂个人观点，只记录事实；在报告中，先提出结论，然后按照一定的顺序写；要问题通畅，简洁明了，重要的事情列出标题或者分项写；如果有必要，则在报告里附上图表。

（三）商量工作

独自在外工作时，要与上司取得联系，事无巨细，不得擅自过滤信息，以免造成失误。对于拿不准的事情，一定要与上司商量，不可妄自判断。

五、外出、外勤、出差的规则

因公外出、外勤、出差，需每天记录当天所花的费用，并且保留票据。所花费的交通费或者其他费用应准确报销，不能虚报金额。如果公司对外出搭乘交通工具、住宿或餐饮标准有规定，则应严格遵守规定，不得已超出规定金额的，需及时向上司提出申请。

六、使用办公设备的规则

（一）电话

在办公室，不能私用公司的电话。办公室的电话是工作用的，不是用来联系家人、朋友的，更不能长时间霸占。如果是特殊的事情，接到私人电话，则速向对方表明现在是正常工作时间，并且快速挂断电话。

（二）办公用品

公司的办公器械和耗损品都是借给员工使用的，是以方便工作为用途，在使用时公私分明。不能将公司的文具随便拿回家或者做私人用途，也不能用公司的复印机、打印机来做私人文件。公司的办公用品使用过后应及时放回原处，以方便其他员工使用。

（三）传真

在工作场合发传真时，注意事项包括：

(1)一定在传真文件上标明发件人的信息，便于对方回应；

(2)不要一次发送过多纸张，以免影响对方接受其他传真；

(3)机密文件不适合用传真发送，会泄密；

(4)彩色、字号小的部分需要特别注意；

(5)若有重要事项，则传真后回电话确认；

(6)有专门的发送传真联络用纸，正规、方便，有效率。

（四）节约资源

在使用办公设备时，节约意识放在首位；在不用的时候随手关掉公司的电灯、空调、水龙头，不能因为是公家的便无所顾忌地浪费。

七、公务交往中的称呼规则

（一）公务交往中的三种通用称呼

(1)称呼行政职务人员。这一般是在正式的官方交往中使用，如董事长、部长。(2)称技术职称人士。对专家、学者或者学术方面比较有造诣的人士，称教授、博士。(3)泛尊称。先生、小姐、女士等称呼。

（二）正规场合不能使用以下称呼

(1)称兄道弟；(2)不恰当的替代；(3)易误会的称呼，如师傅；(4)不恰当的简称；(5)无称呼，如“喂”。

资料卡

影响同事关系的五种言行

同在一个单位或者一个办公室，搞好同事间的关系是非常重要的。以下五种言行如果平时不注意，则很容易把同事间的关系搞僵。

(1)有好事不通报。单位里发物品、领奖金等，如果自己先知道，却一声不响地坐在那里，像没事似的。这样几次下来，别人自然会有想法，觉得你太不合群，缺乏团队意识和协作精神。如此下去，同事间彼此的关系就不会和谐。

(2)进出不互相告知。请假不上班或即使临时出去半个小时，也要与同事打个招呼。这样，如果领导或熟人来找，则也可以让同事有个交代。如果什么也不说，进进出出，神秘兮兮的，受到影响的恐怕还是自己。互相告知，表明双方互有的尊重与信任。

(3)不说不可以说的私事。有些私事不能说，但有些私事说说也没有什么坏处，如男朋友或女朋友的工作单位、学历、年龄及性格脾气等。如果结了婚，有了孩子，就有关于爱人和孩子方面的话题，工作之余都可以顺便聊聊，它可以增进了解。信任是建立在相互了解的基础之上的。

(4)有事不肯向同事求助。轻易不求人，这是对的。有时求助别人反而表明对别人的信赖，能融洽关系。如果身体不好，同事的爱人是医生，就可以通过同事的介绍去找，以求更好地解决。如果偏不肯求助，同事知道了，反而会觉得不信任人家。良好的人际关系是以互相帮助为前提的。当然，求助要讲究分寸，尽量不要使人家为难。

(5)拒绝同事的“小吃”。同事带点水果、瓜子、糖之类的零食到办公室，休息时分吃，不要一概拒绝。有时，同事中有人获了奖或评上了职称什么的，大家高兴，对此应尽可能积极参与。如果人家热情分送，自己却每每冷拒，时间一长，难免给人以清高和傲慢的印象，觉得你难以相处。

资料卡

职业经理人的13条戒律

国外一位著名企业老板针对白领阶层归纳出13条职场戒律，分别用一种动物或物体比喻。对比看一看，你会是其中一种吗?

没有创意的鹦鹉：只会做机械性的工作，不停地模仿他人，不求自我创新、自我突破，认为多做多错，少做少错。

无法与人合作的荒野之狼：丝毫没有团队精神，不愿与别人配合、分享自己的劳动，也无视他人的意见，只是自顾自地工作，离群索居。

缺乏适应力的恐龙：对环境无法适应，对市场变动经常无所适从或不知所措，只知请教领导，不能接受职位调动或轮调等工作改变。

浪费金钱的流水：成本意识很差，常无限制地任意申报交际费、交通费等，不注重生产效率。

不愿沟通的贝类：有了问题不愿意直接沟通或羞于讲出来，总是紧闭嘴巴，任由事情坏下去，没有诚意。

不注重资讯汇集的白纸：对外界信息反应不敏锐，不肯思考、判断、分析，也不愿搜集、记忆有关信息，懒得理会“知己知彼，百战百胜”这句名言。

没有礼貌的海盗：不守时，常常迟到、早退，服装不整，讲话带刺，不尊重他人，做事或散漫或刚愎自用，根本不在乎他人。

缺少人缘的孤猿：嫉妒他人，只对别人的成就飞短流长而不愿意向他人学习，以致在需要帮助时没人肯伸手援助。

没有知识的小孩：事事仍然需要别人的照顾，生活能力极差；对工作也需一点一滴交代得十分清楚，否则干不好。对社会问题及趋势也从不关心，不肯充实专业知识，很少阅读专业书籍及参加各种活动。

不重视健康的幽灵：不注重休闲活动，只知道一天到晚地工作，常常闷闷不乐，工作情绪低落，自觉压力太大，并将这种压力影响别人。

过于慎重、消极的岩石：不会主动工作，因此很难掌握机会，对事情在没做前先发出悲观论调，列出一大堆不可能，同时对周围事物也不关心。

摇摆不定的墙头草：从没有自己的观点，永远只是附和别人的意见。更重要的是一遇到公司纷争，哪边势力大就倒向哪一边，并煽风点火，一旦这方失势，又马上倒向另一方。

自我设限的家畜：不肯追求成长、突破自己，不肯主动挑起力所能及的担子，抱着“努力也没用，薪水够用就好”的心态，人家给什么就接受什么。

第二节　通信礼仪

在日常生活中，商务人士接触最多的主要有电话、电报、电传、传真、电子邮件。通信礼仪，通常指在利用上述各种通信手段时遵守的礼仪规范。考虑到商务人士的实际需求，下面将着重介绍应用最多最广的电话、手机、传真机以及网络通信的基本礼仪。

一、电话礼仪

电话礼仪是商务人士所要掌握的重点。对于商务人士来说，电话不仅是一种传递信息、获取信息、保持联络的工具，而且也是商务人员所在单位或个人形象的一个载体。电话礼仪即人们在通电话的整个过程中的语言、声调、内容、表情、态度、时间感等的集合。它真实地体现出个人的素质、待人接物的态度以及通话者所在单位的水平。

电话通信，可以分为主动地拨打电话与被动地接听电话。从礼仪方面来讲，拨打电话与接听电话时有不同的标准做法。

（一）打电话礼仪

在商务交往中，商务人员需要“先发制人”，首先打电话给别人。商务人员准备拨打电话，应注意以下问题：

1. 电话是否该打

在需通报信息、祝贺、问候、联系、约会、表示感谢等时，有必要利用电话。毫无意义、毫无内容的“没话找话”式的电话，则最好不要打。

2. 打电话的时间选择

公务电话，最好在上班时打。双方约定的通话时间，轻易不要更改。不要在对方刚上班、快下班、午休或快吃午饭时，打电话过去。因紧急事宜打电话到别人家里，通话之初先要为此说声“对不起”，而且尽量不要在对方用餐、睡觉、过节、度周末时这样做。若无紧急情况，打电话的时间，白天在上午 8 点以后（假日在 9 点以后），夜间则在 21 点以前，不在午睡时间打电话，以免打扰他人休息。与外商通电话时，须顾及对方的作息时间；打电话到海外，还应考虑到此地与彼地的时差。

3. 打电话的内容

电话在很多情况下会打搅别人的正常工作或生活。因此，除非万不得已，每次打电话的时间不应超过 3 分钟。在国外，这叫做“通话 3 分钟原则”，已为商界所广泛遵守。商界人士在打电话前一定要“去粗取精”，条理清晰地预备好提纲，根据腹稿或文字稿直截了当地通话。一般要牢记“5w1h”，即 when（什么时候）、who（对象是谁）、where（什么地点）、what（说什么事）、why（为什么）、how（如何说）。电话拨通后，力求谈话简洁，抓住要点，尽可能省时省事，同时考虑交谈对象的特点。

4. 打电话的语言和声音

打电话时，对一个人的电话形象影响最大的首推他自己的语言与语调。从总体来讲，语言应当简洁、明了、文明、礼貌。在通话时，声音应当清晰而柔和，吐字应当准确，句子应当简洁，语速应当适中，语气应当亲切、和谐、自然。

5. 打电话的规范

电话的开头语直接影响对方对你的态度、看法。通电话时注意使用礼貌用词，如“您好”“请”“谢谢”“麻烦您”等。电话接通后，主动问好，并问明对方单位或姓名，得到肯定答复后再报上自己的单位、姓名。打电话时所用的规范“前言”有两种：第一种适用于正式的商务交往，礼貌用语与对方的单位、职衔、姓名“一同到来”。其规范的模式是：“您好！我是天翼公司市场营销部部长杨宇飞，请找长城分公司市场部经理金鑫先生，或者副经理姚丽女士。”第二种适用于一般性的人际交往，在使用礼貌性问候以后准确地报出对方完整的姓名。其规范模式是：“您好！我是杨阳。我找何晏。”

6. 打电话时应注意的问题

在通话时，中途中断，按礼行应由打电话者再拨一次。拨通以后，稍作解释，以免对方生疑。一旦自己拨错了电话，切记要向无端被打扰的对方道歉，真诚地说声“对不起”。

7. 挂电话的礼貌

要结束电话交谈时，一般应当由打电话的一方提出，可以把刚才谈过的问题适当重复和总结，然后彼此客气地道别，说一声“再见”，再挂电话。

（二）接电话礼仪

接电话也是一门艺术。是否合乎礼仪规范，体现接听电话者的个人修养，也体现公司的整体形象。商务人士在接听电话时须专心致志，彬彬有礼。

1. 接电话的准备工作

做好通话的准备，无论是私人还是公务电话，尤其是后者，应该在电话机旁准备好一些物品：电话号码簿、电话记录本和记录用笔。

2. 接听电话的首句规范

在正式的商务交往中，接电话时所讲的第一句话，常见的有三种形式：

(1)以问候语加上单位、部门的名称以及个人的姓名最为正式。例如，“您好！天意集团公司财务部杨阳，请讲。”

(2)以问候语加上单位、部门的名称，或是问候语加上部门名称。它适用于一般场合。例如，“您好！天意公司人事部，请讲”，或者“您好！人事部，请讲”。后一种形式主要适用于由总机接转的电话。

(3)以问候语直接加上本人姓名，它仅适用于普通的人际交往。例如，“您好！李静，请讲。”如果电话铃响过四遍后，拿起听筒则要向对方说“对不起，让您久等了”，这是礼貌的表示，可消除对方久等的不快心情。需要注意的是，在商务交往中，不允许接电话时以“喂，喂”或者“你找谁呀”作为“见面礼”。

3. 接听电话的过程礼仪

接听电话时，左手拿听筒，右手准备备忘录。因此，在电话旁，要事先准备好随时会用到的纸和笔。如果电话内容比较重要，则应做好电话记录，包括单位名称、来电话人的姓名、谈话内容以及通话日期、时间和对方的电话号码等。在通话中，不要对着话筒打哈欠，或是吃东西；也不要同时与其他人闲聊。如果中途有事，则必须中断通话，走开一下，一般时间不应超过30

秒。而且恳请对方原谅，不要让对方由此感到在受话人的心中无关紧要。

4.结束通话的礼仪

在通话时，接电话的一方不宜率先提出终止通话的要求。通话完毕后，可以询问对方“还有什么事吗?”或者“还有什么要吩咐吗?”这一类客套话，既是表示尊重对方，又是提醒对方，请对方先放下电话，再轻放下自己的电话，不宜“越位”抢先。遇上不识相的人打起电话没个完，非得让其“适可而止”的话，说话应当委婉、含蓄，不要让对方难堪。

5.接电话的注意事项

在办公室里接电话，尤其是外来的客人在场时，最好是走近电话，双手捧起话筒，以站立的姿势，面含微笑地与对方友好通话。不要坐着不动，一把把电话拽过来，抱在怀里，夹在脖子上通话；不要拉着电话线，走来走去地通话；也不要坐在桌角、趴在沙发上或是把双腿高抬到桌面上，大模大样地与对方通话。要注意自己的语言和语气。在这个方面，漫不经心、随随便便、过分放任自己，都是极其失礼的。

不要在听电话时与旁人打招呼、说话或小声议论某些问题，如遇接电话时房内有许多人正在开会聊天，可先请他们静下来，然后再接电话。在通话过程中，为了使对方知道自己一直在倾听，或表示理解与同意，应时不时地轻声说些“嗯”“是”“对”“好”之类的回应语。

万一对方拨错了电话或者电话串了线，也要保持风度，切勿发脾气。确认对方拨错了电话，应先自报一下“家门”，然后再告知电话拨错了。如果对方道了歉，不要忘了以“没关系”去应对。如有可能，不妨问一问对方，是否需要帮助他查一下正确的电话号码，借机宣传本单位以礼待人的良好形象。

小案例

接电话的女高音

某杂技团计划赴美国演出，该团团长李明就此事向市文旅局请示，于是他拨通了文旅局局长办公室的电话。可是电话响了足足有半分多钟，仍无人接听。李明正纳闷，突然电话那端传来一个不耐烦的女高音：“什么事啊?”李明一愣，以为自己打错了电话：“请问是文旅局吗?”“废话，你不知道自己往哪儿打的电话啊?”“哦，您好，我是市歌舞团的，请问王局长在吗?”“你是谁啊?”对方没好气地盘问。李明心里直犯嘀咕：“我叫李明，是杂技团的团长。”“李明？你跟我们局长什么关系?”“关系?”李明更是丈二和尚摸不着头脑。“我和王局长没有私人关系，我只想请示一下我们团出国演出的事。”“出国演出？王局长不在，你改天再来电话吧。”没等李明再说什么，对方就挂断了电话。李明感觉像是被人戏弄了一番，拿着电话半天没回过神来。

在这个故事中，文旅局的那位女同志在接听电话时态度懒散、语气粗鲁，给人以盛气凌人的感觉。这不仅影响到公务的正常办理，而且极大地损害了公务员在人民群众心目中的形象和地位。

(三)代接电话的礼仪

(1)能亲自接的电话，不要麻烦别人，尤其是不要让自己的孩子代替自己接电话。

(2)代接电话时，讲话要有板有眼，被找的人如果就在身旁，则应告诉打电话者“请稍等”，然后立即转交电话，不要抱着不信任的态度，先对对方“调查一番”，尤其是不允许将这类通话扩音。

(3)被找的人如果尚在别处，则应迅速过去寻找，不要懒于行动，连这点“举手之劳”都不愿意做，蒙骗对方说“人不在”，或是大喊大叫“某人找某某人”，闹得“世人皆知”，让他人的隐私“公开化”。

(4)如果被找的人不在，则应在接电话之初立即相告，并可以适当地表示自己可以“代为转告”的意思。不过应当先讲“某人不在”，然后再问“您是谁”或“您有什么事情”，切勿“本末倒置”。

(四)手机使用礼仪

商务人士在日常交往中使用手机时有如下五个方面的礼仪规范：

1. 置放到位

商务礼仪规定，使用手机者，应当将其放置在适当位置。按照惯例，外出之际随身携带手机的最佳位置有两个：一是公文包里，二是上衣口袋内。穿套装、套裙时，切勿将其挂在腰带上，否则撩衣取用或观瞧时，即使不使自己与身旁之人“赤诚相见”，也会因此举而惊吓到对方。

2. 遵守公德

商务人员在使用手机时一定要讲究社会公德，切勿使自己的行为打扰到其他人士。在公共场所活动时，商务人员尽量不要使用手机，当其处于待机状态时，应使之静音或调为振动，需要与他人通话时，应寻找无人之处，而切勿当众自说自话。公共场所乃是公有共享之处，在那里最得体的做法是：人人都要自觉地保持肃静。在参加宴会、舞会、音乐会，前往法院、图书馆，或是参观各类展览时，尤须切记此点。在工作岗位上，也应注意手机的使用不有碍于工作、有碍于别人。商务人士在办公室里办公时尽量不要打开手机铃声。尤其是在开会、会客、上课、谈判、签约以及出席重要的仪式、活动时，必须自觉地提前采取措施，令自己的手机静音不响，在必要时，可暂时将其关机，或者委托他人代为保管。

3. 保证畅通

商务人士告诉交往对象的手机号码时，务必力求准确无误。若自己的手机改变了号码，则应及时通知给重要的交往对象，免得双方的联系中断。拨打他人的手机之后，也应保持耐心，一般应当等候对方十分钟左右。在此期间，不宜再同其他人进行联络，以防电话频频占线。万一因故暂不方便使用手机时，可在语音信箱上留言，说明具体原因，告知来电者其他联系方式。有时，还可采用呼叫转移的方式与外界保持联系。

4. 重视私密

通信自由，是受到法律保护的。在通信中，秘密性即通信属于个人私事和个人秘密，是其重要内容之一。使用手机时，对此也应予以重视，不应当随便打探他人的手机号码或将别人的手机号码转告他人。

5. 注意安全

使用手机时，对于有关的安全事项绝对不可马虎大意，在任何时候，都不可在使用时有碍自己或他人的安全。按照常规，在驾驶车辆时、乘坐客机时、在加油站或是医院里停留期间，也不准开启手机。此外，在一切标有文字或图示禁用手机的地方，均须遵守规定。

二、传真礼仪

传真，又称作传真电报。它是利用光电效应，通过安装在普通电话网络上的传真机，对外发送或接收外来的文件、书信、资料、图表、照片等的一种现代化的通信联络方式。目前，在国内的商务单位中，传真机早已普及，成为不可或缺的办公设备之一。

传真通信的优点是：操作简便，传送速度非常迅速，可以将包含的一切复杂图案传送出去。

它的缺点是：发送的自动性能较差，需专人在旁边进行操作。

（一）合法使用时最基本的要求

国家规定，任何单位或个人在使用自备的传真设备时均须严格按照电信部门的有关要求，认真履行必要的使用手续，否则即为非法之举。具体而言，安装、使用传真设备前须经电信部门许可，并办理有关的一切手续，不准私自安装，使用传真设备。而安装、使用的传真设备，必须配有电信部门正式颁发的批文和进网许可证。如欲安装、使用自国外直接带入的传真设备，必须首先前往国家制定的部门进行登记和检测，然后方可到电信部门办理使用手续。而且，使用自备的传真设备期间，按照规定，每个月都必须到电信部门缴纳使用费。

（二）使用传真设备时应注意的问题

人们在使用传真设备时最为看重的是时效性。因此，在收到他人的传真后，应当在第一时间即刻采用适当的方式告知对方，以免对方惦记。需要办理或转交、转送他人发来的传真时，千万不可拖延时间，耽误对方的要事。使用传真设备应注意的问题主要有以下几点：

1. 规范操作

发传真之前先打电话通知对方，很多单位是大家共用一台传真机，如果不通知对方，信件则可能落到不相关的人手里或因为别人不知道是谁的信件而被丢入垃圾桶。不能用传真机传送太长的文件。由于传真机所用的纸张质量一般不高，印出的字迹可能不太清楚，不易长久保存，如果接收人需要原件备案，诸如一些需要主管人员亲笔签字的合同等资料，则应在传真后将原件用商业信函的方式寄出。

2. 明确信息

为了明确传真的有关信息，正式的传真必须有封面。封面页一般较为正式，有的企业使用“填空式”或封面专用纸。发急件时应在封面正面页注明，因为有的大企业定时分批发送公函和信笺，如不标明“急件”，就容易被耽误；其上注明传送者与接收者双方的公司名称、人员姓名、日期、总页数等，这样，接收者就可以明白。如果不是非正式的，则也必须认真标明传真页码。如果其中某一张传真不清楚或是未收到，则可以请对方再将此页传一次，可以使用本企业名称的公文纸，并注明日期，一般应该在第一页写明接收人的姓名、电话号码以及所在部门名称；如果需要，则可以写明发送人的姓名、传真号、电话号码及所在部门名称。

3. 注意保密

未经事先许可，不应传送保密性强的文件或资料，因为公共传真机保密性不高，任何刚好经过传真机的人，都可以轻易看到传真纸上的内容，不能完全保密。

4. 行文礼貌

书写传真文件时，在语气和行文风格上做到清楚、简洁和礼貌。传真信件时必须用写信的礼仪，如称呼、敬语等均不可缺少，尤其是信尾签字不可忽略。签字代表这封信函是由发信者同意的。

三、网络通信礼仪

（一）电子邮件通信礼仪

电子邮件，又称电子函件或电子信函。它是利用电子计算机所组成的互联网络向交往对象发出的一种电子信件。使用电子邮件进行对外联络，不仅安全保密，节省时间，不受篇幅限制，清晰度极高，而且可以降低通信费用。虽然电子邮件是较为先进的网络通信工具，但商务人士对待电子邮件应像对待其他通信工具一样要讲究礼仪。

商务人士在使用电子邮件对外进行联络时应当遵守的礼仪规范主要包括以下几个方面：

1.书写、发送电子邮件礼仪

(1)电子邮件认真撰写。向他人发送的电子邮件，应精心构思，认真撰写。撰写电子邮件应注意：首先，主题要明确，在“主题”栏里用几个字概括出整个邮件的内容，便于收件人权衡邮件的轻重缓急，分别处理；其次，语言流畅，电子邮件便于阅读，以语言流畅为要；最后，内容要简洁。

(2)合宜地称呼收信者，在信尾签名。虽然电子邮件本身已标明邮件来自哪方、寄予何人，但在邮件中注明收信者及寄信者的姓名仍是必需的礼节，包括在信件开头尊称收信者的姓名，在信尾也注明寄信者的姓名以及通信地址、电话，以方便收信者将来与自己联系。另外，重要的机密和敏感的话题不使用电子邮件，因为不能保证严守机密。

(3)切忌全文使用英文大写字母。这样写成的邮件太强势，甚至可能在暗示寄信人懒得使用正确的文法。

(4)电子邮件的文体格式。开头有问候语，但问候语的选择比较自由，像“你好”“Hi”，或者仅仅是一个简单的称呼。结尾也可随意一些，如“以后再谈”“祝你愉快”等；也可什么都不写，直接注上自己的名字。但是，如果你写的是一封较为正式的邮件，还是要用和正式的信笺一样的文体。开头要用“尊敬的×××先生/女士，您好！”，结尾要有祝福语，并使用“此致/敬礼”这样的格式。

(5)电子邮件注意编码。由于汉字自身的特点，加上一些其他的原因，我国的不同地区以及世界上其他国家里的华人，目前使用互不相同的中文编码系统，因此，商务人士在使用中文向除了中国内地之外的其他国家和地区的华人发出电子邮件时，必须同时用英文注明自己所使用的中文编码系统，以保证对方收到自己的邮件。

(6)电子邮件慎选功能。目前，市场上提供的先进的电子邮件软件，有多种字体备用，甚至还有各种信纸可供使用者选择。这可以强化电子邮件的个人特色，但是对于此类功能，商务人士是必须慎用的。

2.接收和回复电子邮件的礼仪

电子邮件的发送有如下讲究：最好不要将正文栏空白而只发送邮件，除非是各种原因出错后重发的邮件，否则不仅不礼貌，而且容易被收件人当作垃圾邮件处理。重要的电子邮件可以发送两次，确保能发送成功。发送完毕后，通过电话询问是否收到邮件，通知收件人及时阅读。尽快回复来信，如果暂时没有时间，先简短回复，告诉对方自己已经收到邮件，有时间会详细说明。

3.注意保存和删除电子邮件

因为信箱空间有限，还有些网站对邮件进行了自动删除管理，所以定期整理收件箱，对不同邮件分别予以保存和删除非常重要。对于有价值的邮件，必须保存，或者在复制后进行专门保留。对于与公务无关的垃圾邮件，或者已无实际价值的公务邮件，要及时删除。

(二)电子邮件使用技巧

1.让计算机自动记住邮箱口令

在每次接收或发送邮件之前，软件会要求使用者输入自己的邮箱的口令，若口令不正确，则不能对邮件进行操作。若软件记住口令，则每次进行邮件操作之前，它会自动进行传送和核对，不用再手工操作，可省一定的时间。在Outlook Express下设置口令记忆方法如下：

(1)打开Outlook Express，选择“工具”菜单，单击“账号”项目。

(2)单击“邮件”标签,然后选择“账号”下面的邮箱名称。

(3)单击“属性”按钮,选择“服务器”标签。

(4)选择“登录方式”前面的单选钮,在“密码”后面输入用户的邮箱口令,最后单击“确定”即可。

2. 在邮件中插入附件

打开新邮件窗口,从“插入”菜单中选择“附件”,或者按工具栏上的回形针图标,从“插入附件”对话框中选择要插入的文件,然后按“附件”按钮。这时正文编写窗口会一分为二,它的下方会显示刚才加入的文件图标。用同样的方法,可以在一个邮件中插入多个附件,不过每次只能插入一个。在收到的邮件中若带有附件,则可在信件预览窗口上看到一个回形针标志,单击该标志,可以打开附件。

3. 充分利用抄送功能

将一份邮件发送给多个收件人,可以用“邮件抄送”功能,这样可避免多次发送。在 Outlook Express 中,抄送功能的用法如下:

(1)单击“新邮件”按钮。

(2)在“收件人”中添加第一个邮箱地址。

(3)在“抄送”中将要发送的其他人的地址添加进去。

(4)按发送命令即可。

4. 快速查找邮件

在一大堆信件中找到想要的内容并不轻松。“查找邮件”选择允许用户在多处文件夹中搜索邮件,以查找文件夹或子文件夹中的任何邮件,单击“编辑”菜单,选择“查找邮件”。以下任何条件都可以作为查找邮件的标准:谁发送的邮件、邮件的主题或标题、邮件中的文本等。

5. 脱机写邮件

单击“文件”菜单,选择“脱机工作”,用户可以在不联机的情况下从容地写好电子邮件。此时,发送的新邮件被保存在发件箱窗口中,只有按下“发送和接收”键,Outlook Express 才会自动连通互联网将信件发出。

6. 压缩大邮件

邮件越大,发送和接收邮件的时间就越长,且每个邮箱的最大容量受到限制,因此在发送之前可以用压缩软件对邮件进行压缩或用文件分割软件将大邮件分割成小的邮件分批发送。

(三)实时通信软件的礼仪

目前,流行的实时通信软件有 QQ 和微信。这类软件都有一些共同的特点,所以应该遵循共同的礼仪标准。

(1)如不随便打听对方的收入状况和年龄等。如果不是必要,不询问任何个人的隐私问题。聊天主题是此类的除外。

(2)在聊天过程中,尽量注意自己的语气,不要使用追问、盘问、讽刺等容易引起别人反感的语气。

(3)如果您非常忙,那么最好将同时聊天人数控制在您能够接受的范围之内。同时,如果您只想和特定的某人聊天,那么您最好隐身。

(4)请慎用自动回复之类的功能。如果您有事暂时离开,则您可以事先告诉对方。如果因为需要使用自动回复功能,那么在您回来后应该关闭此功能。

(5)如果您下线,则应该告诉这次聊天接触过的每一个人。

(6)如果发现有病毒或者其他的恶意程序进入您的计算机,则马上断开网络或者关闭程序,不能让您的计算机成为新的传染源。没有经过自己验证的不知是否有恶意的网址,不传送给朋友。

(7)请慎重使用幽默。因为文化等方面的不同和个人理解上的差异,您认为幽默的东西,可能是对别人的伤害或者侮辱。

四、其他通信方式的礼仪

发送短信息也是商务人员经常使用的联系方式。发短信时也要注意一些基本礼仪。

(1)发短信署名。短信署名既是对对方的尊重,也是达到目的的必要手段。

(2)祝福短信一来一往足矣。就祝福短信来说,一来一往足矣,二来二往就多了,三来三往就成了繁文缛节。

(3)有些电话可以用短信预约。给身份高或重要的人打电话,可以先发短信“我有事找您,给您打电话是否方便?”,如果对方没有回短信,则一定是很不方便,可以在等候一段时间后再拨打电话。

(4)及时删除自己不希望被别人看到的短信。

(5)上班时间不要没完没了地发短信。上班时间每个人都在忙着工作,不能没完没了地发短信,否则会打扰对方工作,甚至可能让对方违纪。

(6)发短信不能太晚。一般晚上 10 点以后就不方便给对方打电话,发个短信告知就行。短信虽然更加简便,但如果太晚,则也一样会影响对方休息。

(7)提醒对方时最好用短信与对方约好参加某个活动,为怕对方忘记,适宜用短信再提醒一下。短信提醒时语气委婉,不可生硬。

第三节　商务文书礼仪

一、商务柬帖礼仪

请柬也称“柬帖”“请帖”,是邀请个人或组织参加某个活动的书面通知。请柬是私人和公务场合中广泛使用的一种文书形式,是人们举行喜庆活动或某种聚会时为表示对客人的尊重和邀请者的郑重态度,专门向邀请对象发出的邀请文书。它一般由正文和封套两部分组成。

(一)商务柬帖的格式及写法

1. 封面

封面用大字,中间写“请柬”“请帖”“恭请”二字。请柬一般为对折式。

2. 称呼

一般行首顶格写被邀请人或单位的名字及称谓。有的请柬把姓名或名称写在中间或省略不写。有些活动如宴会、舞会的请柬,是单位之间感情交流或表示谢意的需要,没有指定邀请某人去参加。这样的请柬一般不需要写被邀请者的姓名。

3. 正文内容

另起一行,空两格起写。正文要写明邀请的原因,受邀请人的姓名,拟举行的活动名称、活动形式、活动时间与地点,联络方式及注意事项等。

4. 结尾

结尾处空两格，写上“敬请”“恭候”等字样，再另起一行，顶格写上“光临”“莅临”字样。

5. 落款

写在右下方，由发柬者署名。署名要用全称。以单位名义发的请柬，落款要盖章，以示敬重，在署名下再另起一行注明日期。

6. 附启语

如“附电影票×张”“附入场券×张”“席次：第×桌”等。附启语常写于请柬的左下方。

（二）商务柬帖的设计

商务柬帖的形式可分为三种：第一种，通用柬帖。在商务交往中所采用的柬帖，基本上都是横式柬帖。它的行文是自左向右、自上而下地横写。除此之外，还有一种竖式柬帖。它的行文，则是自右向左、自上而下地竖写的。第二种，自己设计制作的柬帖。该类柬帖比通用的更具个性，应注意柬帖正文形式须与外表形式相协调，即竖式的柬帖应自左而右竖行书写，横式的柬帖应自上而下横行书写。第三种，手写柬帖，应用较少，一般是个人小型庆祝活动之用。无论是选购或自己设计制作的柬帖，都要注意款式与交际对象、交际内容一致。不同场合应选择不同风格的柬帖。

（三）商务柬帖的发送礼仪

商务柬帖的发送也是相当重要的。发送得是否仔细、周到，表示邀请人的诚意程度。

1. 专送

专送方式是指派人专门将柬帖送达被邀请人手中。这是最郑重的一种柬帖邀请方式，反映了邀请人的诚意。

2. 邮寄

邮寄方式是指将柬帖通过邮局发送的做法，适用于规模大、人数多的情况。

3. 回执

回执方式是指邀请人为了要明确知道究竟有多少被邀请的客人能够出席的做法。回执随同柬帖一同发出，在规定时间内由对方填写寄回。

4. 电话

电话方式是指用打电话通知的方式，适用于主要客户。

二、商务信函礼仪

在现代商务活动中，商务信函仍然是商务通信的基础和重要内容之一。书面商务信函仍然是普遍承认的具有法律效力的经济交往工具。商务信函的礼仪规则如下：

（一）格式正确

商务信函应使用印有公司抬头的专用纸，质量尽可能优良。这种纸张一般只用于公司业务，不用于私人信件，以免收信人在阅读全文之前分不清来函的性质。所有信函的结构大体分为三个部分：开头、正文和结尾。开头是收信者和主题标题。商务信函一般都是在特定的背景下针对各种具体情况而写的，所以标题一般直接点出函件的内容和要旨，如“关于催要××货款的函”等；正文用于说明和讨论问题的细节；结尾则说明发信人将采取何种行动或希望对方采取的行动以及落款和日期。

（二）称谓得体

信函的称呼语要准确，符合寄信者与收信者之间的特定关系，要正确表现收信人的身份特征。

要正确使用对方的姓氏与头衔。在格式上，称呼语在信的第一行起始的位置单独成行，以表示尊重。如果是自己尊敬的领导或长辈，则要写成“尊敬的×××”。写给业务伙伴，一般在姓氏、名字或姓名后面加职务、学衔或职称，如张部长、李书记、赵博士、杨教授、刘工程师等。一般而言，中国人习惯称呼职务，而欧美人愿意被称呼头衔。如果不知道对方的姓名和头衔，则应该在发函前加以询问和确认。一般称女性为“小姐”是可接受的称呼，也可以称呼“夫人”或“女士”。但一般我们在写信函时不用“女士”或“有关人士”作为称呼，可以称呼姓名或职务。

（三）内容得当

正文是商务信函的主体，即写信人要说的话、要交代的事情。正文一般从信的第二行空两格开始写。书写的内容以具体、准确为基本原则。写信的内容要做到清晰易懂、直截了当，让收信人能清楚、准确地理解信件所要表达的含义。一般而言，商务信函以简练为宜，避免重复表述相同的意思。

（四）语言规范

含有性别歧视或容易产生歧义的词语不宜使用。商务信函的语气要亲切、直接和自然。

（五）结尾讲究

商务信函的结尾部分一般要有结束语、致敬语、署名或签名以及日期。结束语如“特此函告”“专此说明”等，致敬语如“顺祝发财”。署名或签名后，函件一般还需要加盖公章。人们很重视亲笔签名，有人把接到有对方亲笔签名的信件看成一种尊重和重视。

（六）仔细审校

使用计算机写信时最好打印出一份草稿进行审校，因为有些错误在屏幕上无法识别。为避免出错，商务信函在寄出之前要再审核一遍，以查看措辞是否得当、表达是否清楚、是否有需要进一步改进的地方。

三、商务礼仪致辞

礼仪致辞是社会交往和礼仪活动中常用的文体，用于召开重大的国际会议、接待重要的外宾等社交活动。这类礼仪文书只向对方表达尊敬、礼貌、真诚的情感，促使双方进一步往来合作。欢迎词、欢送词、祝酒词和答谢词的写作要注重感情热烈、尊重对方、讲究礼仪、表达真切。由于是用在隆重场合的朗诵文稿，所以文字要讲究文采、句型简短、表述生动，更要注意连贯流畅、朗朗上口。

（一）礼仪致辞的书写要求及种类

1. 礼仪致辞的书写要求

（1）书写礼仪致辞，应考虑场合、致辞对象及气氛等因素。

（2）礼仪致辞的字里行间应流露出一种真挚的感情，恰当地使用客套语，注重现场气氛的渲染。

（3）致辞一般只表明对相关事物的原则和基本观点，不涉及或直接涉及双方有争议的观点与看法，注意用委婉的语气与词语来阐明各自的见解，以增进双方的交流与合作。

（4）用语雅致、准确、贴切，主题鲜明。

2. 礼仪致辞的种类

（1）欢迎词。欢迎词是在客人到来之际，宾主聚集在一起，主人为迎接客人而正式发表的演讲词。

（2）答谢词。答谢词是交际双方之间的一方对另一方表示感谢的演讲词。适时而得体的答谢，不仅能表达自己的感谢之情，而且使被答谢者感觉到被肯定的快乐和满足。常见的答谢词内容由三方面构成：一是此时此刻的感受，二是表达感激的心情，三是自己今后努力的方向。在表述上，叙事要线索清晰，抒情要自然得体。

(3)欢送词。欢送词一般在较为正式的欢送会上使用，欢送的场面要有所布置。欢送词在内容上一般由四部分构成：一是高度评价辞行者，二是深情回忆彼此相处的美好时光，三是真挚地表达惜别之情，四是真诚祝愿辞行者一路顺风、前程似锦。其中，对辞行者的高度评价和惜别感情的诚挚表达是欢送词的重点所在。

(4)祝酒词。在规格较高的正式宴会上，主人要致祝酒词。在宴会上，通过祝酒词，可以进一步沟通感情、融洽气氛，使宴会取得更好的效果。写祝酒词，要根据对象、场合、双方关系的融洽程度，以及此前相关事务进展等情况考虑措辞，但要注意对方的习俗、禁忌。祝酒词虽然可以随和、自由，不那么严肃、刻板，但在轻松谈笑中仍要避免失礼、失态。

(二)礼仪致辞的书写格式

礼仪致辞的内容一般由标题、称谓、正文和落款四部分构成。

1. 标题

标题一般有两种：一种是“欢迎词”“欢送词”等，另一种是“某某在欢迎某某的招待会上的致辞”。

2. 称谓

称谓通常有两种：一种是泛称，用“女士们，先生们”等词，在标题下面第一行顶格写，后面加冒号；另一种是专称，写明宾客的姓名及职务、头衔等，前面可以冠以“尊敬的、敬爱的、亲爱的”等词，书写位置与泛称相同。

3. 正文

正文一般可分为三部分：

(1)写时间、背景、场合、情绪和欢迎(送)的祝愿等，表达对来宾真挚友好的欢迎或祝贺之情，还可以表达友好的欢送或答谢之情。

(2)主要写致辞的目的、意义、愿望、主人的态度、承诺或写所迎送客人的贡献、作为，以及对客人的评价、赞赏等。

(3)写希望、决心、祝愿等。如果是答谢词，则应当表示一下对主人的感谢，向对方表达良好的祝愿和愿意与对方继续合作之意。结尾用热情洋溢的话语，或表示感谢，或表示祝贺，或表示欢迎(送)，或表示惜别等，最后用“谢谢”结束讲话。

4. 落款

落款在正文的右下方，签上发表讲话人的姓名全称及职务名称。

四、商务启事礼仪

商务启事是公司或下属部门需要向公众公开说明某事或希望大家协助办理某事时所使用的一种事务文书。它一般采用广播、电视、报刊或张贴于公共场所等形式进行宣告。它的对象极为广泛，一般是社会大众或单位全体职工。其目的是既求广，又求快，通过多种传播媒介来达到。

(一)商务启事的种类

从启事涉及事项的性质看，启事分为征召类启事、声明类启事和寻找类启事三种。征召类启事是征求某些对象做某事或招收某些人员的启事，如征文启事、招工启事、招生启事、招标启事、征订启事等。声明类启事是声明某证件作废、辨别真伪、告知地址迁移、名称改变、提前或延期、开业或停业等情况的启事。寻找类启事主要是寻人或寻物启事。

按公布的形式分，启事有报刊启事、电视启事、广播启事、张贴启事等。

（二）商务启事的特点

1. 告知

启事面向大众告知事宜。它只具有知照性，而没有强制性和约束力。

2. 简明

启事要求写得简洁、明了。无论是登报、广播、电视或张贴，启事都必须写得十分简明。有的启事只用三言两语即概括内容；有的启事用单行单句排列内容，使人一目了然。

（三）商务启事的结构

启事通常由标题、正文、结尾三部分组成。

1. 标题

标题一般应写清楚启事的性质，如“征婚启事”“更正启事”“寻物启事”等，可以直接用文种做，用内容做，内容加文种组成，启事者和内容组成，启事者、内容加文种组成。

2. 正文

正文就是启事的主体，主要写所启之事及该启事的旨意，要求直截了当地将写作者所要求之事的具体内容、想法、意图明确地告知社会公众。为了便于联系，正文中的时间、地点、人物姓名、年龄、职业、要求或征询事项要写得明确、具体而简洁。

启事的正文有多种写法，如一段式写法，即启事内容简单的通常一段成文；分段式写法，即启事内容稍微丰富的通常分几个段落成文；标题式写法；条款式写法；等等。

3. 结尾

启事的结尾一般包括联系地址、电话、联系人姓名或者签署启事者的姓名、时间等。在正文之后空一行右下方位置落款。若登在报刊上的启事，则可不写时间。

五、其他商务文书的礼仪

感谢信是对某单位或某个人的关心、帮助和支持表示感谢的书信，它不仅有感谢的意思，而且还具有表扬的意思。感谢信的格式由以下几部分构成：

(1)标题。居中写“感谢信”或“致××的感谢信”。感谢信经常用毛笔在红纸上书写，以便张贴。感谢信的标题字宜大。

(2)称呼。在正文前一行顶格书写被感谢单位名称或个人姓名，个人姓名之后应加上相应的称呼，如“同志”“先生”“女士”等，称呼后加冒号。

(3)正文。正文写出感谢的内容和感谢者的心情，这是感谢信的主体部分。

(4)结尾。概括写出表示敬意、感谢的话，如“致以最崇高的敬礼”等。

(5)署名和日期。在右下方写明感谢信单位的名称或个人姓名，并在署名下方写明年、月、日。

情境案例分析

情境一

一位女白领在上班时间不是谈论自家的孩子就是向别人传播某某人的小道消息，

久而久之，大家都不愿意和她交往。

结合所学，你认为应该如何与同事相处？

情境二

开会时，一位坐在台下的女士因为会议没太多实质性内容，所以她给朋友发起了微信："干吗呢？在忙什么呢？"朋友怕不回微信不礼貌，回答说："正忙着呢！""有什么好忙的？给你发个笑话放松放松！"开了两个小时会，这位女士发了两个小时微信。她朋友的手机不断地响起，一下午就因为这"微信骚扰"什么也没干成。

假如你是这位女士的朋友，你会怎样做？

情境三

一名职员替同事接听了办公室电话，开头就说："喂，你是谁？你找谁？找她什么事？"

这名员工的电话语言是否规范？有什么问题？如果是你，你会怎样做？

情境四

你们公司扩大了业务经营的范围，人力资源方面出现空缺。现在公司让你写一份招聘销售经理人员的启事，你应该怎么写？

情境五

假设你们公司准备对西部山区进行慈善捐款，并赞助"希望工程"一批现金和物资。为此要举行一场新闻发布会，欲邀相关新闻媒体和同行参加。这件事如果由你来负责，则你应该做哪些准备工作？

第四章　商务人员交际礼仪

知识目标

掌握商务介绍的礼仪规范；
掌握商务名片使用的礼仪规范；
熟悉商务交往中的握手礼；
熟悉拜访之前应做的准备工作，掌握拜访过程中应注意的事项；
了解接待礼仪的基本礼节以及商务车座次的安排等常用知识；
掌握馈赠礼仪中礼品的选择及接受、婉拒等礼节。

技能目标

掌握会面礼仪的有关理论，会面时的介绍、名片、握手和交谈礼仪，不仅可塑造自身形象，而且为今后的交往创造良好的开端；
通过所学知识，能够做好接待工作及商务车辆座次安排等日常礼仪工作；
能运用所学知识，熟练应对日常商务交往过程中的各种情境。

案例导入

握　手

王先生遇见一位他很敬重的学者，这位学者正和其他人谈话。王先生想，在这么多人面前，应该更加表示对学者的尊敬。于是在握手时，他用左手盖在对方的手背上，以示亲密，并长时间地握住学者的手不放，寒暄了几分钟。

迎来送往、拜访接待是最常见的商务交往形式，是社会交往接待活动中的基本形式和重要环节，是表达主人情谊、体现礼貌素养的重要形式。按照商务交往中的礼仪规范认真行事，能为人与人之间的顺利友好往来奠定一个良好的基础，为人们在商务场合发展关系、联络感情、获取信息、增进友谊等发挥重要的作用。

第一节　会面礼仪

一、介绍礼仪

介绍是社交活动最常见也是最重要的礼节之一，它是初次见面相互陌生的双方开始交往的起点。介绍在人与人之间起桥梁与沟通作用，几句话就可以缩短人与人之间的距离，为进一步交往开个好头。

随着社会的进步，日常商务交往中普遍为人们接受和使用的介绍礼仪融进了更加文明、更加丰富的内容。从介绍者主体角度讲，常用的介绍形式有自我介绍、介绍他人和介绍集体。

（一）自我介绍

自我介绍，就是在必要的社交场合，把自己介绍给其他人，以使对方认识自己。恰当的自我介绍，不但能增进他人对自己的了解，而且还能创造出意料之外的商机。

1. 自我介绍的时机

（1）因业务关系需要相互认识，进行接洽时可自我介绍。

当遇到一位你知晓或久仰的人士，他也不认识你，你可以自我介绍："×××（称呼），您好！我是×××（单位）的×××（姓名），久仰大名，很荣幸与您相识。"

（2）第一次登门造访，事先打电话约见，在电话里自我介绍。

参加一个较多人的聚会，主人不可能一一介绍，与会者可以与同席或身边的人互相自我介绍。自我介绍前应有一句引言，以使对方不感到突然，例如，"我们认识一下吧，我叫×××，在×××公司公关部工作。"

在出差、旅行途中，与他人不期而遇，并且有必要与之临时接触时，可适当自我介绍；初次前往他人住所、办公室，进行登门拜访时自我介绍；应聘求职时需首先自我介绍；等等。

2. 自我介绍的要求

进行自我介绍时，要充满自信，态度要亲切、自然，目光要正视对方，应注意以下四点：

（1）先递名片。先递上名片，随后再自我介绍，这样可以使自己在介绍时省去不少内容，而且还会给人留下较深刻的印象。

（2）时间不宜过长。介绍自己时，要言简意赅，力求节省时间，一般不超过1分钟。

（3）内容完整。自我介绍的内容要简洁、清晰，言之有据，不宜过谦，也不可夸大其词，甚至欺骗他人。一般而言，在正式的自我介绍中，单位、部门、职务、姓名缺一不可，应当一开口就提出自己的姓名，不可有姓无名，或者有名无姓，然后提出供职的单位及部门以及担当的职务或从事的具体工作。

（4）要选好时机，在对方无兴趣、无要求、心情不好，或正在休息、用餐、忙于工作时，切勿打扰。

3. 自我介绍的内容

（1）寒暄式。只介绍自己的姓名，有时候甚至只说自己的姓氏。

（2）公务式。这是日常交往和工作中遇到最多的一种介绍，是在工作中和正式场合中使用的一种自我介绍方法。一般来说，公务式自我介绍包括单位、部门、职务、姓名。

（3）社交式。社交式自我介绍一般在非公务私人交往中用到，一般来说，包括以下内容：姓名、职业、籍贯、兴趣爱好、跟交往对象共同认识的人等，实际上就是找彼此之间关系的共同点，如血缘、亲缘、朋友、同学、师生等关系。

(二)介绍他人

介绍他人是作为第三者的介绍人,为彼此不相识的双方(被介绍人)引见的一种介绍方式。介绍他人具有很强的目的性,被介绍双方都要通过介绍人帮助他们建立交流和沟通的渠道。这种介绍方式对参与介绍活动的各方均有较高的礼仪素养要求。

1.介绍的顺序

为他人介绍时必须遵守"尊者优先了解情况"的原则。在为他人做介绍前,先要确定双方地位的尊卑,然后介绍位卑者,再介绍位尊者,具体如下:先将男士介绍给女士;先将年轻者介绍给年长者;先将未婚女子介绍给已婚女子;先将职位低的介绍给职位高的;先将家庭成员介绍给对方。

(1)一般社交场合。在一般的社交场合,通常应遵循长者优先和女士优先两个原则。我国传统以老者为尊,因此,年纪大的人在介绍的顺序中一般应处于优先的位置,也就是应把年轻者介绍给年长者。而西方文化强调的是女士优先。女士在各种场合均应受到特别的尊重和照顾,因此,在介绍时通常要把男士介绍给女士(但16岁以下的女子没有这个优先权)。在实际操作中,这应是中西文化互相融合的结果,即首先是长者优先,然后女士优先,具体可以做如下理解:

①当被介绍的两人中有一人的年纪明显大于另一人时,就应把年纪轻的介绍给年纪大的。

②当被介绍的两人年纪相差不大时,就应把男士介绍给女士。

③当被介绍的两人年龄相仿,而且都是女性时,就应把未婚女性介绍给已婚女性。如果都是男性,则可以随便。

(2)工作场合。在工作场合,人与人之间的关系主要表现为职位之间的上下级关系。人们在处理交往关系时,首先需要考虑的因素是职位,也就是应将职位低的介绍给职位高的。需要特别注意的是,在工作场合,长者与女士一般不具有优先权,只有当两人的职位相当时,才可遵从长者优先或女士优先原则。譬如,若有位女士自称是某公司的销售部经理,要面见总经理。这位女士去面见总经理时,就应把这位来访的女士介绍给总经理,而不能把总经理介绍给这位女士。

2.注意事项

在为他人介绍时,介绍者对介绍的内容应当字斟句酌,慎之又慎。

在正式场合,内容以双方的姓名、单位、部门、职务等为主。例如:"我来给两位介绍一下。这位是a公司的公关部主任李芳女士,这位是b公司的总经理汪洋先生。"

在一般的社交场合,其内容一般可包括被介绍者的姓名、籍贯、兴趣爱好等;在有些场合,甚至可以只提到双方的姓氏为止,接下来,则由被介绍者见机行事。例如:"我来介绍一下,这位是老张,这位是小王,你们认识一下吧。"

在比较正式的场合,介绍者有备而来,有意将某人举荐给某人,因此在内容方面,通常会对前者的优点加以重点介绍。例如:"这位是李明先生,这位是我们公司的林楠总经理。李先生是一位管理方面的专业人士,他还是北大的MBA。我想您一定很想认识林总吧!"

在对他人进行介绍时,介绍者与被介绍者需注意自己的表达、态度与反应。介绍者为被介绍者介绍之前,不仅尽量征求一下被介绍双方的意见,而且在开始介绍时还应再打一下招呼,切勿上去开口即讲,显得突然,让被介绍者措手不及。

被介绍者和介绍者询问自己是否有意认识某人时,一般不加以拒绝或扭扭捏捏,而欣然表示接受，实在不愿意时，则说明缘由。

当介绍者走上前来，开始介绍被介绍者时，被介绍的双方起身站立，面含微笑，大大方方地注视介绍者或者对方，神态庄重、专注。

当介绍者介绍完毕后，被介绍双方依照合乎礼仪的顺序进行握手，并且彼此问候对方。此时的常用语有“你好”“很高兴认识你”“久仰大名”“认识你非常荣幸”“幸会，幸会”等。必要时进一步做自我介绍。

介绍时注意实事求是，掌握分寸，不胡乱吹捧。介绍姓名时，口齿清楚，发音准确。同时注意，在第一次介绍的时候对于一些容易引起歧义的地方，不能使用缩略语，如介绍某人的毕业学校，不能介绍为“南大”，因为有很多种解释。

（三）介绍集体

介绍集体，一般是指被介绍一方或双方不止一人。它实际上是一种特殊的介绍他人的情况。鉴于此，替别人做介绍时的基本规则是可以使用的。其基本规则是：介绍双方时，先卑后尊；而在介绍其中各自一方时，则应当自尊而卑。介绍集体主要有两种基本形式：

1. 单项式

单项式是指被介绍的双方，一方是一人，另一方是多人组成的集体。这种情况通常只需要把个人介绍给集体，而不需要再把集体介绍给个人，遵循“少数服从多数”的原则。

2. 双向式

双向式是指被介绍双方都是多人组成的集体。介绍时，对双方所有成员一一介绍。做法是：先由主方负责人出面，依照主方在场人员地位、身份高低，自高而低依次对其进行介绍；再由客方负责人出面，依照客房在场人员地位、身份高低，自高而低依次对其进行介绍。

二、名片礼仪

名片是现代社会中必不可少的社交工具。两人初次见面，先互通姓名，再奉上名片。单位、姓名、职务、电话等历历在目，回答了一些对方心中想问而有时又不便贸然出口的问题，使相互之间的距离拉近了许多。在交往中，熟悉和掌握名片的礼仪十分重要。名片是一个人身份的象征，已成为人们在社交活动中的重要联系工具。它直接承载着个人信息，担负着保持联系的重任。要使名片发挥的作用更充分，就必须掌握相关的礼仪。因此，名片的递送、接受、存放也要讲究社交礼仪。名片礼仪随着商务发展，也越来越多地被人们重视。

资料卡

“名片”的由来

在现代交际场合，人们通常都用名片作自我介绍。一张小小的卡片，使姓名、职衔、住址、电话号码等一览无余，既方便又清楚。其实，早在我国秦汉之际就有了这种用于拜访谒见时通报姓名的名片。

西汉的名片称作“谒”，东汉时称作“名刺”，因为最早的书写方法是把字刺在竹简上的，故而得名。它们在汉代士大夫中间已经十分流行。王充《论衡》记载：“通刺倪宽，结胶漆之交。”这里的通刺就像现在递送名片，并且当时的名刺也像今天的名片一样是事先预备好的，不必在访客前临时书写。

名刺，也称“爵里刺”。《释名》称：“爵里刺，书其官爵及郡县乡里也。”这就和今天所用的名片相去不远。《三国志·魏书·夏侯渊传》也有类似记载:“渊第五子荣……七岁能属文,诵书日千言,经目辄识之。文帝闻而请焉。宾客百余人,人一奏刺,悉书其乡邑名氏,世所谓爵里刺也。”汉代以后,由于造纸术的发明推广,开始用纸做名片。时人称名片为“名帖”“名纸”。

(一)如何设计名片

名片一般为10厘米长、6厘米宽的白色或有色卡片,在社交中以白色名片为佳。在商务场合使用的名片一般都印有姓名、地址、邮编、电话、传真以及所在单位、职务、职称、社会兼职等。名片的设计可以体现出一个人的审美情趣、品位和性格。雅秀、俊逸、脱俗、活泼、平和等个性特征,都能透过方寸之间的字体、布局和颜色、材料等内容展现出来。名片不仅旨在向未来的客户介绍你本人和你的公司,还代表着你的职位及职称,更代表你的形象。

1.选择适合的纸张和字体

名片印制中最关键的是印制质量。制作名片所使用纸张的质量一定要好,这样从名片夹里取出时不至于被撕破。纸张质地可粗可细,颜色可各异,只要符合形象及行业特征即可。形状奇特的名片虽然能引人注目,但在很多钱包或名片夹里都装不下,因而不易保存。名片上的字体可横排也可竖排。

2.名片包括的内容

(1)公司标志或公司的徽记。

(2)姓名、职务、公司名称。中式名片,姓名通常印在名片的中央,字号最大;职务用较小的字号印在名字的左上角;公司名称通常印在名片的最上方,字号比姓名略小。西式名片,姓名印在中间,职务则用较小字号印于姓名之下。

(3)联系方式、住址、办公地点一般写在名片的底部。如果是商务名片可以不写家庭住址,而私人名片一般不写办公地点。联系方式应该详细,因为建立联系本来就是名片的意义所在。它包括电话号码、手机号码、邮政编码、传真号码、电子邮箱等。

(4)背面印上公司经营范围项目等。

(5)涉外交往用两种语言印制名片,一面用中文,另一面用外文,一般用英文。

(二)名片的用途

在现实生活中,名片是一种不可或缺的交往工具。对商业人员或国家公务员而言,名片的基本用途共有以下六种:

1.介绍自己

初次与人相见,在必要时以名片进行自我介绍,以之作为口头自我介绍的辅助性工具。运用名片介绍自己,不仅可以向交往对象明确身份,而且还可以节省时间,强化效果。

2.结交他人

在人际交往中,如欲结识某人,往往可运用本人的名片替自己“鸣锣开道”。在一般情况下,主动将本人的名片递给初识之人,既意味着信任、友好,又暗含结交对方之意。

3.维持联系

名片一般都会提供一定的联络方式。利用名片上所提供的联络方式,便可以与之维持正常的联络,并且使彼此有来有往、常来常往。

4.通报变更

利用名片,可向交往对象通报自己的最新情况,如变换单位、调整职务、电话改号、乔迁。

新居之后，均可利用新印制的名片告之于人，免得误事。

5. 充当礼单

以私人身份向他人馈赠礼品时，可以用社交名片充当礼单。其具体做法是：直接将其置于礼品包装内，或者将其置于一个未封闭的信封中，然后将其以适当的方式固定于礼品外包装的正上方。

6. 拜会他人

初次前往他人工作单位或私人居所进行正式拜访时，可先把本人名片交予对方的门卫、秘书或者家人，然后由其转交给被拜访者。

资料卡

西方人如何使用名片

名片的用途十分广泛，最主要的是用作自我介绍，也可在赠送鲜花或礼物，或发送介绍信、致谢信、邀请信、慰问信等时使用。名片上面还可以留下简短附言。西方人在使用名片时通常写有几个法文单词的首字母，它们分别代表如下不同含义：

（1）P. p.（pour présentation）：意即介绍。通常用来把一个朋友介绍给另一个朋友。当你收到一个朋友送来左下角写有“P. p.”字样的名片和一个陌生人的名片时，便是为你介绍了一个新朋友，应立即给新朋友送张名片或打个电话。

（2）P. f.（pour felicitations）：意即敬贺。用于节日或其他固定纪念日。

（3）P. c.（pour condoleances）：意即谨唁。在重要人物过世时，表示慰问。

（4）P. r.（pour remerciement）：意即谨谢。在收到礼物、祝贺信或受到款待后表示感谢。它是对收到“P. f.”或“P. c.”名片的回复。

（5）P. p. c.（pour prendre conge）：意即辞行。在分手时用。

（6）P. f. n. a.（pour feliciter le nouvel an）：意即恭贺新禧。

（7）N. b.（note bene）：意即请注意。提醒对方注意名片上的附言。

按照西方社交礼仪，一个男子去访问一个家庭时，若想送名片，则应分别给男、女主人各一张，再给这个家庭中超过 18 岁的女士一张，但绝不在同一个地方留下三张以上名片。一个女子去别人家做客，若想送名片，则应给这个家庭中超过 18 岁的女士每人一张，但不应给男子名片。如果拜访人未事先约会，也不想受到会见，只想表示一下敬意，则可以把名片递给任何来开门的人，请他转交主人。若主人亲自开门并邀请进去，则也只应稍坐片刻。名片应放在桌上，不可直接递到女主人手里。

（三）递交名片的要领

递交名片讲究“奉”，即奉送之意，要谦恭。为此，商务人员在递交名片给他人时，态度应尊重、从容、自然，动作要洒脱、大方，表情要亲切、谦恭。

（1）走进对方，面对微笑，双手呈递，以表示对对方的尊重。将名片放于手中，用拇指夹住名片两个角，其余四指托住名片背面，手不要压住字，如图 4－1 所示。

（2）将名片的文字正向面对对方，以便对方观看，切勿将名片的背面面对对方或颠倒着递向对方。

（3）在递交名片的同时，可以讲些“请多联系”“有事可以联络我”之类表示友好的话，或者

图 4—1　递交名片

先做一下简单的自我介绍。

(4)在多人交换名片时，要注意讲究先后顺序，由近而远，由尊而卑。

(5)在未确定对方的来历之前，不要轻易递出名片，否则不仅有失庄重，而且可能日后被冒用。同样，为了尊重对方的意愿，尽量不要向他人索要名片。

(四)接受名片的要领

接受名片的时候讲究一个“恭”字，即恭恭敬敬。接受名片时应注意以下事项：

接受对方名片时，一般起身或欠身，面带微笑，恭敬地用双手的食指和拇指捏住名片的下方两角，并向对方致谢，说些类似“十分荣幸”之类的话等。接受名片，最好能用双手；双方互送名片，应右手递，左手接，在收下对方的名片之后，认真地看一遍名片，不明白的地方认真请教，然后当着对方的面郑重其事地将名片放入自己携带的名片夹中。不应看都不看，随意装入衣袋。将对方的名片拿在手中搓完或弯折，是十分不礼貌的行为。一般收取对方名片后迅速将自己的名片递上，如果手边没有，则向对方解释，并在下一次碰面时补上。多人交换名片时，可按当时各人所在位置，将名片一一列于桌上，防止混淆，称错对方，如图 4—2 所示。

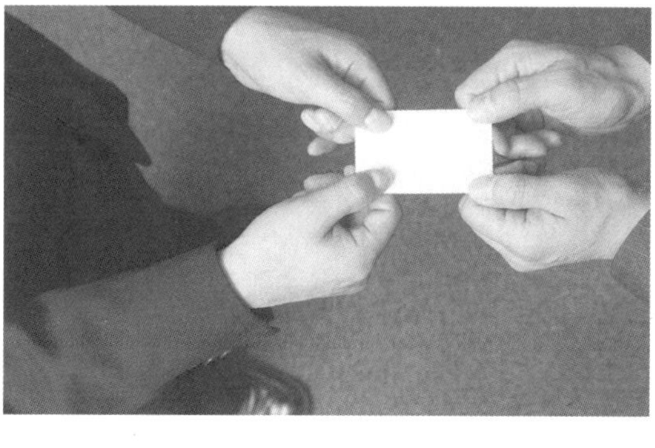

图 4—2　接受名片

三、握手礼仪

相传在刀耕火种的年代，人们经常持有石头或棍棒等武器。陌生者相遇，双方为了表示没有敌意，放下手中的武器，并伸出手掌让对方抚摩掌心。这种习惯逐渐演变为今日的握手礼节。当今，握手已成为世界上最普遍的一种礼节。在日常交往中，我们须注意握手的礼节。

握手礼仪是世界上很多国家最常使用的见面礼和告别礼，是用以表示欢迎、慰问、感激、祝贺时的一种礼节。双方往往先寒暄问候，后握手致意。握手的力量、姿势与时间的长短往往能够表达出对对方的态度，显露自己的个性，给人留下深刻的印象，如图4－3所示。

注意点：行握手礼时，一般距离一步左右，上身稍向前倾，伸出右手，四指并拢，拇指张开，热情有力，同时注视对方，面带微笑，时间以1－3秒为宜。男士与女士握手时应轻握女士手指部位。

图4－3　握手

资料卡

握手的起源

相传在人类文明起源之前，原始部落的男人们一见面就用手抚摸对方的生殖器，作为打招呼的极好方式。从这种打招呼的方式开始，逐渐演变为手与手的相握，以示肉体紧密相连、亲密相关。

在欧洲的中世纪，互不相识的人见面，如果不是敌人，就放下武器，摊开双手，以表示自己不存二心，然后彼此靠近，握手言欢。由于整个人类中的大多数人都喜欢使用右手，所以双方右手相握，就不用担心对方会拔刀相逼。握手不过是双方解除戒心、放下武器、以诚相见的方式罢了。

（一）握手的次序

根据礼仪规范，握手时双方伸手的先后次序一般遵守“尊者先伸手”的原则，由尊者首先伸出手来，位卑者只能在此后予以响应，绝不可贸然先伸手，不然就是违反礼仪的举动。在正式的商务场合，握手次序依据双方所处的社会地位、身份、职位而定，在社交和休闲场合则主要依据年龄、性别、婚否等条件来确定。其基本规则如下：

（1）应由主人、年长者、身份职位高者先伸手；客人、年轻者、身份职位低者可先问候对方，待对方伸手后再握。

（2）男女见面时，女士先伸手。

（3）商务活动中，无论谁先伸手，即使他忽视了握手礼的先后顺序而已经伸出了手，都应看做友好、问候的表示，应马上伸手相握；拒绝他人的握手是不礼貌的。

（二）握手的时机

握手通常应考虑交际双方的关系、现场的气氛以及当事人的心情等多种因素。从习惯上说，握手的时机包括以下几种：

(1)当被介绍给某人以及跟别人道别时，当客户、顾客、卖主或其他来访者进入办公室时(当然共进午餐、多次出入办公室的人不必这样)。

(2)碰见一个很久未见的人，或送其他公司的一位客人走时。

(3)走进某个会场并被介绍给与会者时，谈判结束后互相道别以及重申已达成协议时。

(4)感觉有必要握手时。

(三)握手的注意事项

在商务活动中，握手虽然司空见惯，看似寻常，但是由于它可被用来传递多种信息，因此在行握手礼时应注意以下几点：

(1)不用左手与他人握手，尤其是对阿拉伯人和印度人，他们认为左手是不洁净的。

(2)不要在握手时争先恐后，应遵守秩序，依次而行。

(3)同女士握手，轻轻握女士的手指部位即可，时间要短，不要长握不放，否则会让对方无所适从，这是很失礼的行为。

(4)不要戴手套、墨镜、帽子握手，此举表示一种尊重。除非对方为女性且地位较高或所戴的为装饰手套。

(5)握手力度不要过大或过小，太轻会使人感到冷淡和傲慢，太重会使人觉得粗鲁。

(6)不要在握手时将另外一只手插在衣袋里，或毫无表情、东张西望、漫不经心，这是很不礼貌的。

(7)不要拒绝和他人握手，在特殊情况下，如果因做事手上有水或不干净，则应向对方致歉并微笑或鞠躬致意。

(8)不要在握手时长篇大论，点头哈腰，滥用热情，显得过分客套，让对方不自在、不舒服。

(9)不要在握手时把对方的手拉过来，推过去，或者上下左右抖个没完。

(10)不要在与人握手之后，立即揩拭自己的手掌。

四、交谈礼仪

“言为心声”，言谈是人们运用语言表达思想、沟通信息、交流感情的重要方式。我国自古以来就十分重视“言”与“礼”的关系。言谈是一门古老的艺术。“一句话说得使人跳，一句话说得使人笑”，可见说话的艺术在与人沟通时的重要性。在商务活动中，恰当的、有礼貌的交谈不仅能增进双方的了解、友谊和信任感，而且还能促进双方的合作更加顺利、有效地进行。

(一)交谈艺术

交谈是人们彼此交流感情、传递信息、增进了解和友谊的重要形式。谚语说：“交一个朋友，千言万语；绝一个朋友，三言两句。”做一个有修养的交谈者，就必须注意一些交谈的要领。

1. 准确流畅

在交谈时如果词不达意、前言不搭后语，则容易被人误解，达不到交际的目的，因此在表达思想感情时，应做到口音标准、吐字清晰，说出的语句符合规范，避免使用似是而非的语言。去掉过多的口头语，以免语句被割断；语句停顿准确，思路清晰，谈话缓急有度，使交流活动畅通无阻。

2. 真诚微笑

真诚、发自内心的微笑是打开客户心灵之门的一张通行证，它会在不知不觉中消融我们与客户之间因陌生而产生的不信任。与客户见面时，商务人员应点头微笑致礼，时刻面带微笑，表现出自身的亲和力。若无事先预约，则应先向客户表示歉意，然后再说明来意；同时，要主动向在场的所有人表示问候或点头示意。

3. 眼神认真

“眼睛是心灵的窗户”。在与客户交谈时，目光注视是起码的礼仪，既表示对对方的尊重，又可表示对交谈内容的关注和兴趣，同时也为愉快的谈话气氛创造条件。眼神的运用包括两方面的含义：

(1)眼睛要看着对方。一般来说，如果两个人在室内面对面地交谈，目光距离通常为 1.2 米。目光应注视在对方的胸部以上、额头以下的部位。出现交谈双方目光对视的情况时不必躲闪，自然徐徐移开目光即可。

(2)要注意让对方感受到谈话的态度，引起交谈对象的谈话兴趣，回应对方、关注对方、理解对方、称道对方，这样才可以使话题更加深入、广阔地展开，最终促成营销成功。

4. 掌握分寸

谈话有放、有抑、有收，不过头，不嘲弄，把握“度”；谈话时不要唱“独角戏”，夸夸其谈，忘乎所以，不让别人有说话的机会；说话察言观色，注意对方情绪，对方不爱听的话少讲，一时接受不了的话不急于讲。开玩笑看对象、性格、心情、场合。一般来讲，不随便开女性、长辈、领导的玩笑，不与性格内向、多疑、敏感的人开玩笑，当对方情绪低落、心情不快时不开玩笑，在严肃的场合、用餐时不开玩笑。

5. 风趣幽默

幽默是智慧、灵感的结晶。入情入理的幽默是潇洒、机智、敏捷的表现，幽默对周围的人能产生很强的凝聚力，并能获得大家的敬重。幽默要有度，要看对象和场合。开玩笑不要涉及别人的隐私、缺陷，否则易被对方误解为挖苦、取笑。幽默要入情入理，引人发笑，给人启迪。

6. 注意倾听

有效的沟通始于认真的倾听，国外有句谚语：“用 10 秒钟的时间讲，用 10 分钟的时间听。”听，可以从交谈对象那里获得必要的信息，领会谈话者的真实意图。况且，聆听本身也是尊重他人的表现。因此，我们应充分重视听的功能，讲究听的方式，掌握聆听的艺术。

(1)专注有礼。对方谈话时，应目视对方，以示专心。

(2)耐心、认真。不轻易打断对方，要尽量让对方多说，耐心、认真地听完。

(3)呼应、鼓励。倾听时应注视对方，认真、耐心地听，而不是被动地、默默地听。若对方的见解高人一筹，让自己心悦诚服，与自己不谋而合，或是为了引导、支持、鼓励对方畅所欲言，则应以微笑、点头等动作及时地表示对对方的肯定。

小案例

认真倾听顾客抱怨，真诚赢得顾客

小刘是某超市的服务员，由于对一位顾客表现得极不耐烦，惹得顾客生气，于是顾客便要求面见经理。这位顾客坐在经理面前，向他抱怨说超市出售的猪肉不新鲜，并且他将联合其他顾客提出索赔。经理亲自给他递上一杯热茶，安静地聆听他喋喋不休的埋怨。大约过了 15 分钟，那位原本满腹牢骚的顾客火气大减。这时，经理把话题巧妙地转到对方感兴趣的流行音乐上。在接下来的半个小时里，经理除了偶尔插话以外，主要是听这位顾客讲述他所崇拜的歌手的琐事。最后，那位顾客表示不再考虑索赔的事情，还主动邀请经理一起去看明星音乐会。

7.诚实守信

在商务活动中一定要讲信誉，诚实守信。在商务交往过程中弄虚作假，不仅损害公司的形象，而且还会破坏自我形象。

8.正确对待异议

客户满意程度是检验工作好坏的最直接标准。对于商务人员来说，赞扬就是激励，意见就是良言。客户的批评与建议是我们了解自身缺陷、完善服务、改进工作的重要途径。

（二）交谈语言

1.文明用语

“语言是人类最重要的交谈工具。”俗话说：“良言一句三冬暖，恶语伤人六月寒。”语言作为交际的工具，为有思想、有情感的人所使用。在商务活动中，正确地使用文明语言，会使商务活动更加顺利地开展。

（1）“您好”或“你好”，初次见面或当天第一次见面时使用。清晨（10点钟以前）可使用“早上好”“您早”等，其他时间使用“您好”或“你好”。

（2）“欢迎光临”，见到客人来访时使用。

（3）“对不起，请问……”，见客人在等候时使用，询问其来访目的，态度要温和且有礼貌。

（4）“让您久等了”，无论客人等候时间长短，均应向客人表示歉意。

（5）“麻烦您，请您……”，若需让客人登记或办理其他手续，则应使用此语。

（6）“不好意思，打扰一下……”，当需要打断客人与其他人的谈话时使用，注意语气要和缓，音量要轻。

（7）“谢谢”或“非常感谢”，对他人所提供的帮助和支持均应表示感谢。

（8）“再见”或“欢迎下次再来”，客人告辞或离开时使用。

2.语言艺术

交谈是商务人员与顾客之间增进了解和友谊的重要途径之一。无论是在工作场合还是在闲暇之余，商务人员常常要与顾客进行交谈，因此，必须注意讲究交谈的语言艺术。美国的伦纳德·朱尼博士写过一本书，提出“五分钟交朋友”的观点，他认为交谈时的第一个五分钟是十分关键的。只有双方在这五分钟之内谈得投机，之后的谈话才会继续下去，双方的感情才会逐渐融洽起来。

（三）交谈礼仪注意事项

1.声音高低适宜

交谈时，无论何种场合，即使是与熟人交谈，谈话的声音也不宜过高，以免妨碍他人，切忌高谈阔论；也不可过低，让人听着费力。讲话的速度要适中，有节奏，不要过快，让人没有反应的机会；也不要太慢，让对方着急。交谈时要显示含蓄、修养。

2.交谈时巧用“我”字

在交谈中，要特别注意“我”字的使用，不宜过多，以免给人造成突出自我、炫耀自我的感觉，给接近对方设置障碍。可以把“我”字换成“我们”或者把“我”字轻化，不要念成重音。语言平稳，表情温和，以便扫除对方的心理障碍，缩短双方的心理距离。

3.不要抢话、插话

在他人讲话时，尽量不要中途打断对方，这是对他人起码的尊重。抢话、插话，别人说了开头，他抢结尾，别人说了原因，他抢结果，或者别人刚一开口，就开口否认别人，这些做法会干扰对方的思路和谈话情绪，使对方无法再讲下去，也可能会因没有清楚地理解对方表达的思想而造成误解。抢话、插话容易给人不够稳重、自以为是、目中无人、喧宾夺主、喜欢表现的感觉。如果确有意见需要表达或补充，应耐心地等对方把话讲完，或是在征求对方同意后，再发表自己的看法。例如，“我可以问一问吗？”“对不起，我插一句可以吗？”

4.不要涉及他人隐私

与他人交谈时，不要涉及他人隐私。如与女性交谈一般不涉及有关年龄、婚否以及服饰的价格等内容，与男士交谈一般不问其收入等。另外，男士一般不要参与女士圈内的谈话，不要随便和女士开玩笑，要宽容、谦让。

第二节　拜访礼仪

商务拜访是商务交往中必不可少的也是非常常见的一种活动。相对于平常的私人拜访而言，商务拜访带有明显的工作业务性质，并且商务拜访的地点既可能是在工作场合，也有可能是家庭拜访。如何能完成工作任务又同时使得拜访符合礼仪规范，是一个成功商务人士必修的课程之一。

一、拜访的基本礼节

拜访是指商务人员或单位代表以客人的身份去探望有关人员，以达到某种目的的商务交往方式。拜访是为一定目的而进行的，是个人或单位都要运用的一种商务交往方式。

拜访，又称拜见或拜会。它一般是指前往他人的工作地点或私人居所，会晤对方，探望对方，或是与之进行其他方面的接触。拜访是一种双向活动。拜访中，访问、做客的一方为客，称为来宾；做东、待客的一方为主，又叫主人。对于主宾双方而言，在拜会中都必须恪守本分，依照相应的礼仪规范行事。

（一）拜访前的准备

1.了解情况

拜访前先了解对方的单位情况以及拜访对象的情况。对如何达到拜访目的，要有充分的考虑，只有这样，才能保证在拜访时信心十足，驾轻就熟。

2.注意个人形象

商务人员在商务拜访时代表的不仅是个人，而且还代表公司的形象。给对方的第一印象如何，对拜访成败有重要影响。因此，商务人员的个人形象除整洁、大方外，还要注意符合自己的角色和身份。

3.提前预约

提前预约是不可以省略的环节。拜访的时间应视拜访对象的身份、工作环境、工作性质、交谈内容等情况而定。如果不是有急事，则最好给对方几个时间供其选择。

4.准时到达

拜访时间约定后要准时到访，不能迟到，也不要太早。一般情况下，要按预先约定的时间提前3—5分钟到达，一方面，可以避免主人没有做好迎客的准备，出现令主人难堪的场面；另一方面，也不会因晚到而让主人焦急等待。让别人无故等候是一件非常失礼的事情。如果有紧急的事情，不得不晚到，则必须设法通知要拜访的人，并表示歉意。

（二）拜访中的礼节

1.等待

到达访问地点后，应首先向前台人员告知自己的姓名、所代表的公司及要拜访的对象，然后耐心等待。若被拜访者的前一个约会还没有结束，商务人员就会被安排在会客室等候，这时一定不要流露出不耐烦的表情，要耐心等待，也不要利用这点时间做其他事情，这样会让人觉得不够专心和诚心。若拜访对象拖了很久也没有接待，商务人员又无法再等下去，则可以留下自己的名片，请接待人员转交给拜访对象。通常，要把名片的左上角往内折，意思是告诉对方自己已经来过。应向前台人员致谢，也可以请接待人员帮助自己约下次的时间。

2. 敲门

拜访时如果没有前台人员接待，要先敲门，经允许后方可进入。在敲门进入时，商务人员要讲究敲门的艺术，用食指敲门，力度适中，间隔有序敲三下，等待回音。若无应声，稍加力度，再敲三下；若有应声，再侧身立于右门框一侧，待门开时再向前迈半步，与主人相对。

3. 问候

进门后，应先问候“您好”“大家好”，或者点头致意。如果是初次见面，要作自我介绍，或递上名片，也可以简单寒暄几句，但不要时间太长。若已经认识，则只要互相问候并握手即可。

4. 谢座

向对方说明来意后，主人不让座不可随便坐下，如果主人是年长者或上级，则主人不坐，自己不能先坐。对方让座，应表示感谢，然后大方、稳重地坐下。座位应由主人安排，不要坐在办公人员的座位上，以免影响正常办公。

5. 时间

一般情况下对方都很忙，所以要尽可能快地使谈话进入正题，简明扼要、直接地表达要说的事情，不要讲无关紧要的事情，不要不停地闲扯。说完后，让对方发表意见，并要认真地听，不要辩解或不停地打断对方讲话。如果有其他意见，则可以在对方讲完之后再说。如果约好了拜访时间就应当按时结束，若不能按时结束，则应礼貌地问“能不能再占用您一点时间？”经同意后，可继续谈下去，但要尽快结束。

6. 告辞

起身告辞时，要向主人表示“打扰”之歉意。出门后，回身主动伸手与主人告别，待主人留步后，再回首挥手致意“再见”。经过来时引导的前台人员的身边时，要致谢告别。

7. 礼品

到办公室拜访，一般是工作性访问，多数情况下不要准备礼物。如果是为了向对方表示感谢或为了得到对方的支持，则可准备一点办公性礼品，在话题谈完后起身告辞时将礼品送于对方。

二、拜访的适宜时间

拜访时间的选择是拜访活动中值得注意的一项。没有选择好时间，就不能很好地与客户沟通，不能达成交易，就没有业绩，也就没有一切。商务活动的成功与否，时机是一个非常重要的因素。拜访客户的目的是交流信息、沟通思想、统一认识、发展友谊，为建立良好的人际关系奠定基础。良好的人际关系，是购买商品的前提。时机的选择应注意以下几点：

（一）选择不忙碌时段

商务人员拜访客户，必定会对他们的生活和工作产生干扰，带来一些不便，因此，要尽量把这种负面影响降到最小。试想：当客户非常忙的时候去拜访他，效果会好吗？当一位客户家中发生了不幸事故，去推销商品，客户会购买吗？当客户正在津津有味地看一部电视连续剧时，有人去拜访，他会听宣传介绍吗？当客户正在忙于接待一位重要的客人时，商务人员会成为一个受欢迎的人吗？当客户心情不好时，他会热情接待商务人员吗？

（二）要避免在刚上班时、午休或下班前

要避免在刚上班的时间、午休或下班前去拜访客户，尤其不要在下班前去拜访客户，因为这种莽撞的行为可能会耽误客户需要办理的私事。通常上午 10:30—11:00 或下午 4:00—4:30 是到公司拜访的最佳时段，因为在这段时间客户已经把上班后重要或紧急的事情处理完毕。通常晚上 7:30—8:00 是到家庭进行拜访的最佳时段，因为这时新闻联播节目已经播完，电视连续剧尚未开播。

（三）选择拜访对象心情好或空闲时

拜访客户原则上应选择拜访对象心情好或较空闲的时候。客户心情很好的时候有多种情况，例如，客户的公司运营状况很好、利润可观或者是刚出一批货的时候；客户的孩子考上了好学校的时候；客户受到嘉奖或提拔的时候；等等。客户比较空闲的时候也有多种情况。当然，不同的人其空闲的时间也不同，如，家庭主妇一般下午较为空闲，机关干部一般星期一上午较忙。

（四）选择工作告一段落时

若明明知道客户公司最近工作已忙成一团，还登门拜访，应该不会有太大收获。客户工作告一段落的时间，才是前去拜访的一个最佳时段，因为在这个时段客户比较放松，往往能够坐下来好好交谈。

三、拜访的注意事项

商务人员在拜访客户时应注意以下事项：

（一）遵守时间

遵守约定的时间，千万不迟到。如果约定的时间是 9:00，最好在 8:50 到达客户约定的地点。提前到达的 10 分钟是用来搭电梯或走楼梯、整理服装仪容的时间。为此，最好能在守时的前提下再早到几分钟，千万不要迟到。

（二）非礼勿听、非礼勿视、非礼勿动

商务人员拜访客户时要记住非礼勿听、非礼勿视、非礼勿动。千万不要一看到客户与其他人交谈，就竖起耳朵；未经客户允许，私自翻阅客户资料，这种行为会令客户产生厌恶的情绪；不要触动客户的任何东西，包括电子用品，尤其是计算机，因为计算机中可能存有机密性的资料，而且随便触动很可能会将其中的档案和程序弄乱。

（三）察言观色，投其所好

拜访客户时，商务人员常常会碰到这种情况，对方不耐烦、不热情地说："现在没空，正忙着呢！下次再来吧。"对方说这些话时，一般有几种情形：一是他确实正在忙其他工作或接待其他顾客，他们谈判的内容、返利的点数、出售的价格可能不便于让其他人知晓；二是他正与其他的同事或客户开展娱乐活动，如打扑克、玩麻将、看足球或聊某一热门话题；三是他当时什么事也没有，只是因为某种原因，心情不好而已。

在第一种情形下，必须耐心等待，主动避开，或找准时机帮对方做点什么。比如，如果拜访的对象是一位终端卖场的营业员，当某个消费者为是否购买某产品而举棋不定、犹豫不决时，商务人员可以在一旁帮营业员推介，义务充当一回对方的销售"帮手"，以坚定消费者购买的决心。在第二种情形下，商务人员可以加入他们的谈话行列，以独到的见解引发对方讨论，以免遭受冷遇，这时商务人员要有与之融为一体、打成一片的能力，要有丰富的见识。在第三种情形下，最好改日再去拜访。

（四）保持正确的坐姿

与客户交谈时，一定要保持正确的坐姿，要坐有坐相。男士在与客户交谈的时候应使双膝平整，膝顶部分开 1—2 个拳头的距离；两腿垂直向下，两手轻轻放在膝上，使脚尖与脚跟齐平一致。

资料卡

商务拜访着装礼仪

1. 男士商务着装选择

选择适合自己肤色的得体西装，可以选择蓝色、黑色、灰色或者带有条纹的。

搭配正式西装的衬衣以白色为佳。若选择有色衬衣，则也应该是接近白色的极浅淡的颜色。衬衣不可有图案，质地是薄而硬的涤类衬衣。

领带不要太花哨，图案要小，质地以丝质为佳。

成套的西装拆开来搭配就形成便装型商务西装。上装和下装的质地、色泽要较为接近，鞋子的颜色与上装一致。在颜色搭配上，如果下装颜色比上装颜色浅，会在视觉上给人高大的感觉；而下装颜色比上装颜色深的话，会给人稳重之感。

2. 女士商务着装选择

作为一位商务女士，着装既要体现魅力风采，又要保持职业风范。女性的穿着打扮应该灵活，有弹性，要学会怎样搭配衣服、鞋子、发型、首饰、化妆，使之完美和谐。女士商务着装需要注意以下几点：

(1)服装色彩与个人的气质、精神面貌协调。

(2)服装色彩与个人的性格、体形、年龄、职业协调。

(3)服装色彩与个人的肤色协调。

(4)服装与季节、场合协调。

第三节　接待礼仪

接待礼仪是个人和单位精英运用的社会交往方式。接待礼仪合理可以起到加强联系、提高工作效率、交流感情、沟通信息的作用。

一、接待的基本礼节

商务接待正在成为现代企业业务快速发展的重要组成部分之一。建立成功的客户往来，掌握和学习商务接待礼仪流程是必不可少的。接待是指商务人员或单位以主人的身份招待有关人员，以达到某种目的的交往方式。在接客、待客、送客的过程中，接待者都要讲究一定的规范，遵循每个环节的相关要求。

（一）接待准备

1. 约定时间

对于公务接待和朋友接待，接待者都要记清来访者的日期和具体时间，在来访者到达之前做好各方面的准备工作。

2. 安排接待场所

接待场所即通常说的会客室。在客人到达前要根据具体情况，把会客室精心收拾一番，摆放一些鲜花，适当准备一些水果、饮料、茶具等。如果是商业或其他公务会谈，则还应准备一些文具用品和可能用上的相关资料，以便使用和查询。会客室的布置应本着整洁、美观、方便的原则。

3. 确定接待规格

对于事先联系好的接待，一般应按身份对等、专业对口的原则，由级别相当的人员或组织出面迎送。若级别相当的领导因故不能前往，则要委托有关人员出面迎送，并向对方说明原因，表示歉意。如果条件允许，对人员较多的代表团，则最好安排客车接送。如果本单位没有车辆接送的条件，而对方自己前来时，则要恳切地向对方打招呼，并告知其路线。如有客户突然造访，应尽快了解来访者的身份、来访目的，以便决定接待来访者的规格、程序和方式。

4. 按时接站

妥善做好接站工作，能给客人以热情、周到的感觉，不至于因环境不熟、交通不便给客人带来困难和麻烦。来访者到来之前要了解客人是乘坐什么交通工具的，如果是开车来访，那么就在自家门口做好准备即可；如果是乘汽车、火车、飞机、轮船而来，就应做好接站的准备。接站时若单位有车则应开车前往车站、码头、机场候客，同时还要准备一块接客牌，上面写上“欢迎×××代表团”“欢迎×××先生(或女士)”或“××接待处”等字样。迎接时要举起接客牌，以便客人辨认。如果条件允许，则还可准备花束，以示热情。

5. 确保安全

接待安全包括交通安全、饮食安全、住宿安全等，要采取严格的安全防范措施，必要时可以与有关保卫部门联系，确保接待工作顺利进行。在安排接待娱乐性活动时特别要考虑安全因素，一些带有危险性的活动，如滑雪、滑冰等，要尽量谨慎安排。

(二)热情待客

有道是：“出门看天气，进门看脸色。”所以，商务人员对任何客人都应该显示出热情和友好。

1. 举止规范

接待过程中，陪客人走路，要请客人走在自己的右边。主陪人同客人并排走，不能落在后面；其他陪同人员应在客人和主陪人身后。

在走廊里，主陪人应走在客人左前方几步。转弯、上楼梯的时候，要回头以手示意，有礼貌地说声“这边请”。乘电梯的时候，如果有司机掌控电梯，则要请客人先进；若没有司机，则自己先进，然后让客人进，到达的时候请客人先出。到达接待室或领导办公室，要对客人说“这里就是”或“这里是×××办公室”。要先敲门，得到允许再进。门如果是向外开的，则应该请客人先进去；如果是向里开的，则自己先进去，按住门，再请客人进入。

2. 敬茶

敬茶是中国传统的待客礼节，不论什么季节、什么时间客人来访，都要先敬上一杯热茶。敬茶必须注意茶壶、茶杯要干净，不能用剩茶接待客户，用什么茶叶可以事先征求客户意见。放入适量茶叶，倒入约 1/3 杯开水，把杯子盖好；从客户左边上茶；估计茶叶快泡好时，再为客人掺上开水。掺茶时可以用右手拿着茶杯盖子，如果要放在茶几上，把盖口朝上；掺茶的时候水不要太满，一般约为茶杯的 4/5 即可，如图 4—4 所示。

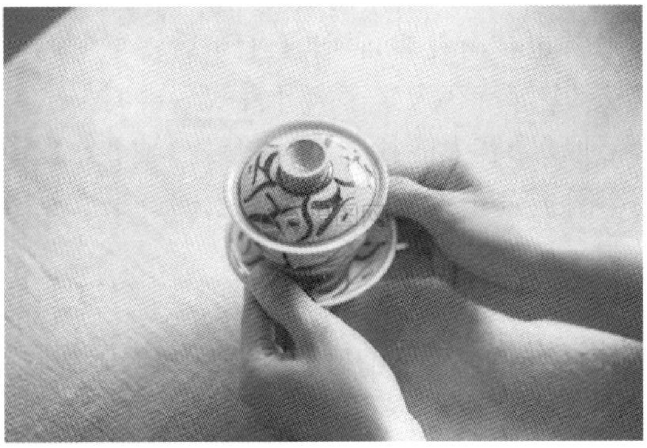

图 4—4 敬茶

3. 谈话

谈话是接待工作中的一项重要内容，是关系到接待成功与否的重要环节。

(1)谈话紧扣主题，围绕会谈目的进行，不要只谈自己的事情或自己关心的事情，而不顾对方是否愿意听或冷落对方。

(2)要注意自己的态度和语气，尊重他人，不要恶语伤人，不要强词夺理，语气要温和、适中，不要以势压人。

(3)会谈时要认真听别人讲话，不要东张西望，表现出不耐烦的表情。会谈过程中应适时地以点头或微笑做出反应，不要随便插话。等别人谈完后再谈自己的看法和观点，不可只听不读，否则，也是对别人不尊重的一种表现。

(4)谈话时要注意坐的姿势，不要频繁看表、打呵欠，以免被对方误解为逐客。

4. 陪访

主人在陪同客人参观、访问、游览时，应在接待计划中事先安排，提前熟悉情况，以便向客人做详细的介绍；要遵守时间，衣冠整洁，安排好交通事宜；陪同时要热情、主动，掌握分寸。

(三)礼貌送客

中国人常说："迎人迎三步，送人送七步。"可见，中国人非常注重送客礼节。接待工作顺利完成后，后续的工作即"送客礼仪"也很重要。营销或服务人员必须认识到送客比接待更重要，这是为了留给对方美好的回忆，达到最终合作的目的。因此，送客又被称为"后续服务"。

1. 亲切相送

商务人员在送客时应与客人握手致意，表达依依不舍之情，并表达希望再度见面的期待之意。

2. 注意客人遗留的物品

客人临走时要帮忙留意是否有物品遗漏，这是一种体贴顾客的行为，不要让客人回头再来一趟，这样也减少了自己保管客人物品的麻烦及责任，对双方都有好处。

3. 送远道访客要告诉路线

客人离开前应询问他是否熟悉回程路线及搭乘交通工具的地点和方向，尤其对远道而来的访客应表达关心之情。

4. 真诚送客，送离视线

主人应将客人陪送至大门外、电梯口，甚至送上车，并在分别前说几句客套话，如"感谢您的光临”等。如果客人纠缠不走，则可以说“我还有个约会”或让助手提醒自己还有下一个约会。身份地位越高的贵宾通常也越有礼貌，往往于上车后将车窗摇下挥手道别。因此，接待人员不可在客人上车后就离去，应等待客人坐车离开视线后再离去。

在接待区，不要想当然地以为客人能找到出去的路。对不熟悉环境的人来说，有时就像走迷宫一样。而且，送客时不陪同客人一起出去是不礼貌的。主人应陪同客人一起等候电梯。

二、商务车次安排

商务车次规范是商务礼仪中非常重要的内容。在正式商务场合，不恰当的座次安排，会严重影响商务交往。出访免不了要乘轿车、乘公共汽车、坐火车或者坐地铁，因此有必要对乘车的礼仪有所了解。有关乘车的礼仪，主要包括乘车时的座次以及对待他人的礼仪。

乘坐车辆，特别是轿车的时候，座次的安排很有讲究。为轿车具体排座的时候，必须注意座位数量不同的轿车，在排位时的具体方法各不相同。另外，同一辆轿车上，驾车者的身份不同，排座尊次也不同。

（一）双排五座轿车

这种座位的轿车是国内目前最普遍的车型。座次应安排如下：如有专职司机，座次安排如图 4—5(a)所示；如领导或主人开车，座次安排如图 4—5(b)所示。

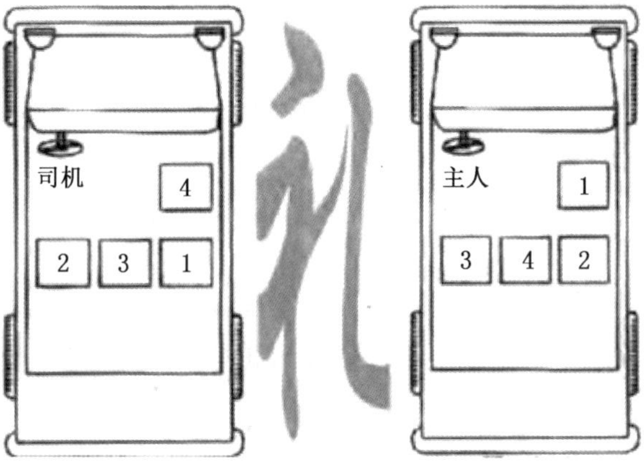

图 4—5　双排五座轿车座次安排

（二）双排六座轿车

双排六座轿车的座次安排为：若有专职司机，座次安排如图 4—6(a)所示；若领导或主人开车，座次安排如图 4—6(b)所示。

（三）三排七座轿车

三排七座轿车的座次安排为：若有专职司机，座次安排如图 4—7(a)所示；若领导或主人开车，座次安排如图 4—7(b)所示。

（四）三排九座轿车

三排九座轿车的座次安排为：若有专职司机，座位安排如图 4—8(a)所示；若领导或主人开车，座次安排如同 4—8(b)所示。

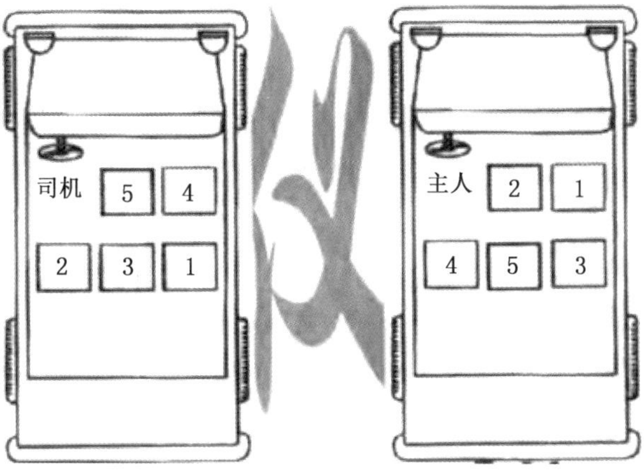

(a)　　(b)

图 4—6　双排六座轿车座次安排

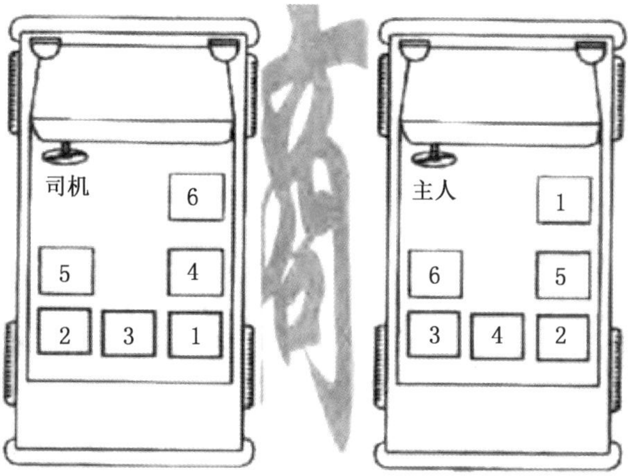

(a)　　(b)

图 4—7　三排七座轿车座次安排

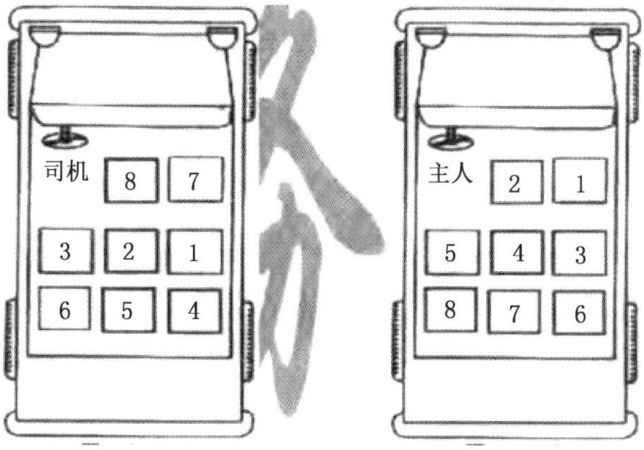

(a)　　(b)

图 4—8　三排九座轿车座位安排

（五）多排座轿车

多排座轿车是特指四排或四排以上的轿车。不管谁是司机，座位由主到次都是由前而后、自右而左，依距离前门远近排定。

（六）吉普车的座位安排

吉普车几乎都是四座车，不管谁是司机，吉普车上的座位由主到次依次是：副驾驶座，后排右座，后排左座。

（七）其他说明

上下轿车的时候，应该请尊长、女士、来宾先上车，后下车。女士上车的时候，需要特别注意一个规范，也就是先在开着的车门边站定，弯腰捋裙，臀部先入座，坐稳后再并拢双腿，移进车里。这样做的目的，不仅是优雅，也是防止“走光”。

三、礼宾次序

礼宾次序礼仪是指商务交往中为体现出席活动者的身份、地位、年龄等差别，给予必要的尊重，为了体现所有参与者一律平等，而将出席活动的企事业单位、团体、个人的位次按一定的惯例和规则进行排列的礼仪规范。

（一）礼宾次序的排列依据

一般来说，礼宾次序虽然在形式上只是一个先后问题，但在内容上却是一个关系商务人员的礼仪素质、社会组织的修养和形象的问题；一些营销性的集会则表示各企业间平等的地位。若安排不当，则会引起不必要的争执与交涉，甚至影响企业间的关系。因此，在组织宴请活动时，商务人员对礼宾次序礼仪应给予高度的重视。礼宾次序的排列依据如下：

1. 按宾客的身份与职务高低来排列

在国际交往活动中，礼宾次序主要按宾客的身份与职务的高低依次排列。

2. 按姓氏顺序排列

在多边活动中，礼宾次序可按宾客的姓氏顺序排列。

3. 按字母顺序排列

有的多边活动中，礼宾次序可以参加国的国名字母，一般以英文字母为准来排列。

4. 按通知代表团组成的日期先后排列

按通知代表团组成的日期先后排列礼宾次序，也是常用的礼宾次序排列方法之一。

（1）东道国对同等身份的外国代表团，按派遣国通知东道国该国代表团组成的日期排列。

（2）按派遣国决定应邀派遣代表团参加该活动的答复时间先后排列。

（3）按各国代表团抵达活动地点的时间先后排列。

（二）礼宾次序的排列要求

1. 礼宾次序排列的一般要求

（1）凡涉及位次顺序时，国际上都讲究右主左次，即一般以右为大、以左为小。

（2）行走时，应请贵宾走在内侧，即右侧，而陪同人员则走在外侧，即左侧。

（3）进餐时，主人应请客人坐在自己的右边。

2. 礼宾次序排列的特殊要求

（1）同行时，两人同行，以前者、右者为尊；三人行，并行以中者为尊，前后行，以前者为尊。

（2）进门、上车时，应让尊者先行。上车时，低位者应让尊者由右边上车，然后再从车后绕到左边上车。

(3)坐车时,要根据具体车型的不同来安排座次,不可一概而论。

(4)迎宾引路时,主人走在前;送客,主人走在后。

(5)上楼时,尊者、女士在前;下楼时,则相反,位低者在前,尊者、女士在后。

(6)在室内,以朝南或对门的座位为尊位。

四、接待的注意事项

来访中接待的客人有一般的、临时的和短暂的来访者,有些是事先预约的,也有些是不请自来的,这就有可能打乱正常的工作安排,为此,在接待工作中,要学会灵活地处理意外情况。

(一)领导临时有事外出

领导由于某件急事必须办理而突然外出,而事先约好的客人按约定来访,如果领导在外出前,对如何接待来访者曾留下指示,则应按照领导的指示办理。若没有事先安排,则接待人员应及时向来访者说明情况,请求谅解,自己先陪客人交谈,等候领导回来。绝不可让客人独自坐在会客室里等待,或是让他扫兴而归。如果等了一段时间以后,领导还没有回来,那么接待人员就应征求来访者的意见,看他是否愿意再等一会儿,或者是否愿意先回去,等领导回来后再与他联系约见。

(二)客人贸然来访

办事、洽谈工作,一般都要事先与对方约好时间,以便对方做好准备和安排,这样可以避免找不到人或对方没有时间接待而白跑一趟。如果由于时间、通信条件等各种限制,使得一些人没有事先约定,而是贸然来访,对于这样的来访者,秘书人员也不能因为没有预约,打乱了自己的工作安排而怠慢他们。遇到这种情况,秘书人员首先要问清楚来访者的姓名、工作单位和来访原因。如果来访者指定要与某人会谈,就应当马上与当事人联系。在没有联系妥当之前,不应给来访者以肯定的答复。如果来访者要求会见有关领导,而经过联系之后,有关领导没有时间或不愿意见他,秘书人员就要委婉地拒绝来访者。

(三)接待来访者时突然有电话打来

当秘书人员正在接待来访者的时候,突然有电话打进来。这时,如果丢下正在交谈的来访者,而与来电者交谈,显然是不合适的,这样会使来访者陷入进退两难的尴尬境地。秘书人员应当请来电者原谅,让其待会儿再打。如果是领导在与客人会谈时,突然有电话来找,那么秘书人员应当问明事由,然后写张字条递给领导。需要注意的是,字条上不能写太多的问题,这样反而使正在谈话的领导难以简短回答。一般来说,只要写“×××来电话,过多久给他回电话?”即可。

(四)来了不受欢迎的来访者的情况

秘书人员在一个单位工作久了,就会了解到该单位的来访者中总有一些不受欢迎的人,例如,为一点小事纠缠不休、提出一些无理要求、多次前来索取赞助、上门推销商品的人等。对于这样一些不请自来的来访者,秘书人员也要以礼相待,显示出自己的涵养和礼貌,在了解了来访者的意图之后,应迅速请有关部门出面接待,并及时向领导请示、汇报。总之,以尽量使他们少惹麻烦为宗旨,同时又要使他们感到并没有被怠慢。

接待来访中的意外情况是多种多样的,这就要求接待人员本着不违背原则、不怠慢来访者的宗旨,积极摸索和积累接待经验,机智、灵活地加以妥善处理。

第四节　馈赠礼仪

中国是礼仪之邦，互相馈赠礼品是把内心的情感以物质的形式表露出来。馈赠作为商务人士人际交往的重要手段之一，受到了中外人士的普遍肯定。馈赠作为一种非语言的主要交际方式，它像桥梁和纽带一样传递着情感和信息，表达着人与人之间的温暖和关爱，起到了“一切尽在不言中”及“此时无声胜有声”的作用。成功的赠送行为，不仅能拉近人们之间的距离，而且还能在愉快的气氛中发现许多商机。得体的馈赠，恰似无声的使者，给商务活动锦上添花。

一、馈赠礼仪的原则

礼品的豪华并不取决于其货币价值的高低，所以选择礼品并不是越贵越好。比如，欧美国家的人们在送礼方面注重的是礼物的意义而不是其货币价值。因此，选择馈赠礼品不必追求礼品的贵重，馈赠贵重的礼品，效果反而不好，对方会怀疑或戒备。但是，在中东地区，人们往往较注重礼物的货币价值，所以，在与这些国家进行的商务交往中，赠送礼品不仅要投其所好、投其所需，而且还要分量足够，能产生一定的效果。那么什么样的礼品更容易为对方接受和喜爱，达到馈赠的目的呢？一般而言，必须兼顾下列原则：

（一）宣传性

在商务交往中，首先要注意礼品的宣传性，即在商务交往中所使用的礼品，意在推广宣传企业形象，并非贿赂、拉拢他人。

小案例

千里送鹅毛

“千里送鹅毛”的故事发生在唐朝。当时，云南一个少数民族的首领为表示对唐王朝的拥戴，派特使缅伯高向太宗贡献天鹅。路过沔阳河时，好心的缅伯高把天鹅从笼子里放出来，想给它洗个澡。不料，天鹅展翅飞向高空。他忙伸手去捉，只扯得几根鹅毛。缅伯高急得顿足捶胸，号啕大哭。随从们劝他说：“已经飞走了，哭也没有用，还是想想补救的方法吧。”缅伯高一想，也只能如此。

到了长安，缅伯高拜见唐太宗，并献上礼物。唐太宗见是一个精致的绸缎小包，便令人打开，一看是几根鹅毛和一首小诗。诗曰：“天鹅贡唐朝，山高路遥远。沔阳河失宝，倒地哭号啕。上复圣天子，可饶缅伯高。礼轻情意重，千里送鹅毛。”唐太宗莫名其妙，缅伯高随即讲出事情原委。唐太宗连声说：“难能可贵！难能可贵！千里送鹅毛，礼轻情意重！”

（二）纪念性

在商务交往中赠送礼品，无论获取对象是集体还是个人，都要注重其纪念性。所使用的礼品并非越贵越好，而要能达到让对方记住自己，记住自己的单位、产品和服务的作用，使双方友善、和睦交往。总之，让对方记住自己是商务交往中赠送礼品的主要功效之一。

（三）独特性

在商务交往中，礼品应具有独特性，做到人无我有，人有我优。所谓“物以稀为贵”，送礼时注重的是礼品的珍贵性，而不是价格贵。

（四）时尚性

礼品不仅要与众不同，而且应特别注意礼品时尚与否。总之，在商务交往中选择礼品不能太落伍，否则会适得其反。

（五）便携性

如果客人来自异乡他乡，礼品要选择不易碎、不笨重、便于携带的，否则会为对方平添烦恼。

二、馈赠礼仪的具体运用

一份不适当的礼物，可能使受礼者困窘和苦恼，而送礼者也很难达到预期的效果和目的。在商务场合中，商务人员相互馈赠的礼品一般有鲜花、食品和实用品三类。

（一）鲜花

鲜花是一种高雅的礼品，通过赠花，可以表达自己微妙的感情和心愿，别有一番意境。鲜花代表着问候、祝贺、慰问和感谢等含义。因此，赠花也是一门艺术，它是商界人士以花为礼、联系情感、增进友谊的有效途径。

按照我国民间流传的风俗习惯，凡花色为红、橙、黄的暖色花和花名中含有喜庆吉祥意义的花，可用于喜庆事宜；而白、黑、蓝等颜色偏冷的花，大多用于伤感事宜。因此，在通常情况下，喜庆节日送花要注意选择多彩艳丽、热情奔放的；致哀悼念时应选淡雅肃穆的；探视病人要注意挑选悦目恬静的。具体来说，在不同情形下，选花应遵循以下原则：

(1)节日期间，看望亲朋，宜送吉祥草、百合、郁金香，象征“幸福吉祥”。朋友远行，宜送剑兰、红掌，寓意一路顺风，前程似锦。

(2)祝福长辈生辰寿日时，可依老人的爱好选送不同类型的祝寿花。一般人可送长寿花、百合、万年青、龟背竹、报春花、吉祥草等；若举办寿辰庆典的，则可选送生机勃勃、寓意深情、瑰丽色艳的花，如玫瑰花篮，以示隆重、喜庆。

(3)拜访德高望重的老者，宜送兰花。因为兰花品质高洁，有“花中君子”之美称。

(4)庆贺新店开张、公司开业或乔迁之喜，应选择瑰艳夺目、花期较长的花篮、花束或盆花，如大丽花、月季、剑兰、红掌、君子兰、山茶花、四季橘等，寓意事业飞黄腾达，万事如意。

(5)给病人送花有很多禁忌。探望病人时不要送盆栽的花，以免病人误会为久病成根；香味很浓的花对手术病人不利，易引起咳嗽；颜色过于浓艳的花，会刺激病人的神经，激发烦躁情绪。看望病人宜送水仙、兰花、百合、马蹄莲、剑兰等，或选用病人平时喜欢的品种，有利于病人怡情养性，早日康复。

(6)丧事送花，适合用白玫瑰、白菊花等素花，象征惋惜、怀念之情。

（二）食品

在商务人员馈赠礼品时，食品也是一种很好的礼物。受礼者可以与家人或同事一起分享。

1. 健康类

健康保健类食品，如虫草、燕窝等滋补品往往是商务人员送礼的选择之一。商务人员应该清楚，现在的商家往往把一些保健品“吹”得太“神”。保健食品是具有特定保健功能的食品，而并非什么“补药”，它只适宜特定的人群食用。

2. 洋酒类

如今送礼品，洋酒备受青睐。洋酒的外包装通常很漂亮，里面的“酒架”等小赠品也非常精致，瓶子还可以摆在室内做装饰品。买洋酒时，不要一味注重包装，还要认清中文标志及洋酒的保质期。

3. 茶叶类

我国有着历史悠久的茶文化，蕴藏着深厚的文化底蕴，茶的附加值更多地体现在它的文化修养上。送茶伴随着高雅这一含义很容易受人青睐，不落俗套。因此，商界人士常常以茶作为馈赠的礼品，显现着个人的文化修养。

4. 其他类食品

其他类的食品如糖果、巧克力、蛋糕、面包、甜饼、咖啡、新鲜的水果、冷冻食物、坚果、果酱和果冻等也是送礼选择的对象。

（三）实用品

实用品的选择以体现对方的爱好和兴趣为准则，也以有益于对方职业的实用品为选择准则。办公礼品则以实用品为准则，如袖珍日历、相框、套笔、名片盒、办公文具盒（内装纸夹、橡皮筋、胶带等）、商业杂志或商务书籍等。

三、馈赠礼仪的注意事项

馈赠是人际交往中表达友情、敬重和感激的一种常用形式，其目的在于沟通感情和保持联系，所以它不仅是一种形式，更为重要的是体现馈赠者的人品和诚意。为此，馈赠礼品的选择就显得更加重要。

（一）馈赠的六要素

得体的馈赠考虑六个方面：送给谁、为什么、送什么、何时送、在什么场合送、如何送，也就是考虑馈赠对象、馈赠目的、馈赠内容、馈赠时机、馈赠场合、馈赠方式六个要素。

1. 馈赠对象

馈赠对象即馈赠客体，是赠物的接受者。馈赠时，考虑馈赠对象的性别、年龄、职位、身份、性格、喜好、数量等因素。

2. 馈赠目的

馈赠目的即馈赠动机，任何馈赠都是有目的的，或表达友谊，或为祝颂、庆贺，或为酬宾、谢客，或为慰问、哀悼。馈赠动机高尚，表达情谊。

3. 馈赠内容

馈赠内容即馈赠物，是情感的象征或媒介，包括赠物和赠言两大类。赠物可以是一束鲜花、一张卡片或一件纪念品。赠言有多种形式，如书面留言、口头赠言、临别赠言、毕业留言等。馈赠时，考虑赠物的种类、价值的大小、档次的高低、包装的式样、蕴含的情义等。

4. 馈赠时机

馈赠时机即馈赠的具体时间和情势，根据馈赠主客体的关系和馈赠形式把握。

5. 馈赠场合

馈赠场合即馈赠的具体地点和环境，主要区分公务场合与私人场合，根据馈赠的内容和形式选择，例如，表示谢意、敬意，祝贺或庆典活动，公共关系礼品，祝贺开张或开业，适逢重大节日，探视住院病人，应邀家中做客，遭受不测事件。

6. 馈赠方式

馈赠方式主要有亲自赠送、托人转送、邮寄运送等。

(二)赠礼的注意事项

如果是在公共场合,或者人多的场合赠礼,礼品的选择则要考虑以下两件事:

1.忌送的礼品

不能送大额现金和有价证券,有收买对方之嫌。与此同时,金银珠宝也不适合送给别人。粗制滥造的物品或过季商品,有愚弄对方、滥竽充数之嫌。药品或营养品,有暗示对方身体欠佳之意。有违社会公德和法律法规的礼品,比如,涉及黄、赌、毒之类的物品;带有明显的广告标志和宣传用语的物品,有利于对方为自己充当广告宣传之意;有违交往对象、民族习俗、宗教信仰和生活习惯的物品,有不尊重对方之嫌;容易引起异性误会的物品;以珍稀动物或宠物为原材料制作的物品;涉及国家机密、行业机密的物品。

2.不同国家的喜好与禁忌

在美国,可送葡萄酒或烈性酒等高雅的名牌礼物,也可以送一些具有浓厚乡土气息或精巧别致的工艺品,以满足美国人的猎奇心理。

给英国人送礼要轻,可送鲜花、小工艺品、巧克力或名酒,一般在晚上。英国人普遍厌烦有送礼人单位或公司印记的礼品。

德国人喜欢价格适中、典雅别致的礼物。包装一定要尽善尽美,不能用白色、空白或棕色的包装物。

法国人对礼物十分注重,但又特别讲究。法国人讨厌初次见面就送礼,一般第二次见面才送。送礼宜选具有艺术品位和纪念意义的物品或是几枝不加捆绑的鲜花,但不能赠送菊花,因为菊花和葬礼有联系;不宜选用刀、剑、餐具或是带有明显的广告标志的物品。男士向一般关系的女士赠送香水、红玫瑰也是不合适的。

日本人一般在第一次商务会上送礼,日本人之间相互赠送礼品一般在盂兰盆节或年末。他们比较注重牌子,喜欢名牌礼物和礼品的包装,但不一定要贵重礼品。互送仪式比礼节本身更重要。送礼通常用对其本人用途不大的物品为宜。送礼者不要在礼物上刻字画以留纪念,因为他还要将此礼品继续送出去。在日本,礼物的数量不要是 4 和 9,不要送带有狐狸图案的物品。

到韩国人家里做客最好带些鲜花或小礼品。韩国人喜欢本地出产的东西,送礼时只需备一份本国、本民族、本地区的特产即可,也可以送上印有本公司介绍的精美笔记本或办公用品。在朝鲜语中,“四”与“死”同音,被认为不吉祥。因此,礼物的数量也不可以是 4。

阿拉伯人喜欢赠送贵重物品,也喜欢得到贵重物品,喜欢名牌和多姿多彩的礼物,不喜欢纯实用性的东西,但初次见面不能送礼给他们;否则会被认为有贿赂的嫌疑。不能送酒和绘有动物图案的礼品,不能给当事人的妻子送礼品。

在信奉基督教的国家不可以送数量为 13 的礼物。

朝鲜人喜欢送花,斯里兰卡人喜欢赠茶,澳大利亚、新加坡人喜欢鲜花与美酒,一般外国人喜欢中国的景泰蓝、刺绣品等。

总之,给外国人送礼应遵循以下原则:一是不送触犯外国人习俗的物品,二是不送过于昂贵和过于廉价的物品,三是不送印有广告的物品,四是不送药品和补品,五是不送使异性误会的物品。

(三)上门送礼的注意事项

(1)上门送礼一定要提前约定时间。

(2)上午最好在 10 点到 11 点,下午最好在 4 点左右。

(3)节假日大多数人有睡懒觉的习惯,最好不要在上午10点之前上门。

(4)送完礼后,尽量不要长时间停留,如果主人没有盛情邀请,则最好不要留下吃饭。

(四)国内送礼的避讳与禁忌

中国普遍有"好事成双"的说法,因而凡是大贺大喜之事,所送之礼,均好双忌单。广东人、香港人则忌讳"4"这个偶数,因为在广东话中,"4"听起来就像是"死",是不吉利的。白色虽有纯洁无瑕之意,但中国人比较忌讳,因为在中国,白色常是大悲之色和贫穷之色。同样,黑色也被视为不吉利,是凶灾之色、哀丧之色。红色是喜庆、祥和、欢庆的象征,受到人们的普遍喜爱。在港台风俗中,丧事后多以毛巾送吊丧者,所以在非丧事的场合不能送毛巾;剪刀是利器,含有"一刀两断"之意,以剪刀相送会使对方有威胁之感;甜果是祭祖拜神专用之物,送人会有不祥之感;扇子是夏季用品,台湾俗称"送扇无相见";台湾的居丧之家习惯不蒸甜食、不包粽子,如果以粽子相送,则会被对方误解。另外,我国人民还常常讲究不能给老人送钟表,不能给夫妻或情人送梨,因为"送钟"与"送终"、"梨"与"离"谐音,是不吉利的。还有,不能为异性朋友送贴身用品等。

小案例

送 伞

杰和红是男女朋友。一次,两人出去逛街,忽然下起了大雨,但他们没有带伞,于是就跑进一家超市买了把伞。在杰把红送回家以后,雨已经停了。走的时候,红让杰把伞带上。但杰说:"雨都停了,不用了,送给你吧!"红笑着说:"难道你想跟我'散'吗?"杰忽然意识到这个问题,就把伞带走了。

情境案例分析

情境一

毛泽东对宋庆龄非常尊重。1949年5月27日,上海刚解放,毛泽东即委托陈毅、邓小平等探望宋庆龄。6月17日,新政协筹备会刚结束,毛泽东就与周恩来商议,决定派邓颖超和廖梦醒(著名爱国民主人士廖仲恺与何香凝之女)前往上海迎接宋庆龄。北上参加新政治协商会议,并于19日亲笔致信宋庆龄。

请根据以上情景,把同学分成几组,模拟演练邓颖超、廖梦醒拜访宋庆龄的情景。

情境二

1957年冬,毛泽东派人给宋庆龄送去一些大白菜。宋庆龄非常高兴。

模拟演练宋庆龄收到礼物后的情形。

情境三

美国作家马克·吐温机智、幽默。有一次,他去某小城,临行前别人告诉他,那里的蚊子特别厉害。到了小城,正当他在旅店登记房间时,一只蚊子正好在马克·吐温眼前盘旋,这使得旅馆职员不胜尴尬。马克·吐温却满不在乎地对职员说:"贵地蚊子比传说中不知聪明多少倍，它竟会预先看好我的房间号码，以便晚上光顾，饱餐一顿。”大家听了不禁哈哈大笑。结果，这一夜马克·吐温睡得十分香甜。原来旅馆全体职员一齐出动，驱赶蚊子，不让这位博得众人喜爱的作家被“聪明的蚊子”叮咬。幽默，不仅使马克·吐温拥有一群诚挚的朋友，而且也因此得到陌生人的“特别关照”。

在交际中幽默有什么作用？你是有幽默感的人吗？

第五章　商务旅行礼仪

知识目标

掌握商务旅行中的各种礼仪；
了解商务旅行前的准备工作；
了解商务旅行途中须知的礼仪。

技能目标

熟悉乘坐交通工具的礼仪，并能在日常生活中应用；
掌握宾馆、旅馆等入住的基本常识与礼仪。

案例导入

每天往返多看一遍富士山

日本有一家中等规模的电子公司，总部设在东京，而分部和生产区却设在距离东京515千米的大阪。为此，按照惯例，公司每天都安排公关人员负责购买专线车票，为与该公司有业务往来的客人提供交通上的方便。

德国人汉森是每天享受这种方便的外商之一。有一天，在多次坐过从东京到大阪的专线列车以后，汉森忽然发现：自己每一次去大阪，公关人员给他安排的座位都是靠右边窗户的，而返回东京的时候，则都是靠左边窗户的。起初，他并没有在意，还以为这是偶然的巧合。后来，经公关人员证实不是巧合之后，他心里似乎有点想不明白了。这时候，公关人员微笑着告诉他："这是公司特意为您安排的，因为在这边的座位上，您作为客人来回都能够看到咱们这儿最美丽的风景——富士山。当然，每天让您多看一遍富士山，是为了让您能够深深地记住这个地方、记住咱们的电子公司。"

每天多看一遍富士山，成了汉森在日本生活、工作期间最为感动也是印象最深刻的一件事。这种感动也使得这家日本公司得到了丰厚的回报——后来，汉森把他原计划在日本的投资追加了整整一倍。

现在，商务旅行已成为商务人员的一项重要活动。商务旅行中的礼仪不仅展示商务人员的素质与修养，同时也代表了一个企业的形象。商务旅行中既要尊重自己，又要尊重别人。在商务旅行场合，得体的衣着、优雅的举止、谦恭的态度、礼貌的语言、得当的行为，不仅是人的内在文化修养、道德品质、精神气质和思想境界的表现，也更容易赢得别人的尊重。

第一节　交通礼仪

商务人员外出，与人进行交往应酬时涉及相关的交通礼仪。交通礼仪，主要分为步行礼仪、乘车礼仪、乘飞机礼仪、乘船礼仪四个主要方面。

一、步行礼仪

有关步行礼仪，是商务旅行礼仪的核心内容之一。具体而言，它涉及一个人行走时的各个环节。就重点而论，下述几点应关注：

（一）注意步行时的仪态

人们常言："站有站相，坐有坐相。"走路的姿势是个人精神风貌的体现。在行走时，每个人应注意自己的仪态与风度。

步行的基本姿态：脊背挺直，腰部要伸展放松，脚跟要平稳着地，挺胸抬头，不含胸驼背，乱晃肩膀；目光自然前视，不东张西望。要做到仪态优雅、风度不凡，重要的是做到稳健、自如、轻盈、敏捷。

步行时，遇到熟人，主动打招呼或进行问候，不能视而不见。如果在路上碰到久别重逢的朋友，想多交谈一会儿，则应靠边站立，不要站在路当中，以免妨碍交通。

步行中注意：男性遇到不相识的女性，不要久久注视，甚至回头追视，显得缺少教养。走路时不要边走边吃东西，既不卫生，又不雅观。如果肚子饿或口渴了，则可以停下来，在路边找个适当的地方，吃完后再赶路。走路时，注意爱护环境卫生，不随地吐痰，不乱扔废弃物。

（二）注意步行的方位

任何人走路都会碰到一个前、后、左、右的方位问题。步行时，方位问题需注意，主要包括以下两个方面：

1. 与交通规则有关的方位

在任何国家里，每个人都需遵守行路规则，商务人员应自觉遵守。步行走人行道，不走自行车或机动车道。过马路走人行横道，如果是路口，等绿灯亮了，看两边没车时再通过，不可翻越栏杆。行人之间互相礼让，遇到老、弱、病、残、孕，主动照顾他们。在人群拥挤的地方，有秩序地通过，万一不小心撞了别人或踩着别人的脚，主动道歉。如果是别人踩了自己的脚或碰掉了自己的东西，表现出良好的修养和自制力，不可口出恶言，厉声责备。

2. 与礼仪惯例有关的方位

与他人同时行进时，居前还是居后，居左还是居右，是同礼仪直接相关的。这方面的规定，需严格遵守。

一般情况下，尤其是人多之处，需要单行行进。在单行行进时，通常讲究的是"以前为尊，以后为卑"。也就是说，一般应当请客人、女士、尊长行走在前，主人、男士、晚辈与职位较低者则应随后。在单行行进时，还应注意，自觉走在道路的内侧，以便于其他人通过。

两人或两人以上并排行走时，一般讲究"以内为尊，以外为卑"，即以道路内侧为尊贵之位。

如果当时所经过的道路无明显的内侧和外侧之分,则可采取“以右为尊”的国际惯例。当三个人一起并排行进时,以前进方向为准,并行的三个人由尊而卑依次应为:居中者—居右者—居左者。

(三)避免步行时的禁忌

在商务交往中,尤其在国外,步行时要遵守礼仪,更要避免某些易于惹来麻烦、导致误会的禁忌:一忌,行走时与其他人相距过近,尤其是要避免与对方发生身体碰撞;二忌,行走时尾随于其他人身后,甚至对其窥视、围观或指指点点,此举会被视为“侵犯人权”或是“人身侮辱”;三忌,行走时速度过快或者过慢,以至于对周围的人的行动造成一定的不良影响;四忌,一边行走,一边连吃带喝或是吸烟不止。

二、乘车礼仪

在商务旅行中,不论是乘坐轿车、公共汽车、火车还是乘坐地铁,都需遵守相关的礼仪。有关乘车的礼仪,包括乘车时的座次与礼貌两个方面的内容。

(一)乘坐公共交通工具的座次

乘坐大巴、公共汽车、火车或地铁时,火车需对号入座,座位可供选择的余地并不太大。比较而言,有关座次的讲究也相对较少。在有一定的自由空间的前提下,基本的规矩为:临窗的座位为上座,临近通道的座位为下座;与车辆行驶方向相同的座位为上座,与车辆行驶方向相反的座位为下座。

大巴旅行车以司机座后第一排即前排为尊,后排依次降低。其座位的尊卑,依每排右侧往左侧递减。有些车辆上,乘客的座位分列于车厢两侧,而使乘客对面而坐。在这种情况下,应以面对车门一侧的座位为上座,以背对车门一侧的座位为下座。

(二)乘车的礼貌

在乘坐车辆时以礼待人,不但是一种要求,而且应当落实到许多细节上。

1. 相互谦让

无论乘坐何种车辆,就座均应相互谦让。乘坐公共汽车、火车或地铁时,自觉排队;车到站时,先下后上,不拥挤。争座、抢座、不对号入座,是不礼貌的。在相互谦让座位时,除对位尊者给予特殊礼遇之外,对待同行人中的地位、身份相同者,也要以礼相让。乘坐公交车,先上的乘客应该自觉靠向车尾,给后面上车的乘客留下空间,主动为老、弱、病、残、孕让座。

2. 律己敬人

乘坐车辆时,尤其乘坐公用交通工具,应自觉地讲究社会公德,遵守公共秩序。对于自己,严格要求;对于他人,友好相待,这就是所谓乘车时的律己敬人。在车内不吸烟,不随地吐痰,不乱扔废弃物,不大声喧哗。如果出行坐巴士、火车等,记得过道等中心位置是供人使用的公共场所,应避免在这些位置聊天或者把你的行李放在这里,占太大的空间,否则会阻碍乘客流动。同时,如果坐在靠近过道的座位上,则应把腿脚收回到座位底下,而不是伸向路中间,以免绊倒或阻碍行人。

车上休息时,不要宽衣解带。无论天气多炎热,男士不能赤膊。乘客使用座位前的小桌时,给别人多留余地。休息时靠在其他乘客身上,或把脚搭在别人的座位上,都不合适。在出行前,尽量保持身体干净。注意个人的体臭,避免脱鞋。在使用盥洗室时,尽量不占用太长时间,让别人在外面等。同样,在使用后应随手冲一下,以确保后面的使用者能有一个清洁的环境。如果有播放视频,而你并不是坐在中间的位置,则应避免凑近屏幕及离开座位,以免挡住坐在后面的旅客的视线。乘坐火车时注意所有行李要放在行李架上，摆放整齐，不放在过道或小桌上。

三、乘飞机礼仪

在日益讲求效率的今天，乘坐飞机礼仪成为商务旅行礼仪的主要组成部分。

(一)登机前的礼仪

乘坐飞机至少在飞机起飞前一个小时到达机场。抵达机场后，先办理乘机相关手续，将机票交所乘航空公司机场验票口查验，同时将随身托运的行李过秤，并将重量填到机票上。航空公司撕下由其承运段的一联后，将机票与行李卡、登机卡一并交还乘客。乘客凭登机卡通过安检上飞机，凭行李卡到目的地机场领取行李。

乘飞机尽量轻装。根据规定，手提物品不得超过 5 千克。因此，能托运的可随机或分开托运，一般可随身携带雨伞、大衣、相机、手机、书报等。

不携带易燃易爆的危险物品、小刀等(包括女士日常使用的修眉刀与修眉剪)，这些物品应当事先放在托运行李中，否则可能无法通过安全检查。如果需要随身携带液体物品(一般不得随身携带)，则在通过安检通道时应将其放在容易拿出的地方，以节省安全检查的时间。上下飞机时，航空小姐站在机舱门口迎送乘客，旅客应有礼貌地点头致意。

(二)飞机上的礼仪

乘坐飞机时严格遵守飞机上的安全注意事项。比如，飞机起落时扣好安全带，将座椅靠背放直，不使用移动电话、手提电脑。飞机上的设备不随意触动，如灭火装置、安全设施等。

坐下时，可以向你旁边的乘客点头示意。如果他(她)没有想和你聊天，则不要去打扰他(她)。对于很多工作繁忙的人来说，飞机上的时间是非常宝贵的休息或放松的时间。在飞机上不大声喧哗，以免影响他人，特别是在晚间睡眠时间。在飞机上的坐卧姿势也应注意不要影响他人坐卧。

随身携带物品可放在头顶上方的行李架上，较重物品可放在座位下面，但不要放在安全门前或出入通道上。飞机座位上方都有吹风阀、聚光灯和呼叫航空小姐的按钮。在机舱里感到闷热时，打开吹风阀；看书报时，打开聚光灯；有喝水、购买物品等需要时均可利用按钮呼叫服务员。长途飞行，飞机上备有茶水、糕点、早餐、正餐等，一般均免费供应。大型飞机在旅途中会放映电影，但听声音则需租用耳机(也有免费提供耳机的)。飞机上备有各种文字的报刊，供旅客借阅，不得带走。飞机上的一切用品均不得拿走，如厕所内的卫生用品，座椅背兜中的刊物，餐用杯盘刀叉，以及小毛毯、小垫枕等。需乘务员帮忙时，可招手示意，不可大声喊叫，在接受乘务员服务后应向其道谢。晕飞机者可在起飞前半小时服用茶苯海明等药物，登机后安稳地靠在座椅上，椅背兜中备有清洁袋，呕吐时可吐在袋中。

飞机中途着陆加油时，乘客一般可下机休息。下机时，重要小件物品随身携带，别的物品仍放在飞机上。旅客不要随意离开过境候机室，以免误机。

四、乘船礼仪

登船应自觉接受有关人员对人体和行李的安全检查，积极配合，不加以非议或进行拒绝。上船时，按先后次序排队，不要拥挤、加塞。上船的路很窄，注意安全。与长者、女士、孩子一起时，请他们走在前面，或者以手相扶，必要时给予照顾和帮助。

在上下船时应注意安全，走跳板或小船时，需小心翼翼，不乱蹦乱跳；不去不宜前往的地方，如轮船机舱、救生艇以及桅杆之上；不可一个人在甲板上徘徊；不擅自下水游泳；等等。乘船时不携带有毒品、易爆品、易燃品、易腐蚀品、枪支弹药、腐烂性物品、家畜动物以及其他一些违禁品。

乘船时对号入座。若自己买的是不对号的散席船票，听从船员的指挥、安排，不要任意挪动或选择地方。船长是客轮的首长，没有要事不去打扰。服务人员是客轮上与旅客接触最多的工作人员，对他们的服务表示尊重。

乘客可在甲板上散步、观景，不可闯入别人的房间，更不可游逛到"旅客止步"的场所。待时机成熟后，再与同船乘客交谈。在交谈时，保持一定的距离，理性地交往，不过分亲密；不打听对方隐私，不冒失地索要对方地址、电话，也不可旁若无人地嬉笑打闹；在对方没有邀请自己的情况下，不私自探访别人的客舱。在凌晨、正午、深夜等休息时间，不探访其他客舱的朋友。自觉遵守公共卫生，不随地吐痰，不乱扔废弃物；保持安静，不大声喧哗；与他人同住一个客舱时，不吸烟。另外，与其他乘客聊天时，选择轻松、愉悦、大家喜闻乐道的话题，如旅游目的地的情况、影视、体育等，切忌谈论翻船、沉船等事件。用餐吃鱼时，也不可有翻鱼的动作，特别是说出"翻""沉"等字，这是乘船时船员和乘客都忌讳的事。若自己周围的人晕船、生病，不对其另眼看待或是退避三舍，而应给予其力所能及的帮助。下船时，男士和年轻人应该礼让和帮助女士、老人、小孩下船。

第二节　商务旅行的具体礼仪

一、商务旅行的准备

商务人员出行的目的是商务洽谈或商务考察。旅行需做到既高效又高兴。旅行前的准备一定要尽可能细致、妥善，主要有以下几点：

（一）了解相关情况

商务旅行之前，首先通过各种渠道，了解一下所去地方的环境、气候、交通、风俗习惯等方面的情况；其次对公司的差旅费用、交通、食宿等级标准范围的规定清楚明了；最后制订一份旅行计划。旅行计划中，列出你的出发时间、到达时间、旅行路线、行程安排、所携物品、旅行区域的天气状况以及各项活动的安排等。安排日程的时候，在时间上一定要留有余地，特别是第一次去的地方，更是如此。不过，留有余地是相对的，余地太大会浪费时间。另外，把你出行这段时间内的工作提前安排好，把联系方式留给同事和工作人员，以便联系。

（二）准备携带的用品

1.业务资料和用品

业务资料是商务人员展现公司、展现自我的必要装备。首先，带着公司的情况介绍，以便让对方更好地了解自己的公司与产品；其次，准备好对方的详细资料，如客户名单、负责人联系方式等，做到知己知彼；再次，整理好产品说明资料、报价资料、协议和合同文本等，这些是双方协商和签约时会用到的；最后，带上必备的办公用品，如名片、钢笔、记事本、计算器、笔记本电脑等。这些应有序地放在公文包里，以方便查找和使用。

2.个人物品

除业务资料和用品外，个人物品也是必不可少的，如备用眼镜、替换衣服、袜子、洗漱用品等。根据自己平时的身体状况，携带晕车药、感冒药、止泻药、降压药等；携带数码相机，给自己的旅行留下记忆；特别注意外出旅行安全，带上手电、手机、地图、交通图等。当然，还需计划好旅行的必备资金，携带资金应做到宽带窄用；如果出国观光旅行，则需提前办好护照、签证、健康证书，还需兑换好外币。此外，根据所去国家的法律要求打好预防针。

但是，在准备这些东西时，不能带得太多。为最大限度地减轻负担，最好只带自己必需的物品。如果有一次正式的会面，那么只需带一身套装；如果有几次会面，但对象各不相同，同一身衣服则也无妨。比较随便的场合，领带、衬衫和外衣都可以互换着穿，以便节省行李箱的空间。准备一个坚固耐用的旅行箱或者背包，皮箱最好附有轮子，搬运时可节省体力。另外，箱、包都要有锁，大件行李托运必须有锁，以免行李遗失。

无论选择什么样的箱包，需保证将剃须用品以及其他洗漱用品单独放置。沾有剃须膏或牙膏的西装再平整也让人看着不舒服。最重要的旅行用品，如票证、钱、牙刷和梳子放在随身的公文包里，以便随时拿出来使用。

（三）预订机票（车、船票）

外出前，根据实际情况，选择方便、经济、合理的路线，并提前预购机票、车票、船票。购买机票，可通过旅行社代办，也可直接到所乘班机的航空公司、营业处购买，同时，确认机座。拿到机票后，检查机票填写的飞机班次、日期、途经城市、到达城市等信息是否正确。

在准备预订车票或机票的时候，一定要查用最新的列车时刻表，因为现在有许多季节性的或临时性的车次，稍不留心，就会订不上。出差途中，最麻烦的就是换车，倒来倒去，稍不注意，就会误车误点，所以有能直达的就最好不要换车。如果在大站换车，在时间上则一定要安排得宽裕些。

（四）预订房间

商务旅行中安排住什么样的旅馆，一般根据个人的爱好和习惯决定。有的喜欢住清静、优雅的小旅馆，也有的喜欢住富丽堂皇的高级饭店；有的喜欢住单人房间，有的则喜欢两人合居一室。出行之前，可通过旅行社帮助预订房间，当然也可以利用网络自行预订，但一定要选择有足够安全保障的宾馆。

二、旅途中的礼仪

商务旅行途中注意自身形象，切忌斤斤计较、患得患失，以企业形象和商务旅行的顺利完成为重。

（一）旅途中的基本礼仪

1. 注意形象

商务人员外出旅行，注意自身形象。首先，服装与穿戴者的社会身份相符。在进行商务旅行时，正式场合选择职业化的服装，休闲活动中服饰舒适、自然即可。商务人员不赤身露体、不修边幅，也不可过分打扮、奇装异服、浓妆艳抹等。正式场合，男士须留短发、剃胡须，女士适度修理指甲，不将指甲留长，也不宜将指甲染得鲜艳。商务人员讲究个人卫生，这既是旅行中的礼仪问题，也是个人社会公德问题。注意保持体味和口气的清新，在出席社交场合前不吃有强烈气味的食品，如韭菜、大蒜、臭豆腐等；在候车室等公共场所不要脱鞋、袜，以免气味影响到周围的人；不随地吐痰、便溺，不乱扔垃圾、口香糖等；咳嗽、打喷嚏时，用手帕捂住口鼻，面向一侧，避免发出大的声音。

2. 尊重他人

旅行途中，做到以礼待人。在任何需要等待的地方，像问询处、候车室或购票窗口，请排队，并注意与前面的人保持一定的距离。不围观，尾随陌生人。旅行途中，如走在狭窄的曲径、小桥、山洞时，要主动给老弱妇孺让道，不争先抢行。如果不小心冒犯了他人，则应及时致歉，不要与之发生纠纷。带孩子出行，出门前要告诉他们尽可能保持安静，以免打扰周围的旅客。如果他们交谈，则要求他们轻声讲话。听音乐或者打游戏的音量应该调小，即便有耳机，也不要打扰邻座。

小案例

让　路

有一次，德国著名诗人歌德在公园里散步。在一条只能一个人通过的小道上，他遇到了一位自负、傲慢的批评家。两人越走越近。“我是从来不给蠢货让路的！”批评家先开口道。“我却正好相反！”歌德说完，笑着退到路旁。

向别人打听道路，在问询前先热情、礼貌地称呼对方，如“同志”“师傅”，或按其身份称呼“老先生”“老大娘”“小朋友”等，绝对不能用“哎！”“喂！”等不礼貌、不尊重的呼叫；问询时，还应当表示抱歉地说：“对不起，我可以向您问个路吗？”或“抱歉，打扰您一下”。在别人回答你的问题后，诚恳地表示感谢，一定说“谢谢您！”，不能不辞而别，一走了之。如果所问问题没有得到满意的答复，则也应有礼貌地表示谢意，不要表现出不满意或不信任的情绪。如果被陌生人问路，则应认真、仔细地回答，若自己不清楚，则应说：“很抱歉，我不清楚，请您再问问别人吧！”

在接触不同的风俗、信仰时，也应对对方的个人信仰与宗教活动表现出应有的尊重，不得妄加非议。

小案例

五　里

一位年轻人准备去青海湖风景区旅游。那里天气炎热，他下车后走得筋疲力尽、口干舌燥，却不知距目的地还有多远。正失望时，远处走来一位老者，年轻人大喜，张口就问：“喂，离青海湖还有多远呀？”老者目不斜视地回了两个字：“五里（无理）。”年轻人精神倍增，快速向前走去。他走呀走，走了好几个五里，也不见青海湖踪迹。

3. 爱护环境

旅游观光，有维护环境整洁的责任与义务：在需要静谧观赏的地方，不随意大声喧哗、嬉笑打闹。野餐之后，将垃圾收拾干净，集中丢弃到垃圾箱或垃圾点，不可随手丢弃，更不可随地便溺。不污染景点内的水资源，保持水域的环境卫生。旅途中，爱护旅游景点的一砖一瓦、一草一木。不可攀折花木，不随意涂写刻画，不触摸珍贵的文物展品，不戏弄旅游点的动物，在山林中还应注意防火。不随地吐痰，不乱扔烟头。爱护街道两旁、街心公园等处的花草树木，不随便采花摘叶，攀爬树木或践踏草坪。不在树木、建筑物上乱刻、乱画。不以树木为承重载体做各种运动，在照相时不拉扯树木和花枝。

4. 遵守公共秩序

商务人员要赢得他人尊重，必须自觉遵守公共秩序，在公众场所不得吸烟，在飞机、轮船、火车上则分吸烟和不吸烟座位，在不吸烟座位上不得吸烟，一般在工作、参观、谈判、观看表演时也不得吸烟。

商务人员在街上行走，穿越马路需注意安全，遵守交通规则；上车、购票时自觉排队；所到之处入乡随俗，尊重当地的风俗习惯和一些宗教戒规，否则可能会因小事而酿成大错。

5. 微笑待人

微笑是美的象征，是人与人之间沟通的桥梁，是人与人之间信赖的根本。笑无投资便可换来回报，它是所有大门的通行证，是世界性的"通行货币"。出门在外，经常对别人心怀感恩、报以微笑，不仅是一种礼仪，更体现了良好的内在修养。

(1)微笑的魅力。微笑是人的良好心境的表现，心底平和，心情愉快；微笑是善待人生、乐观处世的表现，说明心里充满阳光；微笑是自信的表现，也是对自己的魅力和能力抱有积极和肯定的态度；微笑是内心真诚、友善的自然表露，说明心底的坦荡和善良；微笑还是对工作意义的正确认识，表现出乐业、敬业的精神。微笑能有效地缩短双方的距离，给对方留下美好的心理感受，形成融洽的交往氛围。它能产生一种魅力，可以使强硬者变得温柔，使困难变得容易。所以，微笑是人际交往中的润滑剂，是广交朋友、化解矛盾的有效手段。微笑是事业成功的重要法宝，可以让你不费吹灰之力做到生意兴隆；可让你减少工作失误，带来利润的增长。

(2)微笑的要求。第一，发自内心。微笑是内心情感的自然流露，不是故作笑颜、故意奉承。发自内心的微笑既是一个人自信、真诚、友善、愉快的心态表露，同时又能制造明朗而富有人情味的气氛。第二，要适度。虽然微笑是人们交往中最有吸引力、最有价值的面部表情，但是不能随心所欲，随便乱笑，想怎么笑就怎么笑，不加节制。笑得得体、适度，充分表达友善、诚信、和蔼、融洽等美好的情感。

对旅途中的服务人员怀着尊重与感激，微笑着面对他们。那些机械故障或者延误，并不是由票务员或航班人员造成的。他们在尽力地为你服务，无论什么事情给你带来不便，请恭敬地询问并且为得到的帮助而感谢他们。微笑会令旅行中的每个人变得舒适而愉快。

(二)旅途中的商务交往礼仪

商务交往的礼仪，是商场上的待人接物之道。作为一个商业人士，在商务旅行中需面对来自不同行业、不同地域，具有不同性格的人，交往礼仪因而显得非常重要。下面主要介绍一下拜访礼仪。

商务旅行中经常会拜访某人。去拜访对方，无论是有求于人还是人求于己，从礼节上多多注意，不可失礼于人。拜访时，首先注意的是准时。让别人无故等待，无论如何都是严重失礼的事情，如果有紧急的事情突然发生，则打电话告知你要见的人，并致歉意。如果对方比你晚到，则学会充分利用这段时间，仔细想一想要谈的事情，整理相关文件。

当到达对方所在地时，告诉接待员你的名字和约见的时间，递上名片，以便接待员能通知对方。冬天穿着外套的话，可以问接待员外套可放在哪里。等待时，需安静，不通过谈话来消磨时间，这样会打扰别人工作。如果已经等了很久，也不可不耐烦地总看手表，可以询问接待员约见者什么时候有时间。如果你等不及，向接待员解释一下并另约时间。进入对方办公室时，如果第一次见面，先作自我介绍；如果此前已经认识，则只需互相问候并握手就行。谈话尽可能快地进入正题，清楚、直接地表达要说的事情，不要讲无关紧要的事情，以免浪费对方的时间。

(三)旅途中的禁忌

1. 旅途中的摄影禁忌

出外旅行，一般会带上相机，但这并不代表你可以随便拍照，因为在一些特定地方是禁止拍照的。在特定的场所或者国家，拍照也有避讳和禁忌。商务人士在出发前，除了准备相机，还要记得做好功课，了解当地拍照禁忌。

在涉外活动中，商务人员在拍照时不得违反特定国家、地区、民族的禁忌，在边境口岸、机场、博物馆、私人住宅、新产品与新科技展览会、珍贵文物展览馆等处，严禁随意拍照；在被允许的情况下，对古画及其他古文物进行拍照时严禁使用闪光灯；凡在有“禁止拍照”标志的地方，自觉停止拍照；在通常情况下，忌讳给不相识的人(特别是女子)拍照。

资料卡

旅途中的摄影禁区

禁区一：法律严禁拍照的场所

所有涉及国家安全的场所，如军事防御设施和军事禁区、国家空军的管辖范围、国家通信部门控制的基础设施等都禁止拍照。近年来，很多国家的发电站、桥梁、大坝、港口、公共交通枢纽等场所也纳入了限制拍摄名单。

禁区二：宗教“禁区”

不管是国内还是国外，宗教问题都是相当严肃和谨慎的问题。面对宗教禁忌时，需格外小心，对各类寺庙(教堂)要有足够的尊重，在不允许拍摄的宗教区域一定不要随意拍，更不能抱着侥幸心理偷拍。

禁区三：文物/博物馆

从文物保护的目的出发，除了雕塑、青铜器、陶瓷、印章等对光线稳定性较强的文物外，书籍、档案、碑帖、文献、皮革、皮毛、羽毛、棉麻、丝毛纺织品、水墨画、书法、竹木漆器等光敏性文物一般都不允许游客对其拍照。主要原因是拍照时的闪光灯，特别是氙气闪光灯或高亮闪光灯的反复光照对其破坏性很大。

2. 旅途中的饮食禁忌

(1)注意饮食卫生，预防肠道感染，防止发生旅途腹泻。旅途饮水以开水和消毒净化过的自来水最为理想，其次是山泉水和深井水。生吃瓜果一定得去皮。瓜果除了受农药污染外，在采摘与销售过程中也会受到病菌或寄生虫的污染。

(2)乘坐飞机前“饮食三忌”。有些人乘坐飞机时，会出现头晕、胸闷、恶心、胃肠胀气甚至呕吐等症状，注意登机前的饮食可以避免不适和尴尬。

第一，忌大荤及高蛋白食物。因为高脂肪、高蛋白食物在胃里停留时间长，难以消化，一般需要4—5小时才能从胃中排空，加之人在空腹时消化液分泌量减少，容易出现胃肠消化不良的反应。因此，上飞机前应以吃清淡的食物为宜。

第二，忌进食大量的粗纤维食物。随着飞行高度的上升，气压越来越低，胃肠道内的气体就会发生膨胀。飞行到5 000米高度时，人的胃肠道中的气体要比在地面增加2—4倍，若临行前吃一些容易产生气体的食物，如汽水、啤酒、萝卜等，在飞机上则容易产生不适。

第三，忌进食过饱或空腹上机。上机前进食过饱，会因胃内空气增多而加重心脏的负担。相反，空腹则使血糖消耗量增加而产生低血糖反应，会出现头晕、恶心、呕吐等症状。所以，上飞机前可适当吃点东西，既不要吃得太饱，也不宜空腹。

(四)我国各地区、部分民族的习俗礼仪

由于地理、历史、文化等因素的差异，我国各地有着不同的风俗与礼仪。随着高度商业化时代的到来，不同地域间的交往越来越密切，商务人员需了解各地的习俗礼仪。

1. 东北地区

东北三省方言基本统一，风俗习惯大体相似，文化上的相通使东北三省的人们对“东北人”这一特定称谓有着强烈的归属感。东北人质朴善良、热情豪爽、忠诚义气。东北天气寒冷，东北人有睡火炕的习惯，火炕多用土坯砌成。东北人喜欢穿用动物的皮毛制成的衣服来防寒，关东三宝中的貂皮名贵。东北人很讲义气，为了朋友甘愿两肋插刀。他们做生意以诚相待，很重朋友之情。东北人“豪饮”的大名，早已远扬四海，他们常在酒桌上谈生意。在东北人眼中，喝酒是感情深浅的衡量。“宁伤脾胃，不伤感情”是东北商人酒桌上的座右铭。

2. 华北地区

华北地区以汉族为主，也有蒙古、回、满等少数民族。华北人慷慨、豪爽、热情、纯朴。华北气候干燥、寒冷，以面食为主。

(1)北京。北京是个古老的城市，又是十分开放的城市，无论你来自哪里，都会融入它深厚的底蕴里。无论是老字号还是最时尚的酒吧，北京人均能接受。它的居民来自四面八方。北京融合东西南北的文化，这使各地域文化均有条件在北京展现。北京城的建筑有特点，旧城的宫殿和居民房均是坐北朝南，街道是正南正北，主要道路是正东正西，胡同、四合院也是北京的特色。北京话属于北京官话，京剧是我国的国粹。

北京菜是由具北京风味的山东菜、民族清真菜和宫廷菜三种风味的菜肴组合而成的，形成的历史并不久远，但在全国乃至世界各地均有盛誉。北京的风味小吃历史悠久，代表者有豆汁儿、茯苓夹饼、果脯蜜饯、冰糖葫芦、艾窝窝、豌豆黄、驴打滚等。

(2)内蒙古自治区。当地居民以蒙古族为主，主要居住在内蒙古自治区。蒙古人热情好客，喜欢敬献奶茶和用美酒招待客人。接过主人的美酒后，最得体的做法是按照蒙古人敬酒的方式，左手捧杯，用右手的无名指蘸一滴酒，弹向头上方，表示先祭天，第二滴弹向地，表示祭地，第三滴酒弹向前方，表示祭祖先，随后把酒一饮而尽。如果客人不会喝酒，只要把酒杯恭敬地放在桌上就可以了。如果你是贵客，主人则会设全羊席来款待，表示主人对你的尊敬。蒙古人忌讳吃狗肉，不吃鱼虾等海味以及鸡鸭的内脏和肥肉。路过蒙古包的时候，轻骑慢行，以免惊动畜群。进蒙古包前，把马鞭子放在门外，否则会被视为对主人不敬。进门从左边进，入包后在主人陪同下坐在右边，离包的时候走原来的路线。

3. 华东、华南地区

(1)上海。上海是我国四个直辖市之一，是我国大陆的经济、金融、贸易和航运中心。上海老城区因为历史上城墙和各国租界的格局，许多道路的走向不是笔直的，S 形、U 形和环形的都有。上海人感情细腻，注重细节精致，不喜欢高调排场。上海人讲究形象，男士的着装让你看不出他的职业，年轻女士比较注重打扮。他们非常注重养生，舍得在吃和保健上面花钱。与上海人交往，礼数一定要周全，若想施惠于他们，一定要“雪中送炭”，千万别“锦上添花”。在生意场上，精明已经成为上海商人人格的组成部分。上海商人都是行家里手，既识货又明理，又敢于和善于据理力争。在商业活动中，上海人较北方人较少地考虑面子、名声等非经济因素，而是将经济利益放在第一位。上海人以身份为荣，在上海，能操一口流利的上海话会让上海人刮目相看。

(2)广东。广东在语言、风俗、历史文化等方面都有着独特的一面。广东人口以汉族人占绝大多数，但随着人口不断南迁，广东已聚全了全国 56 个民族。广东的汉语方言包括粤语、潮汕话、客家话、雷州话。粤菜是我国八大菜系之一，用料广博，善于变化，品种多样，有“食在广州”之说。广东人天生勤劳,头脑灵活,富于冒险性、开创性,敢为天下先。广东人具有经商的传统,对空头理论不感兴趣,言必言商、言必言利。

与广东人做生意时,说话、送礼不要触犯忌讳。广东人喜欢数字“6”和“8”,因为其谐音是“顺”和“发”。与广东人吃饭,筷子不能直插在饭上,不能用筷子敲打碗碟,不可以点七道菜,跟船员、渔民、司机吃饭时不可翻鱼。广东人忌讳别人说他“吃完了”,因为这句话意味着这是最后一餐。

(3)广西壮族自治区。广西壮族自治区是以壮族为主体的多民族聚居的少数民族自治区,山水秀丽,旅游资源丰富,壮族人口约占少数民族人口的84.57%。

壮族是我国少数民族中人口最多的民族。尊老爱幼是壮族的传统美德。用餐时须等最年长的老人入席后才能开饭;长辈未动的菜,晚辈不得先吃;路遇老人要主动打招呼、让路,在老人面前不得跷二郎腿;杀鸡时,鸡头、鸡翅必须敬给老人。

壮族信仰多神教,崇拜巨石、老树、高山、土地。壮族十分爱护青蛙,到壮族地区,严禁捕杀青蛙,也不要吃蛙肉。壮歌久负盛名,壮族会定期举办对歌赛歌的歌圩盛会。壮族刺绣、竹芒编织以及干栏建筑艺术等远近闻名。

4.西部地区

我国西部地区民族众多、地域广袤、资源丰富。秦始皇兵马俑、莫高窟、九寨沟等均位于西部地区。西部在久远的历史长河中创造并形成了包括语言、宗教信仰、自然崇拜、礼仪习俗等在内的丰富多彩的民族文化。

(1)回族。回族信奉伊斯兰教。回族的日常饮食很注意卫生,凡有条件的地方,饭前、饭后都要用流动的水洗手,凡供人饮用的水井、泉眼,一律不许牲畜饮水,也不许任何人在附近洗脸或洗衣服,取水前一定要洗手,盛水容器中的剩水不能倒回井里。

(2)藏族。藏族人忌讳别人用手触摸头顶。敬献哈达是藏族人对客人最普遍、最隆重的礼节,献的哈达越长越宽,表示的礼节也越隆重。接受哈达的人应躬腰接受并表示谢意。藏民对客人有敬献奶茶、酥油茶和青稞酒的礼俗。藏族人最忌讳别人用手抚摸佛像、经书、佛珠和护身符等圣物,认为是触犯禁规,对人畜不利。

5.港澳台地区

港澳台地区的生活习俗与大陆特别是南方地区基本一致,保留着闽粤古风。春节、元宵节、清明节、端午节、中秋节、重阳节等民间的传统节庆和大陆大同小异。港澳台同胞有许多与大陆相同的风俗习惯,如忌讳“4”,港澳特区都以粤菜为主,台湾省也接近闽粤菜风格。同时由于受西方的影响,很多人忌讳“13”和“星期五”等。

(1)香港特区。香港特别行政区位于中国东南端,人口绝大多数为华人。香港特区政府的语文政策是“两文三语”,书面使用中文和英文,口语使用粤语、普通话和英语。香港特区有成熟运行的财政和金融体系,发行和流通港元。世界各大宗教在香港几乎都有人信奉,华人主要信仰佛教、道教。香港区花是紫荆花。在香港,会见亲朋前先电话预约,而且不空手上门。不带礼品的客人被称为“香蕉手”,会让人看不起。香港一年四季几乎无冻日,气候温和,而且香港是世界著名的成衣出口地,所以出行香港不用多带衣物。

(2)澳门特区。澳门特别行政区位于中国东南沿海的珠江三角洲西侧,北与广东省的珠海市拱北相接;西与同属珠海市的湾仔和横琴对望;东面则与另一个特别行政区——香港相距60千米,中间以珠江口相隔。澳门是世界四大赌城之一。东西文化的融合共存使澳门成为一个独特的城市:既有古色古香的传统庙宇,又有庄严肃穆的天主圣堂,还有众多的历史文化遗产，以及沿岸优美的海滨胜景。澳门特别行政区的区旗是绘有五星、莲花、大桥、海水图案的五星莲花绿旗。澳门官方语言为中文、葡语。澳门以中文（粤语、福建话、普通话）为日常用语的居住人口超过95%，而使用葡萄牙语的人口则为0.6%。居民信奉佛教、道教、天主教等。

(3)台湾地区。台湾地区位于中国大陆东南沿海的大陆架上，是中国的第一大岛。台湾地区有赠送礼品的禁忌，一般忌讳赠钟、手巾、扇子、雨伞、镜子、粽子、甜果。因为“钟”与“终”同音，所以送钟会使人想到“送终”；手巾，在台湾有“送巾，断根”之说；扇子价廉易碎，秋深天凉即被抛弃，台湾民间有俗语是“送扇，无期见”；闽南语“伞”与“散”同音；镜子容易打碎，所谓“破镜难圆”；在台湾，居丧人家有包粽子的习俗，祭祖拜神用甜果。在台湾地区进行商务旅行最好少谈政治。

三、宾馆礼仪

出差或旅行时，我们会入住宾馆。但宾馆并不是家，只是暂时租用的一个地方。所以，一些必要的规定和礼貌是要注意的，这样才会体现出素养。

（一）预约的礼仪

外出旅行提前预订饭店，这是礼仪，既方便自己，又利于饭店管理。在旅游旺季出门，这一项工作就更是必不可少；否则，很可能就要体会身在异乡却又没有地方消除旅途劳顿的无助感受。

在信息高度发达的今天，预订宾馆的方式有电话、上网等。在确定了入住的饭店后，你可以拨打预定的电话，告诉入住的要求以及停留的时间、入住的人数、房间的类型、申请住房人的姓名和到达饭店的大概时间，并问清房价和宾馆的结账时间。如果到达时间比预定的时间晚，尽快打电话联系，否则预订就会被取消。另外，如果取消房间，礼貌的做法则是及时打电话取消，宾馆可以把房间租给别人。

（二）登记入住礼仪

到达目的地之后，有备而来的可以直奔预约好的宾馆。进入大堂后，首先到前台登记。如果携带大量的行李，门童则会帮助搬运行李，礼貌地谢过之后就去登记入住。

如果前面有正在登记的顾客，则静静地按顺序等候。与其他客人保持一定的距离等待，不要贴得太近。入住宾馆须出示身份证或其他证件，如护照等；在登记完成并拿到钥匙之后，可以乘电梯去房间；乘电梯时，主动为后来的客人扶住门，中途下电梯前，自己按下关门的按钮，尽量不给别人带来麻烦。看一下是否需要再添加毯子、衣架、电源插座、毛巾，最好进房间前确定，不要等到晚上，因为晚上的值班服务人员可能会较少。

（三）客房礼仪

因为客房不是你的私有财产，所以对租用的房间也讲究礼仪。从如何对待客房，也可以看出人品和文化修养的层次。

1. 保持卫生

不随地吐痰，废弃物扔到垃圾篓里。东西尽量摆放得整齐有序。不要在墙上乱画，不弄脏家具的表面，在洗手间，不把水弄得整个盥洗台到处都是，用完卫生间后清理干净。在房间用餐完毕，用餐巾纸将碗、碟擦干净，放在托盘里以方便服务人员收拾。吸烟者不乱弹烟灰、乱扔烟头，一是不卫生，二是容易烧坏地毯、被褥甚至引发火灾。遇到雨雪天气，收好雨伞，把脚上的泥去干净后再进入宾馆。

2. 不影响他人

在宾馆内部的公共场所，个人进行休息、消费，或者与客人相会时，一定要注意压低自己说话的音量，千万不要大声喧哗，高谈阔论；走路轻，不要表现得像在自己家中一样，甚至穿着睡衣或浴衣转来转去。

即使在自己住宿的客房里活动，也应自觉保持安静，不制造与周围环境不和谐的噪声。一般情况下，进入自己所住的客房之后，关闭房门，以防自己活动的声音传播出去，打扰其他人。关门时轻。电视的音量适中，不可太早或太晚开电视，注意不影响别人休息。出入自己的房间轻声开门、关门，最好不站在走廊里交谈，更不可窥视陌生人的房间。到他人房间找人，先摁门铃或敲房门，经主人允许后才能进入房间，不擅自闯入。不可高声喊叫，也不可以重捶房门。

3. 注意安全

住在外面，注意安全意识。最安全的房间是靠近走廊的房间，因为过往的人很多。入住宾馆后，先熟悉房间的位置和逃生楼梯的方位，进出房间随手关门。有不少人进入房间后，门虽然锁了，但门的保险链总是忘记挂好。到国外时特别注意，即使锁好了，也需再仔细检查一下，让外面绝对打不开。有人敲门时，除非此人说明身份，否则不开门。旅行期间，钱和贵重物品尽量随身携带，不留在房间里，有必要的话，把文件、珠宝等锁在宾馆的保险箱里。房间里的保险箱设定密码，否则不保险。

（四）离店的礼仪

在准备离开宾馆之前，先给前台打个电话通告一声。如果行李很多，则请他们安排一个人来帮你提行李。毛巾、睡衣等物品是宾馆的财产，请不要带走。如果不小心弄坏宾馆的物品，不隐瞒、抵赖，勇于承担责任，加以赔付。结完账，应礼貌地致谢、道别。

情境案例分析

情境一

假如你本周末去海南进行商务旅行，试制订一份详细的旅行计划。

情境二

在飞机上，你想利用宝贵的时间休息一下，而旁边的乘客却一直不停地跟你说话，这时你该怎么办呢？

情境三

假定王先生约好10:00去拜访张经理，商议工程合作的事情，结果因为堵车，王先生迟到了10分钟。两人一组，演示一下拜访礼仪。

情境四

王先生进行商务旅行前预订了宾馆，但中途因为一些事情耽搁，不能按时到达。如果你是他，则你该怎么办呢？

第六章　商务宴请礼仪

知识目标

掌握中餐和西餐的基本礼仪；

熟悉宴会的筹备程序以及宴会的礼仪；

熟悉中餐、西餐中各种餐具的使用方法以及各种餐饮礼仪禁忌。

技能目标

掌握宴请礼仪中座次安排等基本常识，学会在日常生活中应用；

通过学习，能够处理中餐、西餐等多种商务宴请活动中的各种安排。

案例导入

德国的鱼怎么吃

张某是富春江上游一户渔民的儿子。他从小吃江鲜。包头鱼、鲤鱼、鳊鱼、鲫鱼……凡是这富春江里的鱼，他几乎都吃过。张某在德国留学期间吃鱼经验却让他陷入了不小的尴尬和人际危机中。原来，张某参加了一个宴会，自助餐上就有鱼块，张某就取了不少鱼块美美地享用起来。但吃着吃着，旁边的人全部端着盘子走开了，他们还用异样的眼光看着他。张某感到莫名其妙，不知道自己哪里不对。但他还是自顾吃着鱼，将盘中鱼块吃完，桌上留下了一小堆鱼骨和鱼刺。这次宴会后，张某觉得一些德国朋友似乎对他冷淡了不少，但没有发现其中的原因。第一学年结束，他去拜访教授。教授请他在家中用餐，餐桌上又有鱼。鱼炸得又香又脆，让他想起在中国老家母亲也是这样炸鱼给他吃，他很感动。他和教授一家一边喝着红酒，一边吃着鱼，相谈甚欢。但吃着吃着，教授和家人全都看着他。最后，教授的妻子站起身来，脸上有些不快地走开了。

在社会交往中，宴请是最常见的交际活动，尤其是宴会，是最高层次的社交活动之一。商务宴请是商务交往中与宾客沟通的重要方式之一。随着市场竞争的不断加强，商务宴请已经成为商家与客户沟通的重要渠道。所以，宴请礼仪在整个社交礼仪中有非常重要的地位。由于各国、各民族都有自己国家和民族的文化特点和生活习惯，不同形式的宴请对礼仪规范和个人的行为举止有不同的要求。如果不注意学习、掌握宴请的礼仪，在宴请中礼仪失当，则不仅会见笑于人，损害个人形象，还会影响正常的社会交往和友好合作。

在商务活动中，除宴会之外，舞会也是一种重要的交际活动。商务人员经常既是舞会的组织者又是舞会的参加者，需要掌握与运用有关舞会的各种礼仪，这样不仅可以增进双方的交往和友谊，还可以强化本单位的亲和力。

第一节　宴请礼仪概述

商务宴请是指盛情邀请宾客宴饮的聚会，是以此款待宾客，进行友好交往、团聚、联络感情、畅叙友情的一种社交活动。商务活动中的签订合同、联络感情、择吉开张等活动，都离不开宴请。宴请可以根据不同的标准具体划分为多种形式，每种形式的宴请在菜肴、人数、时间、着装等方面也有许多不同的要求。就目前来看，国际上的宴请主要分为宴会、招待会、茶会和工作餐四种形式。

一、基本宴请形式

（一）宴会

宴会是比较正式、隆重的设宴招待，是宾主在一起饮酒吃饭的聚会，按规格和要求的不同，有国宴、正式宴会、便宴、家宴之分。

1. 国宴

国宴是国家元首、政府首脑为欢迎外国元首、政府首脑或举办庆典活动等而举办的宴会。国宴规格较高，宴会厅内一定要悬挂国旗，并有乐队演奏国歌和席间乐曲演奏。国宴一般专设主持人，由国家元首或政府首脑主持。宴会的主人致祝酒词或欢迎词，主要客人致答谢词等。国家的礼仪最为严格，按礼宾次序排列座位。例如，餐具多少，酒水、菜肴的道数，餐厅的陈列摆放，侍者的仪态，都有专门规定。参加国宴需着正装，并有相关规定。

2. 正式宴会

正式宴会是指官方政府或团体为迎送宾朋或答谢主人而隆重举行的宴请。正式宴会的规格仅仅次于国宴。它与国宴的区别是不需悬挂国旗、奏国歌，参加人员规格不同，其余的安排大体相同，礼仪要求比较严格。在各类宴请中，正式宴会是最正式、最隆重的一种，它往往是为宴请专人而精心安排的，多用于规格高而人数少的官方互动，适合较为正式的场合。它对于菜肴、酒水、座次、环境、音乐乃至参加者及其衣着，具有一定之规，多在重大互动或招待重要人物时举行。正式宴会的宾主按身份排位就座。正式宴会十分讲究排场，在请柬上往往注明对客人服饰的要求，而许多宾客也正是从服饰规定上判断宴会的隆重程度。

3. 便宴

便宴是一种非正式的宴请。主办者和参加者既可以是官方人士，也可以是其他社会各界人士。便宴一般规模不大，形式简便，对饭菜的数量、质量、上菜程序、餐具的使用及服务等没有严格的礼仪要求。便宴气氛热烈、随和而又亲切，常用于招待亲朋好友，是商务活动中比较普遍的宴请形式。

4. 家宴

家宴就是在自己家里设宴招待客人的一种宴请方式，是便宴的一种形式，一般由主妇亲自下厨烹饪。相对于正式宴会而言，家宴最重要的是制造亲切、友好、自然的气氛，使宾主双方轻松、自然、随意，彼此增进交流，加深了解，促进信任。由于家庭条件不同，宴请的客人有多有少，菜肴的数量、质量没有一定的标准。气氛轻松、活泼、悠闲，是联络感情、促进交往和交易的一种沟通形式。

（二）招待会

招待会一般不排座次，可以自由活动，具有灵活、方便等特点。常见的招待会有冷餐会、鸡尾酒会等。

1.冷餐会

冷餐会又称自助餐，是目前国际上通行的一种非正式的西式宴会，在大型的商务活动中尤为多见。它的具体做法是：不预备正餐，而由就餐者在用餐时自行选择食物、饮料，然后或立或坐，自由地与他人在一起或是独自用餐。

自助餐之所以称为自助餐，主要是因其可以在用餐时调动用餐者的主观能动性，由自己动手，在既定的范围内安排选用菜肴。至于它又被称为冷餐会，则主要是自助餐提供的食物以冷食为主。当然，适量地提供一些热菜，或者提供一些半成品，由用餐者进行加工，也是允许的。

根据主客双方的身份，冷餐会的规格可高可低，常用于官方的正式活动。地点可选在室内、庭院、花园进行，可设小桌、椅子自由入座，也可以不设座椅，站立进餐，自由活动，边吃边谈，交流信息。时间一般在中午12点至下午2点、下午5点至7点。它不排座位，也不安排统一的菜单，是把能提供的全部主食、菜肴、酒水陈列在一起。用餐者根据自己的爱好，自己选择、加工、享用，菜肴以冷食为主，有的冷餐招待会也准备少许热菜。酒水陈放在桌上，可由客人自取，也可由招待员端送。吃自助餐注意一次取食品不要太多，可吃完再取，其他礼仪与招待酒会相同。采取这种形式，节省费用，礼仪讲究不多，宾主方便。在举行大型活动时，招待为数众多的来宾，安排用餐，是明智的选择。

资料卡

自助餐的由来

自助餐是起源于西餐的一种就餐方式。厨师将烹制好的冷、热菜肴及点心陈列在餐厅的长条桌上，由客人随意取食，自我服务。这种就餐形式起源于公元8—11世纪北欧的斯堪的纳维亚半岛。

相传这是当时的海盗最先采用的一种进餐方式，至今世界各地仍有许多自助餐厅以“海盗”命名。海盗们性格粗野、放荡不羁，以至于用餐时讨厌那些用餐礼节和规矩，只要求餐馆将他们所需要的各种饭菜、酒水用盛器盛好，集中在餐桌上，然后由他们肆无忌惮地畅饮豪吃，吃完不够再加。海盗们这种特殊的就餐形式，起初被人们视为是不文明的现象，但久而久之，人们觉得这种方式也有许多好处。对顾客来说，用餐时不受任何约束，随心所欲，想吃什么菜就取什么菜，吃多少取多少；对酒店经营者来说，由于省去了顾客的桌前服务，自然也就省去了许多劳力和人力，可减少服务生的使用，为企业降低成本。因此，这种自助式服务的用餐方式很快在欧美各国流行起来，并且随着人们对美食的不断追求，自助餐的形式由餐前冷食、早餐逐渐发展成为午餐、正餐；由便餐发展到各种主题的自助餐，如情人节自助餐、圣诞节自助餐、周末家庭自助餐、庆典自助餐、婚礼自助餐、美食节自助餐等；按供应方式，由传统的客人取食，菜桌成品发展到客前现场烹制、现烹现食,甚至还发展为由顾客自助食物原料,“自烹自食自制式”自助餐,真可谓五花八门,丰富多彩。

2. 鸡尾酒会

鸡尾酒会是具有欧美传统的集会交往形式。鸡尾酒会以酒水为主,略备小吃食品,形式较轻松,一般不设座位,没有主宾席,个人可随意走动,便于广泛接触交谈。

鸡尾酒会的食品主要是三明治、点心、小串烧、炸薯片等,宾客用牙签取食。鸡尾酒和小吃由服务员用托盘端上,或部分置于小桌上。

酒会举行的时间较为灵活,中午、下午、晚上均可,一般不安排在正餐时间,可作为晚上举行大型中西式宴会,婚宴、寿宴、庆功宴会及国宴的前奏活动,或结合举办记者招待会、新闻发布会、签字仪式等活动。鸡尾酒会以饮为主,以吃为辅,除饮用各种鸡尾酒外,还备有其他饮料,但一般不上烈性酒。普通的鸡尾酒会只在请柬上写明时间段、地点和大致的主题。宾客在请柬上的时间段内任何时候到达皆可。若是赴单独举办的鸡尾酒会,穿着则可随意些(如果请柬上没有特别说明)。男士可穿不成套的或浅色的西服,甚至便服。女士可着裤装,日常妆容最合适。若是安排在晚宴前或舞会前的鸡尾酒会,则应根据请柬上晚宴或舞会的着装要求来装扮。

资料卡

鸡尾酒的传说

关于“鸡尾酒”一词源出何时何地,至今尚无定论,只是留有许多传说而已。

(1)最浪漫的传说。那是19世纪的事。美国人克里福德在美国哈得孙河经营一家酒店。他有三件引以为豪的事情,人称“克氏三绝”:一是他有一只气宇轩昂的大公鸡,是斗鸡场上的好手;二是他的酒库据说拥有世界上最优良的美酒;三是他的女儿艾恩·米莉,是一位绝色佳人。镇里有个叫阿普鲁恩的年轻人,是一名船员,每晚都会来酒店坐一会儿。日久天长,他和米莉坠入爱河。这小伙子性情好,工作又踏实,克里福德打心眼里喜欢他,但老是捉弄他说:“小伙子,你想吃天鹅肉?给你个条件吧,赶快努力当个船长!”小伙子很有恒心。几年后,他果真当上了船长,和米莉举行了婚礼,克里福德比谁都快乐。他从酒窖里把最好的陈年佳酿全部拿出来,调成绝代美酒,在杯边饰以雄鸡尾,美艳之极。然后为他绝色的女儿和顶呱呱的女婿干杯:“鸡尾万岁!”从此鸡尾酒大行其道。

(2)因误会而来的传说。国际调酒师协会的正式教科书中介绍了这样一个传说:很久以前,英国船只开进了墨西哥的坎佩切港,经过长期海上颠簸的水手们找到了一间酒吧,他们喝酒、休息以解除疲劳。酒吧台中,一位少年酒保正用一根漂亮的鸡尾形无皮树枝搅着一种混合饮料。水手们好奇地问酒保混合饮料的名字,酒保误以为对方是在问他树枝的名称,于是答道:“考拉德·嘎窖”,这在西班牙语中是“公鸡尾”的意思。这样一来,公鸡尾成了混合饮料的总称。

(3)最刺激的传说。美国独立战争末期,有一个移民美国的爱尔兰少女名叫蓓丝,她在约克镇附近开了一家客栈,还兼营酒吧生意。1779年,美法联军官兵到客栈集会,品尝蓓丝发明的一种名叫“臂章”的饮料。这种饮料饮后可以提神解乏、鼓舞士气,所以深受欢迎。蓓丝的邻居是一个专擅养鸡的保守派人士，敌视美法联军。尽管他饲养的鸡肥美无比，但爱国人士仍然很讨厌他。军士们还嘲笑蓓丝与其为邻，讥谑她是“美丽的小母鸡”。蓓丝对此耿耿于怀，有一天晚上，趁月黑风高，将邻居饲养的鸡全宰了，烹制成全鸡大餐，招待那些军士们。不仅如此，蓓丝还将拔掉的鸡毛用来装饰供饮的“臂章”，更使得军士们兴奋无比，一位法国军官激动地举杯高喊“鸡尾万岁！”，从此，凡是蓓丝调制的酒，都被称为鸡尾酒。于是“鸡尾酒”一炮而红，风行不衰。

（三）茶会

茶会是一种更为简便的招待形式，举行时间一般在下午4点左右。茶会通常设在较为宽敞的厅堂、会客厅、会议室举行。茶会场所虽然不追求豪华、气派，但是讲究清洁，环境优雅，厅内设茶几和座椅，不排座位，请客人一边品茶一边交谈。如果是为某贵宾举行的茶会，在入座时，可有意地将主宾同主人安排在一起，其他人随意就座。茶会还会备有点心和地方风味小吃，但也有茶会不用茶水而用咖啡，其组织安排相同。人们在茶会中还可以根据情况安排一些轻松、愉快的活动，使茶会气氛更加热烈。

（四）工作餐

工作餐是现代交往常用的一种非正式宴请形式，主要是利用进餐时间，围绕工作中的问题，边吃边谈，讨论交流。工作餐被宴请的对象一般是与工作有关的人员，在接待来访的团队和个人时，如果活动日程安排紧凑，则也可采用这种进餐形式。工作餐因时间和内容等，往往不太讲究排场，不太要求礼仪规范，无须排坐、致辞。菜肴以方便、快捷、简单、营养、卫生为好，一般不喝烈性酒。工作餐多在小餐厅或招待所食堂举行，为了便于交谈，多采用长形桌，双方对面入座。工作餐虽显简朴，但气氛融洽、随和，彼此都无拘无束，往往可收到良好的交际效果。

二、赴宴礼仪

宴请作为重要的社交活动，涉及主客双方，不仅主人要注意宴请活动中的礼仪要求，作为客人也应注意赴宴的礼节、礼貌问题，以向主人和其他来宾展示自己良好的礼仪修养，塑造良好的形象。

（一）赴宴前的准备

1.确定宴请的目的、名义、范围、形式

（1）宴请目的。宴请目的通常包括：庆祝纪念日，展览会开幕、闭幕，工程的动工、竣工，商务合作，商务会演等。

（2）宴请名义。宴请名义主要依据主客双方的身份而确定，也就是说，主客身份应该对等。在我国，大型正式活动通常以个人名义发出邀请；日常交往小型宴会则根据具体情况以个人名义或夫妇名义出面邀请。

（3）宴请范围。宴请范围指请哪方面、哪一级别的人士以及请多少人参与。

（4）宴请形式。一般来说，正式的、规格高的、人数少时以宴会为宜，人数多则以冷宴或酒会更为合适，妇女界的活动多用茶会。

2.确定宴请的时间

宴会的时间和地点，根据宴请的目的和主宾的情况而定。一般来说，宴会时间不与宾客工作、生活安排冲突，通常安排在晚上6—8点，同时，还要注意宴请时间上尽量避开对方的禁忌日，例如，欧美人忌讳“十三”，日本人忌讳“四”“九”。宴会上，避开以上数字的时日。宴请的地点，依照交通、宴请规格、主宾喜好等情况而定。

（1）民俗惯例。避开节假日、民族节日等。

（2）主随客便。邀请者根据应邀者的要求安排宴请。

（3）关注外宾。应当尽量避开对方的重大节日、假日、有重要活动或禁忌的日子。

（4）时间控制。一般认为，正式宴会的用餐时间应为1.5—2个小时，非正式宴会与家宴的用餐时间应为1个小时左右，而便餐的用餐时间约为半个小时。

3. 宴请地点选择的三种方法：

（1）按客人尊贵重要程度确定宴请地点。

（2）按宴请类型确定宴请地点。

（3）选择熟悉的地点。

4. 发请柬

宴请活动，一般均发请柬。这既是礼貌，也对客人起提醒、备忘之用。请柬一般提前一周至两周发出，以便被邀请人及早安排。宴请国宾或其他重要外宾时，应以主持宴会领导的个人名义署名。发请柬，一般不宜用政府部门等名义印发。

5. 现场布置

（1）气氛营造。官方正式活动场所的布置应该严肃、庄重、大方，不要用红绿灯、霓虹灯装饰，可以少量点缀鲜花、盆景、刻花等。

（2）桌椅摆放。桌椅摆放的位置适当，尽量避免客人受到桌腿和别人膝盖的挤夹。桌椅之间应当留有60厘米左右的距离。餐桌上铺的桌布应当超出桌边缘20厘米左右。

（3）注意细节。注意不要让窗外或门外的风吹着客人，不要让光线直射到客人的脸上，不要让桌上的鲜花像一道屏风一样挡住客人的视线，也不要把这些鲜花正好摆在客人面前。鲜花和蜡烛可以增加餐桌的隆重气氛，但并非多多益善。

6. 席位安排

席位安排总的原则是，既要按礼宾次序原则作安排，又要有灵活性，使席位安排有利于增进友谊和席间交谈方便。席次是一种社交规矩，其排列原则是男女主人对坐于桌椅两端，男女宾客间隔而坐，夫妇分开，左为下、右为上，左为男、右为女。

7. 餐具摆放

根据宴请人数和酒、菜的道数准备足够的餐具。餐具上的一切用品均要清洁卫生，桌布、餐巾都应整洁。玻璃杯、酒杯、筷子、刀叉、碗碟等在宴用之前应洗净擦亮。

（二）赴宴时应注意的事项

1. 准时赴宴

赴宴者要按照请柬标明的宴会时间，准时到场。能否遵守宴会时间，适时抵达，在一定程度上反映了宾客对主人的尊重，也反映了自己的信用，绝不可马虎大意。赴宴不宜去得过早，去早了，会给主人增添麻烦，使之窘迫尴尬。赴宴一般要在宴会前3到5分钟内到达。在外国，过早赴宴的人会被人笑话。如果赴宴迟到，则应主动向其他客人致歉，适时招呼主人，表示已经到宴。

2. 礼貌入席

赴宴人员进入宴会厅之前应先了解自己的桌次和座位，入座时进行核对，不要随意乱坐。若有座次安排，则应按座次入座。宴会中若没有安排座次，可以与熟人坐在一起。入座后坐姿要自然端正，不要太僵硬，也不要往后倒靠在椅背上。座椅距餐桌不要太近，也不宜过远，以与其他客人协调，自己感觉舒适为好。入座后，赴宴者不要玩弄酒杯、盘碟、筷叉。餐巾是供客人擦嘴用的，不要用来擦拭餐具，以免服务人员误认为餐具不洁，再行更换。

3. 文明进餐

主人宣布宴会开始方可举杯把盏，宾主若有致辞，来客则应停止任何动作，认真听讲，听完应鼓掌致谢。主人让菜时，要显出极大的兴趣，不能拒绝。

用餐开始，客人不能先于主人和主宾夹菜，应尽量就近夹取，不可频繁站起来去夹远处的菜。夹菜时忌用筷子在盘中翻来翻去；夹住了菜后要稍微在盘上停顿一下，看看是否已经夹稳，防止汤汁滴落在桌上或别的菜里。夹菜不要过多，若有别人同时夹菜，应礼让稍候，谨防筷子交错"打架"。席间应保持愉快的心情，与同桌客人应有一定的谦让，但不必过分。

进餐时最好闭嘴细嚼慢咽，不要发出声音，喝汤要轻吸，对热菜热汤不要用嘴去吹，不能一面咀嚼一面说话。骨头、鱼刺吐到筷子上、叉子上，再放入骨盘。嘴里有食物时不要说话，剔牙时，用手遮住。如果有抑制不了的喷嚏或咳嗽，要立即掉头，移向背后，并以手帕掩住口鼻。

就餐时，不得解开纽扣，松开领带。餐巾是用来擦嘴的，不可用来擦汗，使用之后叠起来放在餐盘的右侧。举杯让酒时，姿态要端正从容，话语文明，不要强劝主人、宾客饮酒。注意在碰杯时不要交叉碰，在主人或主宾致辞、祝酒时，应暂停进餐，停止交谈，注意倾听，也不要借此机会抽烟。宴会进行中，如因不慎发生异常情况，如餐具掉落地上，或酒杯碰翻等，则应沉着应付，可以轻轻向邻座或主人说一声"对不起"。如将饮料或食物掉在女性身上，则要把干净餐巾或手帕递过去，请她自己擦干。

4. 交谈礼仪

在整个进餐过程中，要热情大方，双手自然摆放。交谈时不要只找熟人，还要跟新朋友交流。交谈话题要轻松、高雅、有趣，不要涉及对方敏感、隐私和不快的问题，不要对宴会和饭菜妄加评论。交谈的内容主要应为谈天说地、评古论今、拉家常；或根据宴会主题，围绕主人引导的内容展开。注意宴会是交际场合，不是专说工作的地方。如果只顾谈工作，主人也会感到不快。交谈时要温文尔雅，风趣幽默。说话要掌握分寸，更不要喧宾夺主、争执不休，应适当控制自己讲话的频率和节奏。言谈时不顾他人，哈哈大笑或窃窃私语，都是不适宜的。

5. 话别礼仪

宴会结束时，赴宴者应起身离座。男宾应先起身，为年长者或女士移开座椅。主宾先向主人告辞，随后是一般来客向主人表示谢意。按照礼貌，不仅要感激宴会之丰盛，更要感谢主人让自己度过了愉快的时光。

从礼仪角度讲，商务人员在宴会后还可再给主人打个电话致谢，或者在一个星期以内发一封感谢信，除感谢主人盛情款待之外，还应重申宴会上的友谊，加深相互之间的良好印象，为今后的进一步合作打好基础。

三、宴请礼仪

正式宴请的接待都有其特定的程序及相应的礼仪，主办者应熟悉并认真实施，以确保宴请成功。

(一)宴请的礼仪

1. 认真准备

接到邀请，能否出席尽早答复对方，以便主人做出安排；安排邀请后不要随意改动，万一遇到特殊情况不能出席时，尤其是作为主宾，需尽早向主人解释、道歉，甚至亲自登门表示歉意。应邀出席一项活动之前，要向宴请的主人核实活动举办的时间、地点，是否邀请配偶以及主人对服饰的要求。

出席宴会前，一般梳洗打扮，女士化妆，男士梳理头发并剃须，衣着整洁、大方、美观，这将给宴会增添隆重、热烈的气氛。如果参加家庭宴会，则给女主人准备一定的礼品，在宴会开始前送给主人。礼品价值不一定很高，但要有意义。

2.按时抵达

按时出席是最基本的礼貌。出席宴请活动、抵达时间的迟早、逗留时间的长短，一定程度上反映对主人的尊重，根据活动的性质和当地习俗准确掌握，迟到、早退、逗留时间过短被视为失礼或有意冷落。身份高者可略微晚些到达，一般客人略早些到达。出席宴会根据各地习惯，正点或晚一两分钟抵达。我国则是正点或提前一两分钟抵达，出席酒会可以在请柬注明的时间到达。抵达宴会活动地点，先到衣帽间脱下大衣和帽子，然后前往迎宾处，主动向主人问候。如果是庆祝活动，则表示祝贺。对在场其他人均表示点头示意，互致问候。

3.礼貌入座

出席宴会活动，听从主人安排。若是宴会，进入宴会厅之前，则先掌握自己的桌次和座位。入座时，注意桌上座位卡是否写有自己的名字，不可随意入座。如邻座是长者或女士，主动协助他们坐下。入座后，坐姿端正，不可用手托腮或将双臂肘放在桌上。坐时把双脚踏在本人座位下，不可随意伸出，影响他人。不可玩弄桌上的酒杯、盘碗、刀叉、筷子等餐具，不用餐巾或口纸擦餐具，以免使人认为餐具不洁。在社交场合，无论天气如何炎热，不可当众解开纽扣，脱下衣服。小型便宴时，若主人请宾客宽衣，男宾则可脱下外衣搭在椅背上。

4.注意交换

坐定后，如已有茶，可轻轻饮用。无论作为主人、陪客或宾客都应与同桌的人交谈，特别是左邻右座，不可只与几位熟人或一两人交谈。若不相识，则可自我介绍。谈话掌握时机，视交谈对象而定，不可只顾自己一人夸夸其谈或谈些荒诞离奇的事而引人不悦。

5.文雅进餐

宴会开始时，一般是主人先致祝酒词。此时停止谈话，不可吃东西，注意倾听。致辞完毕，主人招呼后，即可开始进餐。进餐注意举止文雅，取菜不可一次盛得太多，盘中食物吃完后如果不够，则可以再取。用餐前将餐巾打开铺在腿上，用餐完毕叠放在盘子右侧，不可放在椅子上，也不可叠得方方正正而被误认为未使用过。餐巾只能擦嘴，用时一手捏住一面的上端，另一手相助，不能用于擦面、擦汗。服务员送的香巾是用来擦面的，擦完后放回原盛器内。若遇本人不能吃或不爱吃的菜品，当服务员或主人夹菜时，不可打手势，不可拒绝，可取少量放入盘中，表示“谢谢，够了”。对不合口味的菜，勿显出难堪的表情，在给宾客让菜时，用公用餐具，不可用自己的餐具。

在冷餐酒会中，服务员上菜时，不可抢着去取，待送至本人面前时再取。周围的人未取到第一份时，不可急于取第二份，勿围在菜台旁，取完离开，以便让别人取食。吃食物时要文雅，微闭着嘴咀嚼，不可发出声响。将食物送进口中，不可伸口去迎食物，食物过热，可稍凉后再吃，切勿用嘴吹，鱼刺、骨头、菜渣等不可直接外吐。用餐巾掩嘴，用筷子取出，或轻吐在叉匙上，放在碟中，嘴里有食物时不可谈话。剔牙时，用手绢或餐巾遮口，不可边走动边剔牙。吃剩的菜，用过的餐具、牙签放在碟中，勿放置在桌上。

6.学会祝酒

宾客参加外国的宴请，了解对方祝酒的习惯，如为何人何事祝酒，以便做必要的准备。碰杯时，主人和主宾先碰，人多时可同时举杯示意，不一定碰杯。祝酒时不可交叉碰杯。主人和主宾祝酒、致词时停止进餐，停止交谈。主人和主宾讲话完毕与贵宾席人员碰杯后，往往到其他席敬酒，此时，起立举杯。碰杯时注视对方，以示尊重友好。宴会上相互敬酒表示热烈的气氛，切忌饮酒过量。一般控制在本人酒量的1/3以内，不可饮酒过量，失言失态。不能喝酒时礼貌声明，不可把杯子倒置，轻轻按着杯缘。正式场合敬酒一般上香槟酒，此时即使不会喝酒也要多少沾一点，不想再喝时可轻轻与对方碰一下杯缘，即表示已经够了。一般倒入杯中的酒要喝完，不然不礼貌。

7.告辞致谢

正式宴会一般吃水果后即结束，此时，一般先由主人向主宾示意，请其做好离席的准备，然后从座位上站起，这是请全体起立的信号。一般以女主人的行动为准，女主人先邀请女主宾离席，退出宴会厅。告辞时礼貌地向主人道谢。通常是男宾向男主人告辞，女宾先向女主人告辞，然后交叉，再与其他人告辞。

席间一般不提前退席。若确实有事需提前退席，则向主人打招呼后轻轻离去，也可事前打招呼到时离去。退席时需有礼貌，退席理由应当尽量不使主人难堪和心中不悦。从宴会结束到告辞前不可有任何不耐烦的表示。

对主人的致谢，除在宴会结束告辞时表达谢意之外，在正式宴会，还可在2至3天内以印有"致谢"字样的名片或便函表示感谢。有时，私人宴请也需致谢，名片可寄送或亲自送达，首先致谢女主人，但不必说过谦的话。

（二）宴请的注意事项

宴请前的准备工作是十分重要的，从宴会设计到宴会的组织实施，每个环节、每个步骤都要考虑周到、准备充分，才能确保宴会的顺利举行。

1.宴请目的

宴请因某人或某事而举行，如贵宾来访、会议闭幕等。宴请可依据主宾双方的身份来确定，可以个人的名义，也可以单位的名义出面邀请。宴请时还要考虑请哪些方面的人士出席、请到哪一层次、请多少人、请什么人作陪等。如果是多边活动，则还需考虑相互之间的关系，避免造成尴尬局面，影响宴会气氛和效果。在明确宴请目的之后，可结合当地的习惯和做法，选择宴请的具体形式。

2.宴会时间

宴会的时间根据上司的提议确定，也可根据其他因素确定。如接风送行，应由客人的行期而定；庆贺谈判成功，则根据谈判的进程和谈判成功的程度而定；宴请许多客人时，要以保证多数客人来参加为原则。宴会的时间应对主宾双方都合适，尤其要照顾来宾。安排宴会的时间要注意避开重要的节假日、重要的活动日和双方或一方的禁忌日。

3.宴会地点

确定宴请地点是宴请主办者应考虑的重要问题。宴请地点可根据活动的性质、规模、宴请的形式、主人的意愿以及实际可能而定。越是隆重的活动，越要讲究环境和条件，它体现了对对方的礼遇。宴请场所选择，要遵循如下原则：

(1)宴请的场所应充分表达出主人对客人的敬意。如有的适合家宴，以显示主客之间亲密无间的友情；有的适合在清真饭店中摆席，以显示对客人民族习惯的尊重；有的则适合在星级宾馆中宴请，以表示主人对客人的敬重。

(2)宴请的场所应根据宴请的目的和宾客中主宾的社会地位和身份来确定。公司庆典、某项工程的奠基等宴请,一般来说,会邀请有关方面的领导人剪彩或出席仪式,在此情况下,宜在有一定档次的宾馆饭店里举行,不宜在小餐馆或家庭中举行。

(3)优先考虑以那些交通方便、环境优雅、菜肴精美、价格合理、服务优良的宾馆饭店作为宴客的场所。

4.发出邀请

各种宴请活动,一般均应向客人发请柬。这既是出于礼貌,也是对客人的提醒和备忘。请柬应打印精美,书写清晰美观。请柬内容包括宴请主题、形式、时间、地点、主人姓名,重大的活动还要注明着装的要求及其他附加条件。在请柬的信封上,被邀请人的单位、姓名、职务要书写清楚、准确。国际上习惯给一对夫妇发一张请柬,在国内需要凭请柬入场的场合要注意每人发一张。

请柬一般提前一周或两周发出,以便被邀请人早做安排。需要安排座位的宴请活动,为确切掌握出席情况以便做好准备,还要求被邀请者答复是否出席,请柬上一般注明"请答复"字样。若只需要不出席者答复,则注明"如不能出席请答复"字样,并注明电话号码,以备联系。请柬发出后,也可以用电话询问对方能否出席。主办方要及时落实出席情况,以调整安排好席位。

5.宴会菜单

组织好宴会,菜单的确定至关重要,根据宴会的规格和形式,在预算标准内予以安排。选菜看对象、讲搭配、有新意。确定菜单时要考虑主宾的文化宗教背景和饮食偏好与禁忌。订菜单时都应予以尊重。如个别人有特殊需要,也可单独安排。宴请外宾,是给予对方的一种礼遇。因此,档次、规格、环境、气氛要雅,而菜肴、酒水的道数和数量则要"少而精",以不铺张浪费为原则。

确定菜单时从荤素、咸甜、凉热、干稀诸方面统筹安排,合理搭配。一般而言,在准备菜单时,以下四类菜肴可优先考虑:第一类,中餐特色菜;第二类,地方特色菜;第三类,餐馆的看家菜;第四类,主人的拿手菜。

6.桌次安排

在商务活动中,合理地安排宴会桌次,可以表现出一个商务人员的整体素质。为了使宴会桌次的排法符合当地的习惯,达到沟通信息、联络感情的目的,需要了解有关的常识和习惯。在国际上,宴会上桌次的排法尽管不尽一致,但也有些基本要求。按照国际上的习惯,桌次的高低根据离主桌位置远近而定,离主桌近的,是主宾席。

如果宴请之前有仪式,那么越靠前台的,位置越高,位置相等的,则右高左低。为保证全体赴宴者临场不乱,都能迅速找到自己的席位,应在请柬上注明桌次;还可以在宴会现场悬挂桌次图,每张桌上放置桌次牌、座次牌或姓名牌。宾客入场时,安排领台人员引导客人入座。

7.座次安排

宴请的座次安排,在公务场合以职务高低为序,在民间则以年龄、辈分高低为序。每桌座位的安排主要依据主宾次序,同时,特殊情况可灵活处理。如遇主宾身份高于主人,表示尊重,可以把主宾摆在主人的位置上,而主人坐在主宾的位置上。第一主人坐在主宾的右侧。如本方出席人员中有身份高于主人者,可由身份高者坐主位,主人坐身份高者右侧。主人方面的陪同人员,尽可能与客人相互交叉,便于交谈。宴会中通常不安排自己人坐在一起,以免冷落客人,如图6－1所示。

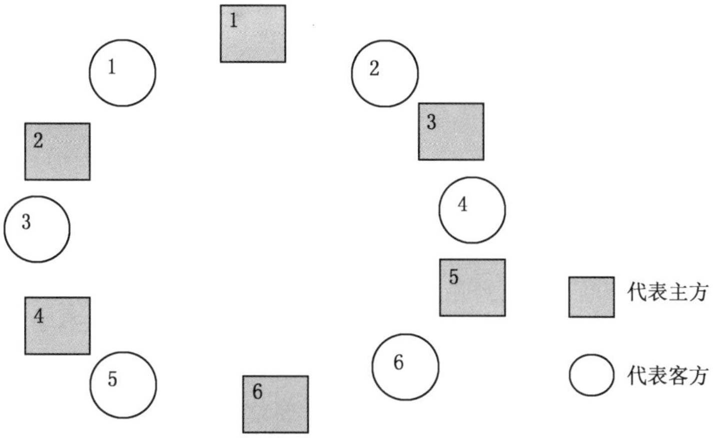

图 6—1　中餐宴会宴席的顺序

8. 餐具准备

宴请时根据宴请人数和酒菜的道数准备足够的餐具。玻璃杯、筷子、刀叉、碗碟等餐具，在宴请之前应洗净擦亮。由于中西餐在菜肴的制作、吃法上存在很大的差异，因而所准备的餐具的种类及摆设也各不相同。

(1)中式餐具的种类和摆放。中式餐具有各种规格、形状的盘、碗、碟、杯及筷、匙等。一般除筷子外，质地多为瓷器。酒杯数目和种类应与所上酒的种数相同，餐巾叠成花，插在水杯中或平放在菜盘上。宴请外宾时，除摆放筷子外，还应摆上刀叉。公筷、公勺应具有筷勺座，其中一套摆在主人面前。餐桌上应摆放烟灰缸、牙签筒。

(2)西式餐具的种类和摆放。西式餐具有刀、叉、匙、盘、杯等。刀分为食用刀、鱼刀、肉刀、黄油刀、水果刀等。叉分为食用叉、鱼叉、龙虾叉等。匙有汤匙、菜匙、甜品匙等。杯的种类更多，茶杯、咖啡杯均为瓷器，并配有小碟。水杯、酒杯多为玻璃制品，不同的酒使用的酒杯规格不同。宴会有几道酒，就配有几种酒杯。吃正餐，刀叉数目应与菜的道数相同，按上菜顺序由外向里排列，使用时也从外向里使用。撤盘时，一并撤去使用过的刀叉。西式餐具摆放的原则为：食盘居中，右刀左叉；刀尖向上，刀口向左；叉背向下，叉齿向上。

9. 宴会场地

宴会场地环境布置要与主题吻合。正式宴会布置应该严肃、庄重、大方，可以少量点缀鲜花、雕花等，不要用红红绿绿的霓虹灯装饰。总体环境要整洁、卫生、安静、高雅，灯光应柔和，不刺眼，充满文化气息。音乐是优化宴会环境的重要添加剂，对调节宴会情绪、增进客人就餐兴趣具有很大的影响力。席间音乐可以由小乐队现场演奏，如演奏小提琴、中提琴、大提琴、钢琴或扬琴、琵琶、笛子、二胡等；也可以播放录音带。音乐要轻快、愉悦、抒情，注意音量宜轻。

第二节　中餐宴会礼仪

一、中餐各菜系简介

中国菜肴在烹饪中有许多流派，其中最有影响和代表性的且为社会所公认的有鲁、川、粤、闽、苏、浙、湘、徽八大菜系，即人们常说的中国“八大菜系”。

（一）山东菜系

味浓厚，嗜葱蒜，尤以烹制海鲜、汤菜和各种动物内脏见长。山东菜系由济南和胶东两地的地方菜发展而成。济南菜指济南、德州、泰安一带的菜肴；胶东菜起源于福山，包括青岛、烟台一带的菜肴。山东省位于黄河下游，其东部的胶东半岛处于渤海与黄海之滨，气候适宜。沿海一带盛产海带、明虾、蟹、海螺等海产品，内地出产的山果、淡水鱼和蔬菜也很多。

山东菜系中的济南菜十分讲究清汤和奶汤的调制，清汤色清而鲜，奶汤色白而醇。胶东菜则以擅长烹制各种海鲜闻名。山东菜在口味上注意保持和突出原料本身的鲜味，以清淡、鲜嫩为主；名菜有油爆海螺、油焖大虾、锅烧肘子、九转大肠、清汤燕窝、奶汤鸡脯、奶汤银肺等。

（二）四川菜系

四川菜简称“川菜”，以味多、味广、味厚、味浓著称。整个菜系以成都、重庆两地的菜肴为代表。四川菜历史悠久，风味独特，口味多样，在中国菜中享有很高的声誉。

四川菜系的最大特点是十分注意调味。调味品既复杂多样，又富有特色，一般多用辣椒、花椒、香醋、豆瓣酱等。不少调味品是当地有名的土特产，如保宁的醋、郫县的豆瓣酱、茂汶的花椒、涪陵的榨菜、资中的冬菜等。这些复杂多样的调味品经过厨师的巧妙调和，可以形成千变万化的口味，如酸辣、麻辣、椒麻、怪味等。口味种类之多，使四川菜享有“一菜一格，百菜百味”的声誉。四川菜烹调方法也颇有特色，擅长小煎小炒、干烧干煸。四川菜系中名菜很多，有樟茶鸭子、香酥鸡、干烧明虾、怪味鸡、回锅肉、麻婆豆腐、鱼香肉丝、宫保鸡丁、干煸牛肉丝等。

（三）广东菜系

烹调方法突出煎、炸、烩、炖等，口味特点是爽、淡、脆、鲜。广东菜系也称“粤菜”，广州菜为其主要代表。广东位于我国南部沿海，处于热带和亚热带，四季常青，江河纵横，物产丰富。盛产十大名鲜——石斑鱼、龙利鱼、鲜龙鱼、鳜鱼、对虾、肉蟹、膏蟹、响螺、鳊鱼、鲈鱼，为菜肴的制作提供了丰富的原料。

广东菜在国内外久负盛名，主要特点是选料精细，花色繁多，新颖奇异。它取料广泛，特别注重色、香、味、形俱佳，尤其讲究形态美观。

此外，由于广州是我国南方主要的通商口岸，厨师在烹调技术上还吸取了许多西菜的特长。广东菜中著名的菜肴有竹丝鸡烩王蛇、脆皮鸡、烤乳猪、盐焗鸡、蚝油牛肉、冬瓜盅等。

（四）福建菜系

福建菜系又称闽菜，以海味为主要原料，注重甜酸咸香、色美味鲜。整个菜系由福州、泉州、厦门等的地方菜发展而成，以福州菜为主要代表。

福建位于我国东南沿海，盛产多种海产品。福建菜多以海鲜为主要原料，常用的原料有海鳗、海参、鱿鱼、黄鱼、燕皮（燕皮为福建的特产，用猪肉制成）、香菇等。福建菜系素以制作精细、色泽美观、滋味清鲜著称，在南方菜系中独具一格。烹调方法擅长炒、熘、煎、煨等，菜肴口味偏重甜、酸和清淡。常用红糟调味，是福建菜系的显著特色之一。著名的福建菜有橘烧巴、小长春、烧片糟鸭、蛏溜奇、太极明虾、小糟鸡丁、清汤鱼丸等。福建菜系中的名菜“佛跳墙”的制作方法和风味特色尤其别致。

（五）江苏菜系

烹调技艺以炖、焖、煨著称，重视调汤，保持原汁。

江苏省境内河流纵横，大小湖泊星罗棋布，是全国闻名的鱼米之乡，物产富饶，盛产虾、蟹、菱、藕等。

江苏菜选料严谨，制作精致，注意配色，讲究造型，菜肴四季有别。风味清鲜，肥而不腻，淡而不薄，酥烂脱骨而不失其形，滑嫩爽脆而不失其味。

江苏菜中的淮扬菜，因它形成较早，与川、鲁、粤菜同被誉为“四大风味”，在国内外有很高的声誉。淮扬菜具有选料严格、制作精细的特点，烹调方法擅长炖、焖、煮、烧等，注重用原汤原汁。菜肴口味清淡适口，甜咸适中，适应性强，南北皆宜。著名的菜肴有鸡汤煮干丝、清炖蟹粉狮子头、双皮刀鱼、拆烩鲢鱼头、水晶肴蹄、百花酒焖肉、银芽鸡丝、清蒸鲥鱼等。

（六）浙江菜系

浙江菜具有色彩鲜明，味美滑嫩，脆软清爽，菜式小巧玲珑、清俊秀丽的特点。

浙江菜系主要由杭州、宁波、绍兴等的地方菜发展而成，其中最负盛名的是杭州菜。杭州位于杭州湾内，是钱塘江的入海口，气候温和，物产丰富，江河湖泊之中盛产淡水鱼虾，并有西湖莼菜、四乡豆腐衣等特产。杭州又是我国著名的风景胜地，湖山清秀，山光水色，雅淡宜人。杭州菜也恰如其景，具有清鲜、细嫩、制作精细的特点，如西湖醋鱼，就是用湖中捕获的草鱼活杀烹制而成。擅长的烹调方法有爆、炒、烩、炸、焖等。著名的菜肴有西湖醋鱼、生爆鳝片、龙井虾仁、干炸响铃、东坡焖肉等。

（七）湖南菜系

湖南菜系简称“湘菜”，注重香辣、麻辣、酸辣、焦麻、香鲜，尤以酸辣居多。湖南菜历史悠久，早在汉朝，烹调技艺即已有相当程度的发展。湖南菜常用熏腊原料，熏腊的方法来自民间，现已为当地人们普遍接受。

湖南菜地方特色浓厚，在操作上讲究原料的入味，口味注重辣，烹调方法以煨、蒸、煎、炒见长。著名的湖南菜有东安子鸡、腊味合蒸、麻辣子鸡、红煨鱼翅、冰糖湘莲、金钱鱼等。

（八）安徽菜系

安徽菜系简称“徽菜”，以火腿佐味、冰糖提鲜，擅长烧炖，讲究火工。安徽省位于华东的西北部，长江、淮河横贯全省，土地肥沃，物产富饶，特产很多，有马蹄鳖、斑鸠、山鸡、肥王鱼等。一般的原料也较丰富，有鳜鱼、青鱼、虾、蟹以及家禽等，为制菜提供了有利的条件。

安徽菜选料朴实，擅长烧、炖、蒸等烹调方法。菜具有“三重”特点，即“重油”“重酱色”“重火工”。名菜有无为熏鸭、火腿炖甲鱼、火腿炖鞭笋、脆鲜鳜鱼（又名臭鳜鱼）、符离集烧鸡、奶汁肥王鱼、毛峰熏鲥鱼等。

二、餐桌的席次与座位

正式聚会的晚宴席次与座位的安排，依照生活规范餐桌礼仪方式安排座次的原则。如按餐厅方向设座，以面对出入门正中座位为首席，依次由右（右者为尊）至右为序，接近门口处为末席（如图 6－2 所示）。

（1）主人对坐首位之末座。

（2）男主宾坐在女主人右边；女主宾坐在男主人右边（见图 6－2）。

（3）对于男女分开坐者或夫妇合坐者，餐厅餐务人员常需协助客方承办人绘制席次图，安排座位，一般都把来宾以其地位高低，预为排定；将主宾姓名、职称依席次画在一张平面图上，张贴在餐厅入口处，以便引导客人顺序入席。

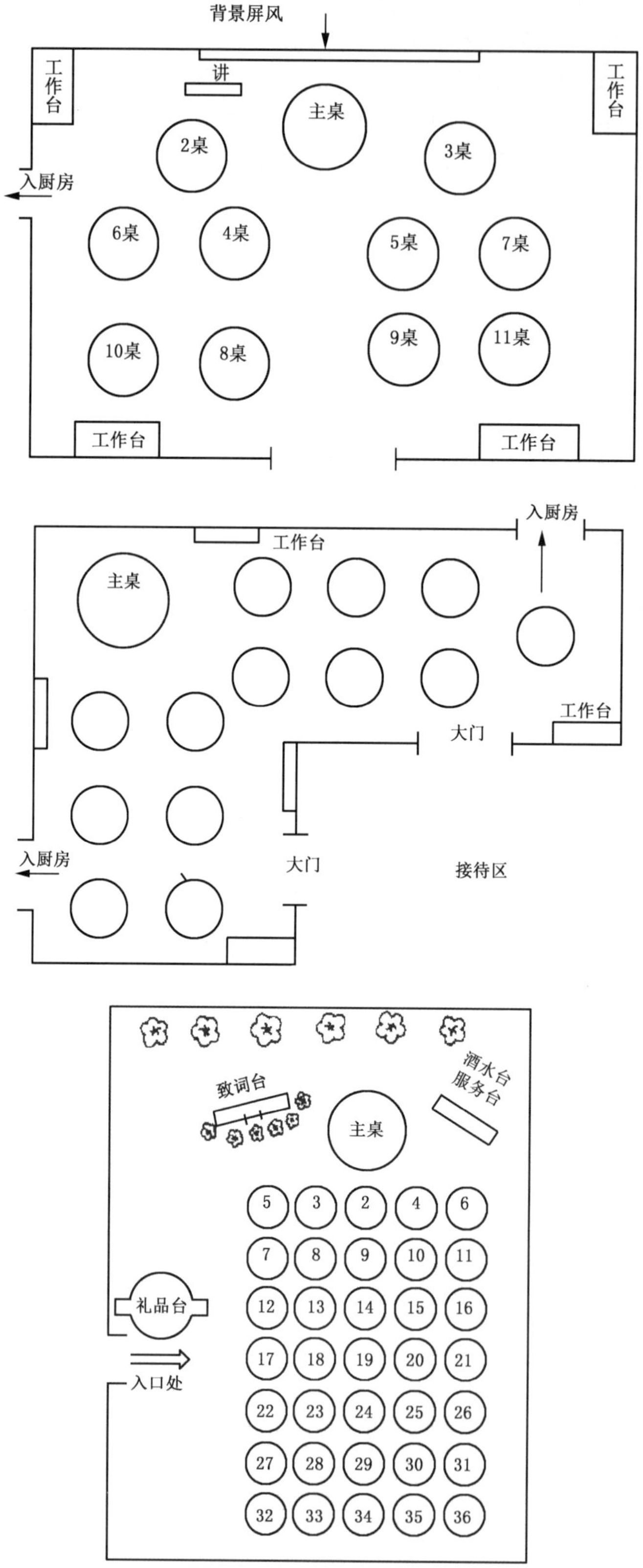

图6—2　中餐餐桌的席次安排

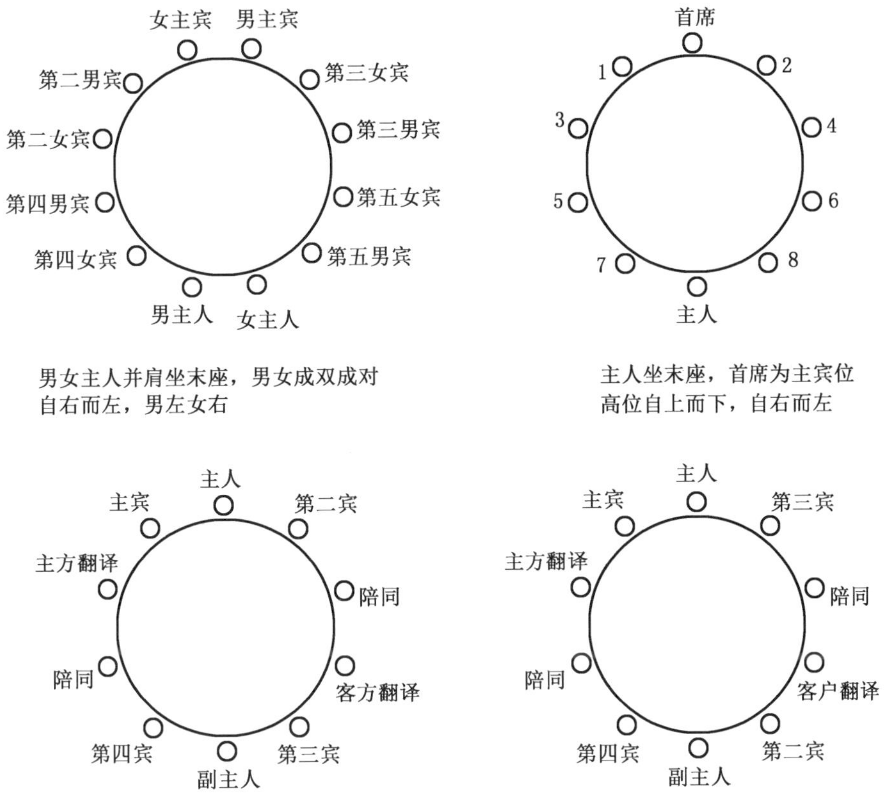

图6—3　中餐座位安排

餐桌餐具摆设事先由服务人员安排妥当。但有时需特别餐具的,如银质餐具等,得配合提供使用。

三、服务人员的分配

通常男女服务员指定餐席责任区,并各加派服务生为助手,但均得与邻席相互配合,即使不是所负责任区的客人有所交代,也应为他(她)们服务。

四、宴会迎宾

根据宴会的入场时间,宴会主管人员和引领员提前在宴会厅门口迎候客人。客人到达时,要热情迎接,微笑问好。对先行到达的客人可将客人引入休息间就座休息,并可进行宴前鸡尾酒服务。

五、席间服务

(一)入席服务

当宴会主办人员宣布宴会开始时,宾客来到席前,值台服务员要面带微笑,按先宾后主、先女后男、先老后幼的顺序帮助宾客入座。待宾客坐定后,撤台号牌、席位卡、花瓶等物,帮助宾客送餐巾,去筷套,撤去冷菜的保鲜膜等。

（二）斟酒服务

为宾客斟酒水时，要先征求宾客意见，根据宾客的要求斟各自喜欢的酒水、饮料。如宾客提出不需要酒水，应将空杯撤去。斟酒应从主宾开始先斟葡萄酒（提前斟除外），再斟烈性酒，最后斟饮料；红葡萄酒斟五成，白葡萄酒斟七成，烈性酒和软饮料斟八成。

（三）上菜、分菜服务

根据中餐宴会的上菜顺序上菜，但在我国东南沿海一带尤其是广东，上菜顺序也会有所变化。宴会的分菜要求服务人员主动均匀地为客人派菜、派汤。派菜时既要胆大又要心细，掌握好菜的分量，荤素搭配，分派均匀。分菜可用转盘式分菜、旁桌式分菜、叉勺分菜、各客式分菜，也可将几种方式结合起来服务。

（四）席间服务

宴会的席间服务要勤巡视、勤斟酒、勤换烟灰缸，并细心观察宾客的表情及需求，主动提供服务。巡台中，要注意保持台面的清洁卫生；当客人杯中的酒水少于 1/3 时，应给宾客续酒；骨碟的更换次数一般不少于 3 次；上甜品水果时，送上热茶和小毛巾，撤去酒杯、茶杯和牙签以外的全部餐具；烟灰缸内烟头超过 3 个，需要更换；宾客席间离座，应主动帮助拉椅、整理餐巾，待宾客回座时应重新拉椅等；在宾客吃完水果后，撤走水果盘、点心碟和刀叉，派香巾，摆上鲜花，以示宴会结束。

六、宴会结束工作

（一）结账服务

上菜完毕后即可做结账准备，清点所有酒水、香烟等包括宴会菜单以外的加菜费用并累计总数。客人示意结账后，按规定办理结账手续，注意向客人道谢。大型宴会结账工作一般由管理人员负责。

（二）热情送客

客人起身离座时，服务员为客人拉座椅，提醒客人带好随身物品，并致谢。

（三）收台检查，清理场地

客人走后，服务员应检查有无客人遗留的物品，地面及台面有无未熄的烟头，然后按餐巾、香巾、玻璃器皿、瓷器、刀叉、筷子的顺序收拾干净，贵重物品要当场清点，清理场地，搞好地面卫生，整理好桌子、椅子和工作台，关好门窗，切断电源。

资料卡

使用筷子“十二忌”

一忌：品箸留声。具体做法是将筷子的一端含在嘴里，用嘴来回品嘬，并不时发出“嗞啦”声，这种做法极不礼貌。吃饭时用嘴嘬筷子本身就是一种无礼的行为，再配以声音，更是缺少家教的表现。

二忌：仙人指路。具体表现为用拇指和中指、无名指、小指捏住筷子，而食指伸出。在我国一般伸出食指去指对方时，大多带有指责的意思。所以，在吃饭时食指伸出，不停地指点别人，无异于指责、谩骂别人。吃饭时同别人交谈并用筷子指人，同样也是极不礼貌的行为。

三忌：三长两短。“三长两短”意思就是说在用餐前或用餐过程中将筷子长短不齐地放在桌子上。这种做法代表“死亡”,是极不吉利的。我国传统习俗认为,棺材通常由前后两块短木板、两旁加底部共三块长木板组成。五块木板合在一起做成的棺材正好是三长两短,所以,中国人由此将“三长两短”视为极不吉利的话。

四忌:击盏敲盅。具体表现为在用餐时用筷子敲击盘碗,这种做法被视为“乞丐要饭”。过去,只有要饭的乞丐才用筷子击打要饭盆,其发出的声响配上嘴里的哀告,使行人注意并给予施舍。因此,这种做法在现代常为他人所不齿。

五忌:执箸巡城。这种做法是指手里拿着筷子,做旁若无人状,用筷子来回在桌子上的菜盘里寻找,不知从哪里下筷为好。此种行为是典型的缺乏修养的表现,且目中无人,极其令人反感。

六忌:执箸刨坟。这是指手里拿着筷子在菜盘里不停地扒拉,以求寻找猎物。这种做法同“执箸巡城”一样,都属于缺乏教养的做法,令人生厌。

七忌:颠倒乾坤。这是指用餐时将筷子颠倒使用,这种做法非常让人看不起。正所谓饥不择食,将筷子使倒,有失体面和身份。

八忌:泪箸遗珠。这是指用筷子往自己盘里夹菜时不够利落,将菜汤流落到其他菜里或桌子上。这种做法被视为严重失礼的表现,同样不可取。

九忌:当众上香。这种做法往往是出于好心帮别人盛饭时,为了方便省事,把一副筷子插在饭中递给对方。但这同样被视为大不敬。按我国的传统,只有给死人上香时才适宜这样做,所以把筷子插在碗里是绝对不会被他人接受的。

十忌:交叉十字。这一做法往往不易引起人们的注意。在用餐时将筷子随便交叉放在桌上,意为对同桌其他人的全部否定,就如学生写错作业,被老师在本子上打十字一样。除此之外,这种做法也是对自己的不尊重。过去吃官司画供时才打十字,这种做法无疑也是在否定自己,同样行不通。

十一忌:定海神针。在用餐时用一只筷子去插盘子里的菜品,被认为是对同桌用餐人员的一种羞辱,同样不可取。在吃饭时做出这种举动,无异于在欧洲当众对人伸出中指。

十二忌:落地惊神。所谓“落地惊神”,是指失手将筷子掉落在地上,这是严重失礼的一种表现。我国传统习俗认为,祖先们长眠于地下,不应受到打搅,筷子落地就等于惊动了地下的祖先,这是大不孝。

七、选酒、斟酒、敬酒礼仪

酒是一种可以在各种各样的场合下选择的饮品。善于饮酒的人,不仅能饮,而且会饮。对酒的礼仪的认知可以提高你的自信。下面对选酒、斟酒、敬酒礼仪进行介绍。

(一)选酒

酒水的主要功能是在用餐时开胃助兴。然而,欲使酒水发挥这一作用,就必须懂得酒菜搭配之道。唯有如此,两者才会相得益彰,不然,就很有可能事倍功半,甚至坏人食欲。酒的种类包括黄酒、葡萄酒、啤酒、白酒等。若无特殊规定,正式中餐宴会通常要上白酒与葡萄酒这两种酒。因为饮食习惯方面的原因,中餐宴会中上桌的葡萄酒多半是红葡萄酒,而且一般都是甜红葡萄酒。用红葡萄酒，是因为红色充满喜气，而选用甜红葡萄酒，则是因为不少人对口感不甜、微酸的干红葡萄酒不太认同。具体来讲，在搭配菜肴方面，中餐所选的酒水讲究不多。爱喝什么酒就可以喝什么酒，想什么时候喝酒亦可完全自便。正规的中餐宴会一般不上啤酒。在便餐、大排档中，啤酒的身影较为多见，以之搭配凉菜，效果要更好一些。除了酒菜搭配，选酒还要从低度数、好入口以及有质量保障等方面选择，尽量选择值得信赖的名优产品，这样才能得到饮顺喉酒和放心酒的享受。

（二）斟酒

在宴会上斟酒分两个阶段：一个是宴会前的斟酒，另一个是宴会进行中的斟酒。如果顾客点用白酒、红葡萄酒、啤酒时，在宴会开始前 5 分钟之内将红葡萄酒和白酒斟入每位宾客杯中，待客人入座后，再依次斟啤酒。如用冰镇的酒或加温的酒，则应在宴会开始后上第一道热菜前依次为宾客斟至杯中。宴会进行中的斟酒，应在客人干杯前后及时为其添斟，每上一道新菜后要添斟，客人杯中酒液不足一半时也要添斟。客人互相敬酒时要随敬酒宾客及时添斟。

斟酒前，用干净的巾布将瓶口擦净。斟酒时用垫布及餐巾，都是为防止冰镇后酒瓶外产生的水滴及斟酒后瓶口的酒液洒在客人身上。正确的持瓶姿势应是：右手叉开拇指，并拢四指，掌心贴于瓶身中部、酒瓶商标的另一方，四指用力均匀，使酒瓶握稳在手中。采用这种持瓶方法，可避免酒瓶晃动，防止手颤。斟酒时，瓶口不可沾贴杯口，以免有碍卫生及发出声响。

在侍者斟酒时，不要忘记道谢，但不必拿起酒杯。可是在男主人亲自来斟酒时，则必须端起酒杯致谢，必要时，还须起身站立，或欠身点头为礼。有时，亦可向其回敬以"叩指礼"，即以右手拇指、食指、中指捏在一起，指尖向下，轻叩几下桌面，表示向对方致敬。

（三）敬酒

在正式的场合，主人皆有敬酒之举。特别是祝酒、敬酒时进行干杯，需有人率先提议：提议干杯时，应起身站立，右手端起酒杯，或者用右手拿起酒杯后，再以左手托扶杯底，面带微笑，目视其他人特别是自己的祝酒对象，同时通常要说些祝酒词。祝酒词内容越短越好。在主人和主宾致敬酒词时，众宾客应停止进餐，让主人与主宾先碰杯。在人多的场合中可同时举杯示意，不一定要相互碰杯。

首先，一般由地位高的主人先向地位高的客人敬酒，之后其他人才能开始互相敬酒，客方各个人适时回敬。酒席结束之前，地位高的客人应率客方众人回敬主方众人，表示感谢。敬酒时，上身挺直，双腿站稳，用双手举起酒杯。习惯上，敬酒方酒杯低于对方酒杯，以示对对方的尊重，待对方开始饮酒时，再跟着饮。敬酒要热情大方，适可而止，不宜勉强对方饮尽杯中酒。

其次，敬酒应以年龄大小、职位高低为先后顺序，一定要充分考虑好敬酒的顺序，分清主次。即使和不熟悉的人在一起喝酒，也要先打听一下身份或是留意别人对他的称呼，避免出现尴尬或伤感情的情况。但如果在场有更高身份或年长的人，就要先给尊长者敬酒，不然会让大家很难为情。

一般情况下，倒入自己酒杯中的酒要喝完，否则会失礼。如果因为生活习惯或健康等不适合饮酒，可以委托亲友、部下、晚辈代喝或者以饮料、茶水代替。作为敬酒人，应充分体谅对方，在对方请人代酒或用饮料代替时，不要非让对方喝酒不可。

最后，敬酒之禁。当主人或主宾或其他桌的人来敬酒时，应起立举杯，碰杯时注视对方眼鼻处的三角区位置，因为不看对方是不礼貌的；敬酒时忌强人所难，饮酒时忌一饮而尽。

第三节　西餐宴会礼仪

一、各式西餐介绍

西餐大致可分为法式、英式、意式、美式、俄式、德式等几种。不同西方国家的人有着不同的饮食风俗习惯，有人说："美国人是走着路吃，法国人是拿着玫瑰吃，英国人是注意着礼节吃，德国人是分析着营养吃，俄罗斯人是喝着烈酒吃，意大利人是回想着历史吃……"下面我们就来看看各类西餐的基本情况。

（一）法式西餐

法国人一向以精于吃而著称，法式西餐至今仍名列世界西餐之首。法式菜肴的特点是：选料广泛，加工精细，烹调考究，滋味有浓有淡，花色品种多；法式菜还比较讲究吃半熟或生食，如牛排、羊腿以半熟鲜嫩为特点等；法式菜肴重视调味，调味品种类多样；法国菜和奶酪也有很多品种。法式菜肴的名菜有马赛鱼羹、巴黎龙虾、红酒山鸡、鸡肝牛排等。

（二）英式西餐

英国的饮食烹饪，有家庭美肴之称。英式菜肴的特点是：烹调讲究鲜嫩，口味清淡，选料注重海鲜及各式蔬菜，菜量要求少而精。英式菜肴的烹调方法多以蒸、煮、烧、熏见长。英式菜肴的名菜有鸡丁沙拉、薯烩羊肉、冬至布丁、明治排等。

（三）意式西餐

意式菜系的特点是：原汁原味，以味浓著称。烹调注重炸、熏等，以炒、煎、炸、烩等方法见长。意大利人喜爱面食，做法及吃法甚多。其制作面条有独到之处。各种形状、颜色、味道的面条至少有几十种，如字母形、贝壳形、实心面条、通心面条等。意式菜肴的名菜有通心粉素菜汤、奶酪焗通心粉、比萨饼等。

（四）美式西餐

美国菜是在英国菜的基础上发展起来的，继承了英式菜简单、清淡的特点，口味咸中带甜。美国人一般对辣味不感兴趣，常用水果作为配料与菜肴一起烹制，喜欢吃各种新鲜蔬菜和各式水果。美国人对饮食的要求并不高，只要营养、快捷。美式菜肴的名菜有烤火鸡、美式牛扒、苹果沙拉等。

（五）俄式西餐

俄式菜肴口味较重，喜欢用油，制作方法较为简单。口味以酸、甜、辣、咸为主，烹调方法以烤、熏、腌为特色。俄式菜肴在西餐中影响较大，一些地处寒带的北欧国家和中欧南斯拉夫民族日常生活习惯与俄罗斯人相似，大多喜欢腌制的各种鱼肉、熏肉、香肠、火腿以及酸菜、酸黄瓜等。俄式菜肴的名菜有鱼子酱、酸黄瓜汤等。

（六）德式西餐

德国人对饮食并不讲究，喜吃水果、奶酪、香肠等。德国人喜喝啤酒，每年的慕尼黑啤酒节大约要消耗掉100万升啤酒。德国人不求浮华，只求实惠营养，发明了自助快餐。

二、西餐餐具及其使用礼仪

西餐的餐具比较多，包括刀叉等各类餐具。在正式西餐宴会上，每道菜都要搭配专用的餐具，因此，西餐就餐比中餐就餐有更多的餐具礼仪。其中使用刀叉就餐，是各类西餐最主要的特征之一。刀叉的正确使用是西餐礼仪中的重要内容之一。除了刀叉之外，西餐的餐具还包括餐匙、餐巾等，下面将分别对它们进行介绍。至于西餐也要用的盘、碟、杯、牙签等餐具，其用法与中餐礼仪相似，这里不再具体介绍。

（一）刀叉

刀叉是餐刀和餐叉两种餐具的合称，二者既可以搭配使用，也可以单独使用。多数情况下，刀叉是同时搭配使用的。刀叉礼仪主要包括刀叉的区别、刀叉的使用、刀叉的示意三个方面的内容。

1. 刀叉的区别

商务人员在享用西餐时，一般情况下，出现在每位就餐者面前的刀叉有：吃黄油所用的餐刀、吃肉所用的刀叉、吃鱼所用的刀叉、吃甜品所用的刀叉等。它们不但外形不同，而且其摆放位置也有差异。吃黄油所用的餐刀，没有与之相搭配的餐叉，其正确位置是横放在用餐者左手的正前方。吃肉所用的刀叉和吃鱼所用的刀叉，应当餐刀在右侧，餐叉在左侧，分别纵向摆放在用餐者面前的餐盘两侧位置。吃肉、鱼所用的餐叉的位置要处于吃黄油所用餐刀的正下方，在餐盘左右两侧分别摆放的刀叉有三副之多的情况下，应当记住分别从两边由外侧向内侧依次取用餐具，以免拿错。吃甜品所用的刀叉最后才会使用，所以它们一般被横向放置在用餐者面前的餐盘的正前方。

小案例

职场失礼之西餐礼仪

小李在职场上出过的最大洋相莫过于一次在西餐桌上的表现。当时小李工作不到 3 个月，但比较受上司器重，所以一次澳方的客户代表来上海，上司特地点名让小李跟着一起陪同，顺便见见世面，学习一下。那天他们参加由对方邀请的商务午宴，那是小李第一次踏入五星级酒店，第一次看见如此高规格的用餐场面。尽管事先小李在着装、谈话、举止礼仪等方面已经做了充足准备，但没想到还是在用餐上暴露了自己的“菜鸟”级别。在那之前，小李以为吃西餐只用三把工具：叉子、勺子和刀。可当小李在雪白的桌布前坐下，看见自己面前横横竖竖整齐地摆放着七八把工具，心里顿时“咯噔”了一下。仔细一看，不管是叉子还是勺子，按照大小都有三四把，除了餐刀外还有外形似刀非刀的某种小李不认识的工具。对这方面的认知缺失导致小李心虚而拘谨起来，不料这让小李更容易闹出笑话。比如，用吃牛排的刀来回在面包上涂黄油，服务员收盘子就把小李的餐刀一起收掉了，上主菜时小李只能用较小一号的原本应该用作吃鱼的餐刀去费力地切割牛排；再比如，上沙拉时，因为不习惯用叉子去处理菜叶子，为了图方便，小李就拿起勺子直接舀着吃，可是当汤端上来后，却发觉勺子已经用过被收走，只能回头再向服务员要……当时坐在小李旁边的是对方客户的翻译员，他看小李频频“犯错”，还好心给小李台阶下：“可能吃不惯这些东西吧，合不合胃口？”最后活动结束，跟上司一起回家时他得到了一个善意的忠告：“回头补习一下餐桌礼仪，以后这样的机会还很多。”

2. 刀叉的使用

餐刀、餐叉的使用一般有两种常规的方法：

(1)英国式。具体做法是：始终右手持刀、左手持叉，一边用刀切，一边用叉叉起吃。一般认为，此种方式较为文雅、规范。

(2)美国式。具体做法是:先以右手持刀、左手持叉,一次把餐具里要吃的东西全部切割好,然后把右手里的餐刀斜放在餐盘前方,将左手中的餐叉换到右手,开始进食。这种吃法的好处是比较省事。

3. 刀叉的示意

在西餐用餐过程中,餐刀、餐叉的摆放可以表达用餐者的一些意思和需求。其具体摆放方法及含义如下:

(1)从事与人交流等活动时,应暂时放下餐刀、餐叉。其具体做法是:将刀口朝内、叉齿朝下,呈中文的"八"字形摆放在餐盘之上。其含义是:此菜还未用完。

(2)用餐完毕,或不想再用餐了,则可以餐刀刀口向内、餐叉齿向上,餐刀右、餐叉左,然后并排纵放,或者餐刀上、餐叉下,并排横放在餐盘里。这种摆放方法表示侍者可以连刀叉带餐盘一块收走。

(二)餐匙

在商务宴请的西餐宴会中,餐匙是一种必备的餐具。使用餐匙应重点掌握不同餐匙的差异及不同用法。

1. 餐匙的差异

西餐宴会,一般至少会用到两把餐匙:汤匙和甜品匙。它们的形状、用途及摆放位置不相同。一般较大的餐匙称作汤匙。通常汤匙被摆放在餐碟右侧的最外侧,与餐刀并列摆放。较小的餐匙则称作甜品匙,一般情况下,甜品匙应当被横向摆放在吃甜品所用刀叉的正上方,并与其并列。如果不吃甜品,有时也会被个头同样较小的茶匙所取代。一定要牢记,上述两种餐匙都是专用品,不可混用。

2. 餐匙的用法

在西餐宴会里,使用餐匙,必须注意下述几个方面:

(1)餐匙入口时,应将其前端放入口中,而不是将它全部放进嘴里。

(2)就餐中,不可将餐匙插入菜肴,或是令其立于甜品、汤盘或茶杯中。

(3)不能直接用茶匙舀取茶水饮用。

(4)用餐匙取食时,务必要适量,而且一旦入口,就要一次用完,不要一匙的东西,反复品尝若干次。

(5)用餐匙取食时,动作应干净、利索,切忌在甜品、汤或茶水中搅来搅去。

(6)餐匙除可以饮汤、吃甜品之外,不可直接用于舀取其他任何主食。

(7)使用餐匙时,要尽量保持其周身的干净、整洁。

(三)餐巾

1. 餐巾的铺放

商务西餐宴请中餐巾非常多,通常会有一定的图案或花纹,放置于右前方位置的水杯里,或是直接被平放于用餐者右侧位置的桌面上。它们的面积有大、中、小之分,形状上也有正方形与长方形之别。任何一种餐巾都可平铺于自己并拢的大腿上。正方形餐巾应折成等腰三角形,并将直角朝向膝盖。若使用长方形的餐巾,则可将长方形餐巾对折,然后将折口朝外平铺。打开餐巾应在桌下静静进行,不可临空抖动,发出响声。

2. 餐巾的功能

商务西餐宴请中餐巾非常重要。餐巾所发挥的功能有以下几个:

(1)保持用餐清洁。在用餐巾擦拭嘴时,其部位应基本固定,尽量只用其内侧,一般不要以餐巾擦脸,擦手最好也要避免。而且餐巾平铺于并拢的双腿上,可以防止进餐时掉落、滴溅下来的食物弄脏自己的衣服。

(2)进行暗示表达。餐巾可以用于表达多种意思,主要有三种:一是示意用餐开始。当女主人铺开餐巾时,就等于是在宣布用餐开始。二是示意用餐结束。当女主人把餐巾放到餐桌上时,就等于是在宣告用餐结束;其他用餐者用餐结束时,也可以这样示意。三是示意暂时离开。若中途暂时离开,则可将餐巾放置于本人座椅的椅面上,见到这种暗示,侍者就不会马上动手收拾餐具和食物,而会维持现状。

(3)遮挡口部活动。进餐时,最好不要当众剔牙或随口乱吐东西。如果非做不可之时,要以左手拿起餐巾挡住口部,进行相关活动。

三、西餐用餐的礼仪

(一)用餐方法

1.仪态端庄

用餐时,要正坐,挺直身体,上臂和背部靠到椅背,腹部和桌子保持约一个拳头的距离,两脚交叉的坐姿最好避免。进餐过程中,不要解开纽扣、拉松领带。如主人请客人宽衣,男宾客可脱下外套搭在椅背上。

西餐餐桌上不要化妆,不要擦鼻涕。用餐时打嗝是不礼貌的行为,万一发生此类事件,应立即向周围的人说声“抱歉”。

2.优雅就餐

每次进食不宜过多,应细细品尝。取菜时,最好每道菜都吃一点。取食物的时候,不要站起来,可请别人帮助传递食物。当侍者依次为客人上菜时,走到你的左边,才轮到你取菜。如果侍者站在你右边,就不要取,那是轮到你右边的客人取菜。

当女主人要为你添菜时,你可以将盘子连同放在上面的刀叉一起传递给她或者交给服务员。如果她不问你,你就不能主动要求添菜,那样做很不礼貌。

用餐完毕,客人应等女主人从座位上站起后,再一起离席。在进餐中或宴会结束前离席都不礼貌。起立后,男宾应帮助女宾把椅子归回原处,餐巾放在桌上,不要照原来的样子折好,除非主人请你留下吃下顿饭。

3.礼貌言谈

进餐时,始终保持沉默是不礼貌的,应该同身旁的人有所交谈,但一味地只同自己熟识的一两个人交谈,或只同一侧的邻座无休止地交谈,在别人说话时插嘴、搭话,都是失礼的行为。咀嚼食物时不要讲话。即使有人同你讲话,也应咽下口中食物后再回答,谈话时可以不放下刀叉,但不可拿着刀叉在空中摇晃。

(二)喝酒礼仪

正式的西餐宴会,酒水与菜肴的搭配十分严格。吃西餐时,每道不同的菜肴要配不同的酒水。侍者负责将少量酒倒入酒杯中,让客人品鉴,只需把它当成一种仪式,喝一小口并回答“good”(好)。然后侍者会倒酒,这时不要动酒杯,应把酒杯放在桌上。如不想让侍者给自己倒酒,就用指尖碰一下酒杯边沿,示意不想要酒。

正确的握杯姿势是用三根手指轻握杯脚,即用大拇指、中指和食指握住杯脚,小指抵住杯子的底台固定。饮酒时一饮而尽、拿着酒杯边说话边喝酒、将口红印在酒杯沿上等,都是失礼的行为,应避免。

西餐宴会中的酒水一般可以分为餐前酒、佐餐酒、餐后酒三种。

(1)餐前酒，又称开胃酒，是在开始正式用餐前饮用，或在吃开胃菜时与之搭配饮用。人们喜欢在餐前饮用的酒水有味美思(vermouth)和香槟酒(champagne)等。

(2)佐餐酒，又称餐酒，是在正式用餐期间饮用的酒水。西餐里的佐餐酒均为葡萄酒，而且大多数是干葡萄酒或半干葡萄酒。所谓“白酒配白肉，红酒配红肉”，此处所说的白酒、红酒，都是葡萄酒，如干白(dry white)或干红(levin rouge)。白肉即鱼肉、海鲜、鸡肉，食用这类肉时，须以白葡萄酒搭配；红肉即牛肉、羊肉、猪肉，食用这类肉时，须以红葡萄酒搭配。鉴于西餐里白肉多为鱼肉，因此也可以说“吃鱼喝白酒，吃肉喝红酒”。

(3)餐后酒，指的是在用餐之后用来帮助消化的酒水。最常见的餐后酒是利口酒(liqueur)，又称香甜酒。最有名的餐后酒则是有“洋酒之王”美称的白兰地(brandy)。

(三)西餐餐桌上的其他注意事项

(1)吃鱼、肉等带刺或骨头的菜肴，不可直接外吐，用餐巾捂嘴，轻吐在盘内。

(2)吃鸡肉时，用刀将骨头去掉，不要用手撕着吃。吃鱼时不要将鱼翻身，吃完上层后用刀叉将鱼骨剔掉后再吃下层。用刀叉吃带骨头的肉时，先用叉子将整片肉固定(可将叉子朝上，用叉子背部压住肉)，再用刀沿骨头插入，把肉切开。

(3)取面包用手去拿，然后放在旁边的小碟中或大盘的边沿上，绝不要用叉子去叉面包。取黄油应用黄油刀，而不要用个人用过的刀子。黄油取出要放在旁边的小碟里，不要直接往面包上抹。不要用刀切面包，也不要把整片面包涂上黄油，而应该一次扯下一小块，吃一块涂一块。如盘内剩余少量菜肴时，不要用叉子刮盘底，更不要用手指辅助食用，应以小块面包或叉子辅助食用。吃面条时要用叉子先将面条卷起，然后送入口中。

(4)喝汤不向外舀，而法式习惯上则是由外向内舀。

(5)喝咖啡时如添加牛奶或糖，添加后要用小勺搅拌均匀，然后将小勺放在咖啡的垫碟上。喝咖啡时应右手拿杯把，左手端垫碟，直接用嘴喝，不要用小勺舀着喝。

(6)要喝水时，应把口中的食物先咽下去，不要用水冲嘴里的食物。

(7)在餐桌上，一般的食物都应用刀叉去取，只有小萝卜、青果、水果、干点心、干果、糖果、炸土豆片和面包等可以用手拿着吃。

(8)吃水果时，不要拿着水果整个去咬，应先用水果刀切成四瓣，再用刀去掉皮、核，用叉子叉着吃。

四、西餐宴会服务流程

(一)热情迎宾

按照宴会开席时间，餐厅负责人应带领一定数量的服务人员提前在餐厅门口等候来宾。当来宾抵达时，应热情欢迎，主动打招呼问好，并将客人带到休息室(会客室)，稍事休息或直接带领到餐厅。

(二)接挂衣帽

如来宾脱衣帽，服务人员要主动接住，挂在衣帽架上或存入衣帽间。如衣物件数较多，可用衣帽牌区别。衣帽牌每号要点两枚，一枚挂在衣物上，另一枚交给来宾以备领取。对重要的来宾则不可用衣帽牌，而要凭记忆力进行准确的服务，以免失礼。接挂衣服时应拿衣领，切勿倒提，以防衣袋内的物品掉出。

（三）端茶、送巾、送烟

来宾入座后，应根据来宾的不同生活习惯和主办单位或主人的要求，热情地送茶或是派酒、送毛巾，并视情况敬烟点火。茶、毛巾、香烟都需用小盘子端送，并按先宾后主、先主宾席、一般宾客、先女后男的顺序端送。

（四）引宾入座

离开席十分钟左右，餐厅服务负责人应主动询问主人是否可以开席，经主人同意后即通知厨房准备上菜，同时请宾客入座。值台服务人员应精神饱满地站在餐台旁。当来宾走近座位时，服务人员应面带笑容，拉开座椅，引请来宾入席，引宾入席也要按宾主次序进行。

（五）斟酒、斟饮料

宾客入座后，开始斟酒或斟饮料。如见个别来宾未围上口布的，应主动帮其取出摊开。西餐宴会一般使用好几种酒和饮料，斟酒前要示意来宾选择，并按宾主次序依次从客人右边斟酒。在宴会进行的整个过程中，斟酒要按西餐上什么菜就斟什么酒、饮什么酒就用什么酒杯的规定进行。西餐宴会几乎每道菜都要附一种酒。对于吃什么菜、配什么酒、喝什么酒、要用什么杯都有规定。

（六）上菜

开席后按上菜次序一道一道地上菜、汤、西点或水果。上菜要按宾主次序在客人的左方进行。凡是用大盘上的，服务人员都要分菜。分菜时要站在客人的左方递菜盘，用左手端菜盘，用右手为客人分菜，或由客人自取。宴会场合，客人比较讲究礼貌，在分菜分汤时，一次不可分得过多。如有的客人喜欢吃，应该再分一次，这次可不按席次进行，看哪位客人面前的餐碟快吃完时可以再分。上菜、分菜要照顾好主宾和主人。分菜工具有叉、匙、刀等。分菜次序是女主宾、男主宾、主人、其他来宾。主菜多采用煎、炸、烤、焖等烹调方法烹制的肉类菜肴，一般配有几样蔬菜和沙司，此外还带有色拉。盛主菜应用大号餐盘，盛色拉应用生菜盘（也可用小吃盘）。主菜上桌前，先为宾客斟倒红葡萄酒。主菜上桌时要紧跟沙司，并视情况为客人补充面包和黄油。主菜的服务程序如下：

（1）从客人右侧撤下装饰盘，摆上餐盘。

（2）值台员托着菜盘从左侧为客人分派主菜和蔬菜，菜肴的主要部分应靠近客人。

（3）另一名值台员随后从客人左侧为客人分派沙司。

（4）如配有色拉，也应从左侧为客人依次送上。

待客人开始吃主菜后，值台员应礼貌询问客人对主菜的意见，当肯定客人都感到满意后，才可礼貌离去。若客人有不满，则应及时反馈至厨房处理。

（七）上甜点

吃甜点用的餐具要根据甜点的品种而定，热甜点，一般用甜点匙和中叉；烩水果，用茶匙；吃冰激凌，应将专用的冰激凌匙放在垫盘内同时端上去。吃甜点时若有讲话，此时多用香槟酒。斟香槟酒一定要在上甜点或宾客讲话之前全部斟好，以方便宾客举杯祝酒。

（八）上干酪

上干酪，一般由服务员分派，先用一只银盘垫上餐巾，摆上几种干酪，一副刀叉，另一盘摆上烤面包片或苏打饼干，送到宾客左边选用。吃完干酪，应撤掉餐台上的餐具，但酒具、水杯和饮料杯不动。

（九）上水果

上水果前应撤去桌面除酒杯外的所有餐具，摆好餐盘和水果刀、叉，再托着水果盘从客人左侧分派水果，然后从客人左侧上洗手盅，盅内放温水、一片柠檬和数片花瓣。

（十）上咖啡

将咖啡倒好，垫上垫碟，放好咖啡匙，用托盘托送，另一服务员跟送糖、奶。上咖啡后，托送各种餐后酒品（如白兰地、蜜酒）、巧克力糖、雪茄烟（不要让女宾）。稍等片刻续斟一次咖啡和酒品。

（十一）撤盘，增添小餐具

宴会撤盘需看绝大多数客人将餐刀、餐叉并放在一起后方能进行。在上特殊的风味菜前，要相应增添小件餐具，在餐具不够时，也要增添小件餐具。增添小件餐具必须在撤盘之后、上菜之前进行。经常需增添的小件餐具是：上点心要配上饼叉，上水果前要摆水果碟、水果刀，上咖啡等饮料时要配上茶匙。

（十二）结账服务

在宴会接近尾声时，服务员要清点所消耗的酒水饮料，由收银员开出总账单。宴会结束时，主办人或助手负责结账，结账方法与中餐宴会服务相同。

（十三）礼貌送宾离席

宾客餐毕起身时应为其拉开椅子，以方便走出。来宾离席后要随同送至餐厅门口，如果宾客要在休息厅（室）休息，则根据来宾的生活习惯和宴会主办单位或主人的安排，送茶、送毛巾或派饭和酒。来宾起身离开餐厅或休息厅时，服务人员要立即按照牌号准确地将衣帽递送给宾客。对重要来宾的衣帽，因无牌号，要特别注意收送，并热情、主动地帮宾客穿戴好。

（十四）热情送客

宾客离开餐厅时要热情相送，礼貌道别。

资料卡

西餐中的禁忌

吃西餐的席间不许抽烟，只有咖啡上来了，表示筵席结束时，方可抽烟。吃西餐时不能拒绝对方的敬酒，在对方劝酒时，表情一定要热情，即使你不能喝酒，也要端起酒杯回敬对方，为表示礼仪，也要与对方碰一下杯，然后把杯子送到嘴边，表示去喝的动作。不可用双手比画说自己不会喝或不能喝，酒动也不动，这是一种没有礼貌的行为。

在进餐过程中，不宜紧靠椅背，或紧贴餐桌。把胳膊放在桌子上，是很不文明的。不要随意脱下上衣，松开领带，或把袖子挽了又挽；也不要吃得太快，好似狼吞虎咽一般。喝酒不要一饮而尽，站起来取菜也不合适。手弄脏了，不要乱擦，更不要用嘴去吸吮。

咀嚼食物时一定要闭着嘴巴，而不能张开嘴巴发出响声。喝汤时要用汤匙一勺一勺地舀进口中，而不能用嘴唇啜汤，呼呼作响。如果汤太烫，则可以轻轻吹一下或等它凉了以后喝，也不能去啜。嘴里含有食物的时候不能向别人问话，要讲话必须先把嘴里的食物吞下去后再说。如果吃一口菜觉得太烫，难以下咽，只能喝一口凉水，而不能把食物往外吐。骨头或肉渣之类，应当吐在手中，再放在菜盘边，切不可直接吐到菜盘上或桌布上。用过的金属餐具都必须放在菜盘上，而不能放在桌布上。

情境案例分析

情境一

小王为答谢好友李先生一家,夫妻两人在家设宴。女主人的手艺不错,清蒸鱼、炖排骨、烧鸡翅……李先生一家吃得津津有味。这时,有肉丝塞进了李先生的牙缝,于是,李先生拿起桌上的牙签,当众剔出滞留在牙缝中的肉,还将剔出来的肉丝吐在烟灰缸里。看着烟灰缸里的肉丝,小王夫妇一点胃口也没有了。李先生的不文明行为表现在哪里?假如你是李先生,则你会如何处理?

情境二

假如老顾客来到你所在的企业,办公室主任让你以工作餐招待这些客人,请问这种情况下如何组织?

情境三

假如法国客户来到你所在的企业,所在部门的经理让你以西餐招待这些客人,请问这种情况下需要注意哪些问题?

情境四

假如中国南方的商务合作者来到你所在的企业,总经理让你用中餐招待这些客人,请问这种情况下应该准备什么酒?

情境五

有一天,著名文学家苏东坡和朋友一起喝酒。他们要了很多菜,其中一盘下酒菜中有四条小鱼。他的朋友很爱吃鱼,便一连夹了三条放在自己的盘里,接着一口气把三条鱼全吃了。看到桌上只剩最后一条鱼,朋友有些不好意思地说:"这一条你吃了吧!"在这种情况下,如果你是苏东坡,则你会怎么办?

第七章　商务谈判礼仪

知识目标

掌握商务谈判前的物质准备和气氛的营造；

掌握谈判开局、明示、较量、妥协、达成各阶段的礼仪；掌握谈判过程中的策略；

了解签约的准备礼仪和签约礼仪。

技能目标

掌握商务谈判的一些技巧；

能够在商务活动中合理安排谈判过程，并做好谈判的准备工作及签约工作。

案例导入

朱镕基的谈判智慧

中美谈判是龙永图认为最艰难的一环。1998 年，中美就农业问题即将达成共识，但克林顿在这关键环节仍不同意签订协议。“美国不签会后悔一辈子。”当时龙永图这样对美国媒体说。果然，美国代表团听说克林顿取消该协议后，都哭了。后来朱镕基接到克林顿反悔的电话时说“我看不要签了吧，要签到北京去签！”，这就是中国在一个大国面前的尊严和姿态。

在谈判的最后环节，中美问题只剩 7 个问题无法达成共识。在中美双方准备“后事”时，朱总理“板着脸孔”对大家说：“今天一定要签协议，不能让美国人跑了，我跟他们谈。”结果，朱总理在谈判桌上让大家捏了一把汗。当美国人抛出前三个问题时，总理都只有一个回答“我同意”。我着急了，这不是要全盘放弃嘛！我不断给朱总理递条子，写着“国务院没有授权”。没想到朱总理一拍桌子说：“龙永图，你不要再递条子了。”我当时真没面子。想不到，当美方抛出第四个问题时，朱总理说：“后面四个问题你们让步吧，如果你们让步，我们就签字。”龙永图仿佛回到了当年的现场，舒了口气说：“大家总算放心了。我后来想想，国务院不就在这吗？”后来，美方五分钟后就同意了中方的意见。

龙永图说：“事实证明，后面四个坚持没有放弃的问题，如汽车贸易等是我们的底线，这就是对优先次序的判断。”

资料来源：龙永图细述入世谈判内情 朱镕基力挽狂澜，中国新闻网，2001 年 9 月 2 日，https://www.chinanews.com.cn/2001-09-02/26/118583.html。

礼仪在商务谈判中受到重视的原因在于，在谈判中以礼待人，不仅体现着自身的教养与素质，而且还会对谈判对手的思想、情感产生一定程度的影响，进而影响到谈判的局势和结果。本章将就商务谈判的准备、过程、签约礼仪作一番阐述。

第一节　商务谈判准备阶段的礼仪

商务谈判总是以某种利益需求的满足为预期目标，是处于相对独立或对等的双方平等对话、谋求合作、协调彼此之间关系的交往活动，是各方沟通信息、交往观点、相互磋商、达成共识的过程。概括起来，可以把谈判理解为这样一个过程：贸易双方根据双方不同的需求，运用所获得的信息，就共同关心的或感兴趣的问题进行磋商，协调各自的经济利益，谋求妥协，从而使双方感到是在有利的条件下达成协议，促成交易。俗话说："不打无准备之仗，不打无把握之仗。"战场如此，商场亦如此。商务谈判开始以前必须做好充分的准备。

一、商务谈判人员的准备礼仪

谈判的准备，是要求谈判人员在安排或准备谈判时注意自己的仪表，预备好谈判的场所、布置好谈判的座次，并且以此来显示我方对于谈判的郑重其事以及对谈判对象的尊重。

（一）谈判人员的数量

根据谈判双方人员的多少，谈判可以分为个体谈判和集体谈判。在个体谈判中，谈判者根据谈判桌上的局势变幻，及时地作出判断与决策，捕获转瞬即逝的机会。一个人参加谈判独担责任，无所依赖和推诿，全力以赴，因此会产生高效率的谈判。个体谈判也有缺点。在现代社会里，谈判涉及金融、营销、技术、法律等多个知识领域，以一个人的知识、能力很难胜任。

在由多个人组成谈判班子的情况下，为了满足谈判多学科、多专业的知识需要，谈判人员之间知识结构互补，可以发挥综合的整体优势。谈判人员分工合作、集思广益、群策群力，可以形成集体进取与抵抗的力量。常言说得好："三个臭皮匠，顶个诸葛亮。"因此，成功的谈判有赖于谈判人员集体智慧的发挥。

谈判班子人数的多少没有统一的标准。实践证明，直接上谈判桌的人不宜过多，与对方相当为宜。如果谈判涉及的内容较复杂，则可由另一部分人专门准备材料。

（二）谈判人员的素质

谈判人员的素质直接影响整个谈判过程的发展，影响谈判的成功与失败，最终影响谈判双方的利益分割。也就是说，谈判人员的素质是谈判成败的关键。一个优秀的谈判人员应具备怎样的素质呢？弗雷斯·查尔斯·艾克尔在《国家如何进行谈判》中写道："根据十七、十八世纪的外交规范，一个完美无缺的谈判者，应该心智机敏，而且有无限的耐心；能巧言掩饰，但不欺诈行骗；能取信于人，而不轻信于人；能谦恭节制，但又刚毅果断；能施展魅力，而不为他人所惑；能拥有巨富，藏娇妻，而不为钱财和女色所动。"因此，成功的谈判者需具备以下几方面的基本素质：

1. 坚定的思想素养

坚定的思想素养是谈判人员应该具备的基本素质，是谈判成功的必要条件。首先，作为谈判人员，必须遵纪守法，廉洁奉公，忠于国家、组织和所在单位；其次，具有强烈的事业心、进取心和责任感。在商务谈判中，有些谈判人员不能抵御对手变化多端的诱惑与攻击，为了个人私欲而损公肥私，使己方丧失有利的谈判地位。因此，谈判人员必须思想过硬，在谈判中应以国家、企业的利益为重。

2. 健全的心理素质

健全的心理素质是谈判者主体素养的重要内容之一，表现为谈判者主体应具备坚忍、顽强的意志力和良好的心理调适能力。

谈判的艰巨性，不亚于任何其他事业。谈判桌前持久的讨价还价枯燥乏味，令人厌倦。这时，谈判者之间的持久交锋，不仅是一种智力、技能和实力的比试，更是一场意志、耐心和毅力的较量。

如果谈判者没有坚韧不拔、忍耐持久的恒心和泰然自若的精神，则难以适应。一位很著名的谈判能手曾这样说过："永远不轻易放弃，直到对方至少说了七次'不'。谈判者只有具备了这样的素质，才能应付各种艰巨复杂的谈判。"只有控制自己的非理性情感的发泄，幽默大度、灵活巧妙地化消极情绪为积极情绪，才能使自己摆脱困境、战胜对方。因此，良好的心理调适能力是谈判人员必不可少的。

3. 合理的学识结构

合理的学识结构指谈判者必须具备丰富的知识，不仅要有广博的知识面，而且要有较深的专业知识。

(1)知识面要广。在现实的经贸往来中，谈判人员的知识技能单一化已成为一个现实的问题。技术人员不懂商务、商务人员不懂技术的现象大量存在，已给谈判工作带来了很多困难。因此，谈判人员必须具备多方面的知识，即知识面必须有一定的宽度，才能适应复杂的谈判活动。

(2)专业知识要精。优秀的谈判人员，除了必须具备广博的知识面，还必须具有较精的专业知识，即专业知识要达到足够的深度。专业知识是谈判人员在谈判活动中必须具备的知识，没有系统而精深的专业知识功底，就无法进行成功的谈判。

4. 多方面的能力要求

谈判者的能力是谈判人员驾驭商务谈判这个复杂多变的"竞技场"的能力，是谈判者在谈判桌上充分发挥作用所应具备的主观条件。谈判者的能力素养主要体现在以下几个方面：

(1)认识能力。善于思考是一个优秀的谈判人员所应具备的基本素质。谈判者为达到自己的目的，往往以各种手段掩饰真实意图，其传达的信息虚实难辨。优秀的谈判者通过观察、思考、判断、分析和综合的过程，从对方的言语和行动迹象中判断真伪，了解对方的真实意图。

(2)运筹、计划能力。谈判在什么时候进入较量阶段、妥协阶段，进而到达协议阶段，在谈判的不同阶段将使用怎样的策略，这些都需要谈判人员发挥其运筹和计划的能力。当然，这种运筹和计划离不开对谈判对手的背景、需要、可能采取的策略的调查和预测。

(3)语言表达能力。谈判是人类利用语言工具进行交往的一种活动。一个优秀的谈判者，应像语言大师那样精通语言，通过语言的感染力强化谈判的艺术效果。巧妙地用语言表达自己的意图，本身就是一门艺术。

(4)应变能力。任何细致的谈判准备都不可能预料到谈判中可能发生的所有情况，千变万化的谈判形势要求谈判人员必须具备沉着、机智、灵活的应变能力，以控制谈判的局势。应变能力主要包括处理意外事故的能力、化解谈判僵局的能力、巧妙袭击的能力等。

(5)创造性思维能力。随着社会的发展和科学的进步，以综合性、动态性、创造性、信息性为特征的人类现代思维方式已经取代了落后的传统思维方式。创造性思维是以创新为目的并能产生创见的思维活动。谈判者运用创造性思维就能提高分析问题和解决问题的能力，提高谈判的效率。

5.健康的身体

身体是革命的本钱。谈判的复杂性、艰巨性也要求谈判者必须有一个良好的身体素质。谈判者只有精力充沛、体魄健康，才能适应谈判超负荷的工作需要。

（三）谈判人员的仪容礼仪

谈判者的仪容代表着公司形象，谈判前整理好自己的仪容仪表，穿着要整洁、正式、庄重。

1.男士仪表

在正式的商务场合，男士穿西装、打领带，衬衫的搭配需适宜。一般情况下，杜绝正式的商务场合穿夹克衫，或者是西装和高领衫、T恤衫或毛衣进行搭配，这都不是稳妥的做法。

男士的西装以深色的西装为主，避免穿着有花格子或者颜色艳丽的西服。男士的西服分为单排扣和双排扣两种。在穿单排扣西服时，如果是两粒扣子的，则只系上面的一粒；如果是三粒扣子的，则只系上面的两粒，而最下面的一粒不系。穿着双排扣西服的时候，则应该系好所有的纽扣。

衬衫的颜色和西装整体的颜色协调，领带颜色应与衬衫、西服的颜色相互配合。同时，领带的长度应该正好抵达腰带的上方，或者有一两厘米的距离。

男士在穿西服、打领带这种商务着装的情况下，一般配以皮鞋。在选择袜子的时候注意，袜子的质地、透气性要良好，同时袜子的颜色必须保持与西装的整体颜色相协调。穿深色皮鞋的时候，袜子的颜色以深色为主，同时避免比较花哨的图案。

男士的发型统一标准就是干净、整洁，头发不应该过长。一般认为，男士前面的头发不要遮住自己的眉毛，侧面的头发不要盖住自己的耳朵，同时不要留过厚或者过长的鬓角，后面的头发应该不要长过自己西装衬衫领子的上部，这是对男士发型的统一要求。

男士在进行商务活动的时候每天进行剃须修面以保持面部清洁；同时，男士在商务活动中经常会接触到香烟、酒这样有刺激性气味的物品，所以要注意随时保持口气清新。

2.女士仪表

女士在着装的时候严格地区分职业套装、晚礼服以及休闲服，有非常本质的差别。在穿着正式的商务套装的时候，无领、无袖，或者领口开得太低、太紧身的衣服尽量避免。衣服的款式尽量合身，以利于活动。着装时还需要注意的细节是：干净、整洁，养成一个良好的着装习惯。在正式场合，不穿吊带衫、露脐装之类太暴露和比较"炫"的衣服，穿典雅、大方的服装。

女士在选择丝袜以及皮鞋的时候，需注意的细节：丝袜的长度高于裙子的下摆；避免鞋跟过高、过细。

女士在选择佩戴物品的时候需注意：商务礼仪的目的是体现出对他人的尊重。女士可以从两方面来体现：一方面是修饰物，另一方面是商务物品。其中，修饰物避免过于奢华，比如说在戒指、项链的选择上，注意这一点。女士在正式场合不化妆是不礼貌的。但化妆的浓淡需考虑时间场合，白天，以淡雅、清新、自然为宜；浓妆大多为参加晚间娱乐活动的女士的装扮；在公共场所，不当众化妆或补妆。

二、谈判物质准备的礼仪

如果轮到我方做东，则要安排好对方的食宿，了解对方的风俗、口味，努力为对方创设一个舒适的生活环境，从而营造对方的良好心境，有利于谈判的顺利进行，而且这也符合起码的待客之道。如果请客，则宜选档次高的地方，尽可能不要在对方下榻的饭店请客人。同时，为了联络感情、消除隔阂，往往准备礼品，在谈判气氛较好并取得一定进展时向对方送上一份精致的礼物，会收到意想不到的效果，但注意礼品不要过于高档，最好能具有地方特色或纪念意义，否则会有行贿的嫌疑。

（一）谈判场所的礼仪

谈判场所的布置是检验谈判人员素质的标准之一。谈判场地的选择和布置对谈判有很大的影响，好的场地可以提高谈判的效率，特别是谈判场地布置得好坏，可以直接影响谈判者才智的发挥。谈判室的布置往往是给客人的第一印象，有些商人根据谈判室的布置情况去判断主方对本次谈判的重视程度和诚意，因此，谈判会场的布置有时会影响谈判的成败，警惕一些不道德的商人利用场地搞一些阴谋诡计。谈判环境的布置突出友好、和谐、坦诚和富有建设性的氛围，谈判场地是温暖的、舒适的和方便的。整体环境布置以不使双方谈判人员产生烦躁心情为原则。

根据商务谈判举行的地点不同，谈判可分为客座谈判、主座谈判、客主座轮流谈判以及第三地点谈判。客座谈判，即在谈判对手所在地进行的谈判；主座谈判，即在我方所在地进行的谈判；客主座轮流谈判，即在谈判双方所在地轮流进行的谈判；第三地点谈判，即在不属于谈判双方任何一方的地点所进行的谈判。在我方地点谈判，自己不用分心熟悉或适应环境，但是在会场的布置上需花费时间、精力；在对方地点谈判，可以不必操心布置环境，却需耗费许多精力适应环境。比较而言，尽量争取在我方的地点谈判，否则，尽量争取一个“中性环境”。

（二）谈判会场布置的礼仪

谈判会场的布置非常重要，如选择什么形状的谈判桌、怎样安排谈判人员的座位等。谈判会场的布置及座位的安排是否得当，是检验谈判人员素质的标准之一。另外，在未与客方进行正式谈判之前，谈判会场的布置会给客方留下一个较深的印象。有些商人根据谈判会场的布置状况，判断主方对本次谈判的重视程度和诚意乃至谈判者的素质。因此，谈判会场的布置与座位的安排，有时候可能影响谈判的成败。比如，一次较大型的谈判，如果谈判会场布置得马马虎虎、杂乱无章，就有可能给客方留下主人对本次谈判缺乏诚意、不重视的印象；如果主方连座位都不安排，则会使客方对主方的谈判素质产生怀疑。

一般来说，在商务谈判时，双方应面对面而坐，各自的组员应坐在主谈者的两侧，以便互相交换意见，加强团结，如图7—1所示。

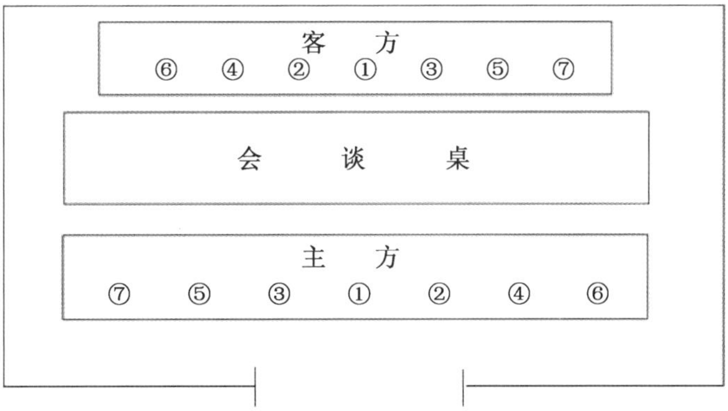

图7—1　商务谈判座次安排

如果是比较大型、重要的谈判，则谈判桌可选择长方形的，双方代表各居一面。如果谈判规模较小，双方人员比较熟悉，则可以选择圆形谈判桌，以消除长桌的那种正规、古板的感觉。双方围桌坐定，会形成一个双方关系融洽、共同合作的印象，而且彼此交谈容易，气氛随和。与谈判桌相配的椅子需舒适，不舒适，会使人坐不住；但是，也不能太舒适，否则使人产生睡意，精神不振。此外，会议所需的其他设备和服务也需周到，例如，烟灰缸、纸篓、笔、记事本、档案夹、各种饮料等。

（三）谈判的信息资料准备礼仪

商务谈判之前确定谈判的意向，选择谈判对手做可行性评估，以及设计谈判方言和确定谈判主题、目标、要点和策略等；派专人收集与谈判有关的资料，做到知己知彼；分析我方的优势和劣势，制定谈判的最低要求和最高目标、谈判策略；确定我方参加谈判人员的情况，包括年龄、学历、资历、个人爱好、对方所持立场、谈判风格；等等。另外，参加谈判的人员熟知谈判程序，细心研究谈判的常规程序及其灵活变化，以便在谈判中能够胸有成竹、处变不惊。

1.谈判信息的作用

不同的商务谈判信息对谈判的影响不同，有的起着直接作用，有的起着间接作用。谈判资料和信息是制订谈判计划和战略的依据，也是控制谈判过程的手段。在商务谈判中，谁在信息上拥有优势，掌握对方的真正需要和他们的谈判利益界限，谁就有可能制定正确的谈判战略，在谈判中掌握谈判的主动权。

2.谈判信息的内容

谈判前需准备的资料一般包括谈判对方的经营状况与资信情况、真实需求、谈判人员权限、最后期限以及相关市场信息等。

（1）对方的经营状况与资信。在尽可能掌握对方企业的性质、资金等基本情况的基础上，还需侧重了解：一是对方的营运状况，如果对方营运状况不好，公司一旦破产，己方很可能收不回全部债权；二是对谈判对象在信誉方面进行深入、细致的了解，避免客户不能履约，造成严重的经济损失。在掌握对方营运状况和资信的情况下，只有确定交易的可能规模及与对方建立交易往来时间的长短，也才能作出正确的谈判决策和给予对方恰当的优惠程度。

（2）对方的真正需求。摸清对方本次谈判的目的及需求、当前面临的问题或困难及对方可能接受的最低界限等，认真了解对方的需求，才能有针对性地激发其成交的动机。在商务谈判中，有针对性地围绕需求谈判，交易就有可能取得成功。

（3）对方谈判人员权限。如果代理人越权或未经被代理人授权而行事，代理人的行为对本人无约束力，除非被代理人事后追认，否则本人不负任何责任。对越权行为的合同，除非事后经董事会研究予以追认，否则公司将不负任何责任。在谈判中，同一个没有任何决定权的人谈判是浪费时间的，会错过最佳交易时机。只有弄清代理商的代理权限范围和对方公司的经营范围，才能避免日后发生纠纷和损失。

（4）对方谈判的最后期限。设法了解对方的谈判期限，以便针对对方的期限，控制谈判的进程，并针对对方的最后期限施加压力，促使对方接受有利于己方的交易条件。

（5）市场资料。市场情况对企业的商务谈判活动将产生重大影响，因此需根据市场的供求运动规律，选择有利的市场，并在谈判中注意对方的要价及采取的措施。市场情况瞬息万变，构成复杂，竞争激烈，因此，对市场必须进行多角度、全方位、及时的了解和研究，如交易商品市场供求量、交易价格及发展前景、交易商品的流通渠道和其他政治、经济条件等。

（四）谈判修饰物礼仪

在与西装进行搭配的时候，以下一些修饰物是在商务谈判活动中必备的。

（1）名片夹。选择一个比较好的名片夹来放自己的名片，这样可以保持名片清洁、整齐。同时，接受他人名片的时候，应该找一个妥善的位置来保存，避免直接把对方的名片放在口袋中，或者放在手中不停地摆弄。

（2）纸巾。男士在着装的时候应该随身携带纸巾，或者携带一块手绢，这样可以随时清洁自己面部的污垢，避免一些尴尬场面的出现。

（3）公文包。在选择公文包的时候，它的式样、大小应该和你的整体着装保持一致。手机、笔记本、笔可以放在你的公文包当中。

（4）钢笔。携带钢笔的正确位置应该是男士西装内侧的口袋。一般情况下应尽量避免把钢笔插在衬衫的口袋里面，这样容易把你的衬衫弄脏。

（5）徽标。公司的徽标需要随身携带，准确的佩戴位置是在西装的左胸的上方。

（五）谈判座次的确定

只有在某些小规模谈判或预备性谈判的过程中，座次问题才可以不必拘泥，在正式谈判中，必须予以重视。商务谈判座位一般是宾主双方相对而坐，各自的组织成员坐在主谈者两侧，以便交换意见，加强团结。谈判桌的形状多种多样，长方形桌、圆形桌、椭圆形桌均有。商务谈判通常用长形桌。

举行双边谈判时，使用长桌或椭圆形桌子，宾主分坐于桌子两侧。若谈判桌横放，侧面对正门的一方为上，属于客方；背对正门的一方为下，属于主方。若谈判桌竖放，以进门的方向为准，右侧为上，属于客方；左侧为下，属于主方。双边谈判，设置姓名签，姓名签用印刷体打印，同时采用本国与外方两种文字，通常以本国文字对着自己，而以外方文字面对外方。在进行谈判时，各方的主谈人员在自己一方居中而坐。其余人员遵循右高左低的原则，依照职位的高低自近而远地在主谈人员的两侧就座。我国及多数国家习惯把议员安排在主谈人的右侧即第二个座位上，也有少数国家让译员坐在后面或左侧，遇到这种情况，悉听主人安排，一般靠近主谈的位置为上座。

第二节　商务谈判过程中的礼仪

一、谈判之初

商务谈判的开局，是指谈判双方第一次见面后讨论具体、实质性的谈判内容之前，相互介绍、寒暄以及就谈判具体内容以外的话题进行交谈的阶段。

“良好的开端是成功的一半。”开局阶段是为整个谈判奠定基础的阶段，是实质性谈判的序幕。谈判开局的好坏将直接左右整个谈判的格局和前景。经验表明，谈判技巧阶段所创造的特定的谈判气氛会影响整个谈判的进展，如热烈、积极、合作的谈判气氛会把商务谈判向达成一致协议推进；而冷淡、对立、紧张的谈判气氛，会把商务谈判推向严峻的境地，甚至导致谈判失败。同样的谈判议题，在不同的谈判气氛中，谈判结果可能大相径庭。

在一般情况下，双方都希望达成互惠的结局。为达到这一目的，谈判双方应营造出诚挚、轻松、友好、合作、认真的气氛。所谓诚挚，就是要有达成交易的迫切愿望，有同对方做成生意的诚意；轻松，是双方谈判者处于不拘谨、不对立、应对自如的状态；友好，是互相尊重、互惠互利的关系；合作，就是双方为实现各自的目标，相互配合、相互支持；认真，就是以严肃、负责的态度，积极、主动地搞好商务谈判，力争实现交易。为创造和谐的氛围，谈判人员需注意以下几点：

（一）优雅的举止

谈判人员应做到举止文雅大方、谦虚而不失自信。手势自然，不宜乱打手势，以免造成轻浮之感。握手时注意主方应先伸手与客方握手，握手力度不宜太大或太小。以目光注视对方时，目光应停留于对方双眼至前额的三角区域正方，这样使对方感到被关注，觉得你诚恳、严肃。最好从椅子的左侧入座，坐下后不要跷二郎腿，也不要乱动，总体上应该是不卑不亢，沉稳中不失热情，自信但不自负，把握住适当的分寸，顺利打开局面。

（二）得体的介绍

双方人员见面，首先要互相介绍。自我介绍时要自然、大方、得体，态度上要友好，表现上要诚信，既自信又可信。被介绍到的人应微笑示意，可以礼貌地道“幸会”“请多关照”之类的话语。询问对方要客气，如“请教尊姓大名”等。切忌东张西望，有失礼貌。如有名片，要双手接递，并表现出彬彬有礼的风度。

（三）适当的寒暄

介绍完毕，可稍作寒暄，选择双方共同感兴趣的话题进行交谈，以沟通感情，创造温和的气氛。可谈话题较多，如可以直接询问对方的兴趣和爱好，称赞对方耀眼的配饰，评论当前的文化和时事，或者聊聊风土人情或一些周期性的节日；还有非常中性的话题即气候，如客户来到北京，把北京气候与对方家乡对比，进行交谈，以此拉近距离。常用办法是交谈近来的经历，说说双方共同的爱好，如果双方都认识第三者，则可将话题引向第三者，通过谈共同朋友把关系拉近，使开局轻松、活泼。如双方很熟，最好的话题就是对双方过去愉快合作的回忆。这是最好的话题，可适当夸张地把过去合作的成果归功于对方。谈过去愉快的合作，是营造本次谈判非常有利的手段。闲谈进行顺利的话，可以让人感到放松，找出大家共同的爱好，让两个人的关系更加紧密。

小案例

成功的开局

1972 年 2 月，美国总统尼克松访华，中美双方将要展开一场具有重大历史意义的国际谈判。为了创造一种融洽、和谐的谈判环境和气氛，中国方面在周恩来总理的亲自领导下，对谈判过程中的各种环境都做了精心而又周密的准备和安排，甚至对宴会上要演奏的中美两国民间乐曲都进行了精心挑选。在欢迎尼克松一行的国宴上，当军乐队熟练地演奏起由周总理亲自选定的《美丽的亚美利加》时，尼克松总统简直听呆了。他绝没有想到能在中国的北京听到他如此熟悉的乐曲，因为这是他平生最喜爱的并且是指定在他的就职典礼上演奏的家乡乐曲。敬酒时，他特地到乐队面前表示感谢。此时，国宴达到了高潮，而一种融洽而热烈的气氛也同时感染了美国客人。一个小小的精心安排，赢得了和谐融洽的谈判气氛，这不能不说是一种高超的谈判艺术。

二、谈判之中

在进入谈判阶段，谈判双方将进入实质性问题的洽谈，向对方提出自己的要求。由于在这一阶段双方互提问题、互摆观点，所以容易产生分歧。鉴于此，谈判双方应特别重视谈话语气平和、亲切，讲究谈话技巧，不可把提问、查问变成审问或责问，引起对方反感。所提问题或意见应与谈判内容密切相关，最好事前有所准备，需涉及报价问题。报价又称作发盘或发价，它有两重含义：从广义上讲，是指谈判双方各自向对方提出全部交易条件的过程，其内容不仅包括价格问题，而且包括交货条件、品质规格、数量质量、支付方式、运输费用等条款；从狭义上讲，报价是指双方对所交易的标的物的价格提出的观点。在谈判中，由于价格问题是双方较量的关键。因此，本章所讨论的报价主要是以狭义的报价为主。

优秀的谈判者善于利用巧妙的报价为谈判布局。这就涉及许多报价技巧问题，即起始报价的策略。起始报价的策略主要有以下几点：

（一）报价策略

谈判过程进入报价阶段以后，谈判人员面临的第一个问题是由哪方首先提出报价，有时买方想让卖方报价，卖方又想让买方先递价。孰先孰后的问题，不仅仅是形式上的次序问题，也会对谈判过程的发展产生重大的影响，因而同双方的切身利益关系极为密切。如果安排得当，则可使己方处于主动地位，推动谈判结果向着利于己方发展；如果处理不当，则可能使己方陷入被动，对己方的利益造成不可弥补的损失。因此，谈判人员必须事先对这个问题进行周密的考虑和妥善安排。先报价的优点是：这主要在于先行报价影响较大，先报价的卖方实际上为谈判规定了一个框架，最终协议将在此范围内达成。而且第一个报价在整个谈判与磋商过程中都会持续起作用。因此，先报价比后报价的影响大得多。所以，要使谈判尽可能顺着己方意图的轨道运行，首先就要以实际的步骤来树立己方在谈判中的影响。己方首先报价就是为此而迈出的一步，它为以后的讨价还价树立了一个界碑。在这种情况下，首先报价比反应性还价更具有影响力。例如，作为买方，我们首先以 0.88 万美元报价，对方可能相应地还价为 1 万美元。但是，如果我方作为买方不抢先报价而让作为卖方的对方先递价，那么他们就可能会递价 1.5 万美元甚至更多。

先报价的弊端主要有以下几个方面：

(1)先报价会在一定程度上暴露己方的意图。当对方得到报价之后，他们就有可能对自己已订的报价幅度进行针对性的调整，通过修改他们原先拟订的价格得到额外的利益。比如，卖方报价每台计算机 1 000 美元，而买方原来准备的报价可能为 1 100 美元一台。这种情况下，在卖方报价以后，买方马上就会修改其原来准备的报价条件，于是其报价肯定会低于 1 000 美元。那么对于买方来讲，后报价至少可以使他获得每台 100 美元的利益。

(2)先报价的另一个不利之处是对方会试图在磋商过程中迫使己方按照他们的思路谈下去，也就是说，他们会集中力量对己方的报价发动攻势，逼己方一步步降价，而不泄露他们究竟打算出多高的价格。

先报价和后报价都各有利弊。谈判过程中是决定“先声夺人”还是选择“后发制人”，一定要根据不同的情况灵活处理。一般来说，如果己方的谈判力强于对方，或者与对方相比，在谈判中处于相对有利的地位，那么己方先报价就是有利的。尤其在对方对交易的行情不太熟悉的情况下，先报价的利益更大。

（二）低报价策略

低报价策略的一般做法是将最低价格列在价格表上，以求引起买主的兴趣。由于这种价格一般以对卖方最有利的结算条件为前提，并且在这种低价格的交易条件下，各方面都很难满足买方的需要，如果买方要求改变有关条件，则卖方就会相应地提高价格。因此，买卖双方最后的成交价格往往高于价格表中的价格。低报价一方面可以排斥竞争对手，将买方吸引过来，取得与其他卖方竞争的优势和胜利；另一方面，当其他卖方败下阵时，这时买方原有的优势不复存在，想要达到一定的需求，只好任由卖方一点一点把价格抬高才能实现。

（三）高报价策略

高报价策略的一般模式是，提出含有较大水分的价格，然后根据买卖双方的实力对比和该笔交易的外部竞争状况，通过给予各种优惠，如数量折扣、价格折扣、佣金和支付上的优惠（如延长支付时间、提供优惠信贷等）来逐步软化和接近买方的市场和条件，最终达成交易。实践证明，采用这种报价方法稳住对方，就会有一个不错的结果。在预先确定的合理价格范围内，报价尽量高，递价要尽量低，但要高（或低）得合情合理，能够讲得通。卖方的起始报价，应是防御性的最高报价。所谓“最高可行价”，不是一个绝对的数字，在具体掌握上仍有较大的伸缩性，我们还得把报价的高低同谈判对手的意图、谈判作风，以及是否打算同己方真诚合作等因素结合起来考虑。

（四）加法报价策略

加法报价策略是指先报价时不将自己的要求下报，而是分几次提出，以免一开始吓着对方，导致谈判破裂。由于总的要求被分解后是逐个提出的，被认为是一个一个的小要求，容易被对方接受，而对方一旦接受第一个要求后，就会被迫接受下一个要求。

（五）除法报价策略

除法报价策略是先报出自己的总要求，然后再根据某种参数（时间、用途等），将价格分解成最小单价，使买方觉得报价不高，可以接受。

三、谈判较量阶段

较量阶段是整场谈判最困难最紧张的阶段，也是谈判最关键的阶段。较量阶段做到有理、有礼，理智、从容地应对各种问题。谈判中弄清哪些是对方的真正期望，而哪些又是诱使己方让步的筹码。注意倾听对方的解释和答复，不主观臆测对方的动机和意图，不代别人讲话；相反，当对方了解了己方的意图时，掌握好哪些该说、哪些不该说。

（一）较量阶段的特点

（1）较量阶段是谈判的关键阶段，是谈判双方为达成各自目的进行真正对抗和实力较量的阶段。

（2）一场谈判中的较量可能会重复出现很多次，往往要经过多次的较量、不断的讨论，才能形成最终结果。从宏观角度与微观角度看，较量阶段的讨论可分为总体议价与具体议价。总体议价策略即从总体价格和内容方式方面要求重新报价，用于评论对方的第一次报价。双方从宏观的角度凭态度压价，笼统地提要求，不显露掌握的准确材料。对方为表示合作的态度，也可能调整价格。具体议价策略是就分项价格和具体报价内容要求重新报价，常用于对方第一次改善价格之后，或不易采用笼统讨价方式时。具体议价的要求在于准确性与针对性，而不是要将己方的资料全部都端出来。

（3）较量阶段最易形成僵局。在较量阶段，双方为获得各自所需的经济利益，在交锋中占据优势，控制局面。双方为各自的经济利益，唇枪舌剑，感情很容易冲动，稍不留神，就会造成谈判人员的个人冲突，导致谈判失败。在较量过程中，有礼节的做法是：对事不对人，即较量限于双方观点的交锋，而不是双方人员的冲突；以积极的态度进行商讨，诚心诚意地探讨解决问题的共同途径；要有张有弛，不要一个回合就想取胜或轻易地逼人就范；心平气和地讨价还价和讨论问题。

（二）较量阶段的策略

在商务谈判中，常用的讨价策略是投石问路和严格要求策略。还价策略有欲擒故纵策略和包装价值策略。下面以卖方作为最初发盘方，买方作为受盘方为例，介绍上述策略的实际运用。

（1）投石问路策略。投石问路策略的具体运用，是在卖方报价之后买方不马上还价，而提出种种假设条件下的商品售价问题。这既能保持平等信赖的气氛，又有利于还价前对卖方情况的进一步掌握。在卖方的回答中，搜集可能出现的对己有利的信息，以便及时抓住机会。美国商业顾问机构首席代表在购买东西时经常用投石问路策略，通过假设性提问，获得很多颇有价值的资料，引导新的选择途径。

（2）严格要求策略。严格要求策略是买卖双方均可运用的策略。买方对卖方的商品从各个方面进行严格检查，提出卖方交易中的许多问题并要求其改善报价。买方恰到好处地提出问题，是严格要求策略成功的关键。买方的严格要求范围，一般是在商品质量、性能等使用价值方面和成本价格以及运输等方面寻找“弱点”。“严格要求”的方式通常采取对比法，即将卖方的商品及其交易条件与其他卖主的商品和交易条件相比较，使卖方不得不承认自己的弱点，从而不得不降低商品的价格。对于卖方采取的对策，保持耐心，寻找对方提问中的漏洞和不实之词，实事求是地加以解释；对于某些难题、有争议的问题，要快刀斩乱麻，直截了当地提出看法；对于不便回答或次要的问题，要适当回避。当对方节外生枝或无理挑剔时，要及时反驳和揭露。对买方提出的要求，卖方不宜轻易让步，同时也可运用严格要求策略，向买方提出一些问题和要求，从而加强己方的讨价还价力量。

（3）欲擒故纵策略。欲擒故纵策略即对于志在必得的谈判，通过种种表示，让对方感到自己是满不在乎的态度，从而压制对手开价的做法。使用欲擒故纵策略，以“纵”来激起对方的成交欲望。刺激的手法是：一方面表现己方的满不在乎，利益关系不大；另一方面要尽可能揭示对方的利益。采用这一策略务必掌握好分寸，使自己的态度保持半冷半热、不紧不慢的状态，在冷漠之中要有意给对方机会。

（4）包装价值策略。除非你的价格在市场上具有相当的优势，否则最好不要急着去回答对方关于价格的问题，先将你的价值进行包装之后再进行价格的讨论，因为商品的价格并不是唯一的，还要看这种产品的质量、性能、使用期限、售后服务等。

在任何一项谈判中，达到己方所希望的目标的途径有千百条，但最好的途径是在确认己方目标的同时，也确认对方期望利益之所在，并以此作为整个谈判的有机组成部分。通过强化客户可以得到的利益、好处、方便性，并把对方在这场交易中可能赢得的好处加到一起，悄悄地把这些灌输到其意识之中，让他们看到在交易中他们是有赚头的，可以提升商品的价值、本次谈判的价值，从而提高买方的价格底线。

（三）打破僵局

打破僵局是指在商务谈判的过程中双方对所谈问题的利益要求差距较大，各方又不肯作出让步，导致双方因暂时不可调和的矛盾而形成对峙，使谈判呈现出一种不进不退的僵持局面。较量阶段是最易形成僵局的阶段。谈判僵局出现后对谈判双方的利益和情绪都会产生不良影响。如何运用科学、有效的策略和技巧打破僵局，使谈判重新顺利进行下去，是谈判者必须掌握的一项技能。

在实际的讨价还价过程中，争论几乎常常以纯逻辑的方式进行，但是其中所牵涉的当事人双方之间的相互作用更具有个人关系特点，带有浓厚的感情色彩。当谈判陷入僵局时，谈判双方要克服主观情绪，从企业的整体利益和长远目标出发，而不要一味追求辩论的胜负。当双方对某一议题产生严重分歧并且都不愿意让步而陷入僵局时，一味地争辩，解决不了问题，不妨回避有分歧的议题，换一个新议题与对方谈判，待气氛好转时再来讨论这一议题。总之，高明的谈判人士在谈判中应很好地处理与谈判对手之间的分歧，通过各种方式把双方的利益引到一个共同的点上，最终达到双赢。

在谈判中，全身心地投入倾听，经常点点头，有一些眼神的交流。全身心投入的状态，能够说明真正地重视正在和你谈话的人。同时，学会真诚地称赞对方，以鼓励对方传达更多的信息，从而营造和谐的谈判气氛。

四、谈判妥协阶段

谈判是一个理智的取舍过程。如果没有舍，也就不能取。一个高明的谈判者，除了知道何时该抓住利益，还要知道何时放弃利益。在商务谈判的过程中，在准确理解对方利益的前提下，努力寻求双方各种互利的解决方案是一种正常渠道达成协议的方式。在解决此棘手的利益冲突问题时，恰当的妥协是非常有效的手段。

（一）妥协的原则

在利益冲突不能采取其他的方式协调时，客观标准的妥协方法用在商务谈判中会起到非常重要的作用。要准确、有价值地运用好妥协的策略，总体来讲，必须服从以下原则：

1. 目标价值最大化原则

在商务谈判中，很多情况下的目标并不是单一的，在处理这些多重目标的过程中不可避免地存在着目标冲突现象。谈判的过程事实上是寻求双方目标价值最大化的过程，但这种目标价值的最大化并不是所有目标的最大化，因为如果是这样的话，就违背商务谈判中的平等公正原则，因此在处理不同价值目标时使用让步策略是无法避免的。在实际谈判过程中，不同目标之间的冲突是时常发生的，但是不同目标的重要价值及紧迫程度不相同，所以在处理这类矛盾时所要掌握的原则需要在目标之间依照重要性和紧迫性建立优先顺序，解决重要及紧迫目标，在条件允许的前提下适当争取其他目标，其中的让步策略就是保证重要目标价值的最大化，如关键环节价格、付款方式等。成功的商务谈判者在解决这类矛盾时所采取的思维顺序如下：

（1）评估目标冲突的重要性，分析自己所处的环境和位置，在不牺牲任何目标的前提下冲突是否可以解决。

（2）如果在冲突中必须有所选择的话，则区分主目标和次目标，以保证整体利益最大化，但同时也应注意目标不要太多，以免顾此失彼，甚至自造混乱，留给谈判对手以可乘之机。

2. 刚性原则

在谈判中，谈判双方在寻求自己的目标价值最大化的同时也对自己最大的让步价值有所准备，就是说，谈判中使用的让步资源是有限的。所以让步策略的使用是刚性的，其运用的力度只能是先小后大。一旦让步力度下降或减小，则以往的让步价值也将失去意义。同时，谈判对手对于让步的体会具有“抗药性”。这种方式的让步使用几次将失去效果，同时也应该注意到谈判对手的某些需求是无止境的。谈判双方必须认识到让步策略的运用是有限的，即使你所拥有的让步资源比较丰富，但是，由于在谈判中对手对于你的让步的体会是不同的，所以并不能保证取得预期的价值回报。在刚性原则中必须注意以下几点：

（1）谈判对手的需求有一定限度，也是具有一定层次差别的。让步策略的运用也必须是有限的、有层次区别的。

(2)让步策略的运用效果有限,每一次的让步只能在谈判的一定时期内起作用,针对特定阶段、特定人物、特定事件起作用。所以,不期望满足对手的所有意愿,对于重要问题的让步给予严格的控制。

(3)不断地对让步资源的投入与你所期望效果的产出进行对比分析,必须做到让步价值的投入小于所产生的积极效益。使用让步资源一定要有一个所获利润的测算,你需要投入多大比例来保证你所期望的回报。并不是投入越多,回报越多,而是努力寻求一个两者之间的最佳契合点。

3.时机原则

所谓让步策略中的时机原则,是在适当的时机和场合作出适当适时的让步,使谈判让步的作用发挥到最大,所起到的效果最佳。虽然让步的正确时机和不正确时机说起来容易,但在谈判的实际过程中时机是非常难以把握的,常常存在以下种种问题:

(1)时机难以判定。

(2)让步的随意性导致时机把握不准确。在商务谈判中,谈判者仅仅根据自己的喜好、兴趣、成见、性情等因素使用让步策略,而不顾及所处的场合、谈判的进展情况及发展方向等,不遵从让步策略的原则、方式和方法。随意性导致让步价值缺失、让步原则消失,促使对方的胃口越来越大,在谈判中丧失主动权,谈判失败,所以在使用让步策略时千万不得随意而为之。

4.清晰原则

在商务谈判的让步策略中的清晰原则有:对于让步的标准、让步的对象、让步的理由、让步的具体内容及实施细节应当准确明了,避免因为让步而导致新的问题和矛盾。常见的问题有以下几个:

(1)让步的标准不明确。这容易使对方觉得自己的期望与你的让步意图错位,甚至觉得你没有在问题上让步而是含糊其词。

(2)让步的方式、内容不清晰。在谈判中你所作的每一次让步必须是对方所能明确感受到的。也就是说,让步的方式、内容必须准确,有力度,让对方能明确感觉到你所作出的让步,从而激发对方的反应。

5.弥补原则

如果迫不得已,己方再不作出让步就有可能使谈判夭折的话,则也必须把握"此失彼补"这一原则,即这一方面虽然己方给了对方优惠,但在其他方面必须加倍地至少均等地获取回报。在谈判时,如果发觉对于此问题己方让步,可以换取更大的好处,则会毫不犹豫地予以让步,以保持全盘的优势。

在商务谈判中,为达成协议,让步是必要的。让步不是轻率的行动,必须慎重处理。成功的让步策略可以起到以牺牲局部的小利益来换取整体大利益的作用,有些时候甚至可以达到"四两拨千斤"的效果。

(二)运用适当的妥协策略

谈判中,每一次让步,不单是为追求自己的满足,同时还要充分考虑到对方的最大满足。谈判双方在不同利益问题上相互给对方让步,以达成谈判和局为最终目标。以己方的让步换取对方在另一问题上的让步的策略,称为互利互惠的让步策略;在时空上,以未来利益上的让步换取对方近期利益上的让步,称为让步策略;若谈判一方以不作任何让步为条件而获得对方的让步也是有可能的,称为己方丝毫无损的让步策略。

1. 互利互惠

谈判通常不会是仅仅有利于某一方的洽谈。一方作出让步，必然期望对方对此有所补偿，获得更大的让步。一方在作出让步后，能否获得对方互惠互利的让步，取决于该方商谈的方式：一种是所谓的横向谈判，即采取横向铺开的方法，几个议题同时讨论，同时展开，同时向前推进；另一种是所谓的纵向深入方法，即先集中解决某一个议题。采用纵向商谈，双方往往会在某一个议题上争持不下，而在经过一番努力之后往往会出现单方让步的局面。横向谈判则把各个议题联系在一起，双方可以在各议题上进行利益交换，达成互惠式让步。

争取互惠式让步，需要谈判者具有开阔的思路和视野。除了某些己方必须得到的利益以外，不要太固执于某一个问题的让步，而应统观全局，分清利害关系，避重就轻，灵活地使本方的利益在某方面得到补偿。

2. 予远利谋近惠

在商务谈判中，参加谈判的各方均持有不同的愿望和需要，有的对未来很乐观，有的则很悲观；有的希望马上达成交易，有的却希望能够等上一段时间。因此，谈判者自然表现为对谈判的两种满足形式，即对现实谈判交易的满足和对未来交易的满足，而对未来的满足程度完全凭借谈判人员自己的感觉。

对于有些谈判人员来说，通过给予其期待的满足或未来的满足而避免给予其现实的满足，为了避免现实的让步而给对方以远利。比如，当对方在谈判中要求己方在某一问题上作出让步时，己方可以强调保持与己方的业务关系将能给对方带来长期的利益，而本次交易对是否能够成功地建立和发展双方之间的这种长期业务关系是至关重要的，向对方说明远利和近利之间的利害关系。如果对方是精明的商人，会取远利而弃近惠的。其实，对己方来讲，采取予远利谋近惠的让步策略，并未付出什么现实的东西，却获得了近惠，何乐而不为呢！

3. 丝毫无损

丝毫无损的让步，是在谈判过程中，当谈判的对方就某个交易条件要求己方作出让步，而且其要求的确有些道理，而对方又不愿意在这个问题上作出实质性让步时，可以采取这样一种处理办法，即认真地倾听对方的诉说，并向对方表示："我方充分地理解您的要求，也认为您的要求是有一定的合理性的，但就我方目前的条件而言，因受种种因素的限制，实在难以接受您的要求。我们保证在这个问题上我方给予其他客户的条件绝对不比给您的好。希望您能够谅解。"如果不是什么大问题，对方听了上述一番话以后，往往会自己放弃要求。赢得终局圆满的一招常常是最后时刻作出一点小小的妥协。

进行谈判之前，一定要确定好自己的底线，亦即"回落目标"，尤其是定好自己所能够接受的最低限度的条件或最低价格。若不然，当谈判结束后，回头一看，就会后悔："我怎么会同意这样的协议？当时再加把劲就好了！"所以越到最后越要坚持己方的原则。

五、谈判达成阶段

达成协议阶段的目的是达成一个具体的、可行的方案，并促成对方在方案上签字。达成阶段在很大程度上是一种掌握火候的艺术。

（一）促成签约的策略

1. 期限策略

期限策略，即规定谈判截止日期，用谈判期限的力量向对方施加压力，以达到促成签约的目的。谈判中的买方和卖方都可以采用这一策略。

（1）期限策略。谈判中采用期限策略的实例："我方12月31日以后就无力购买了""如果你不同意，下星期一我们就要找别的卖主商谈了""我方要在4月1日之前完成全部订货""这是我们的生产计划书，假如你们不能如期完成，我们只好另找其他的供应商了"等。

（2）谈判中的卖方采取期限策略的实例有："存货不多，欲购从速""如果你方不能在9月1日以前给我们订单，我们将无法在10月30日前交货""如果我方这星期收不到货款，这批货物就无法为你方保留了""从5月1日起价格就要上涨了""优惠价格将于9月30日截止"等。

2. 优惠劝导策略

优惠劝导策略，即向对方提供某种特殊的优待，促成尽快签订合同，例如，采用买几送一、折扣销售、附送零配件、提前送货允许试用、免费安装免费调试、免费培训、实行"三包"等手段。

3. 行动提示策略

谈判一方可以给对方一个购货单的号码、明信片，或者和对方握手祝贺谈判成功，还可主动向对方提出协议或合同中的某一具体条款的签订问题。这些行动有助于敦促对方签约。

采取以上策略必须注意，不要恭维对方。谈判即将结束时，切忌恭维对方："这是你所达成的最好协议，你不会感到遗憾的。"这样容易增加对方对你的怀疑，即使那些最容易相信别人的人也会开始疑惑：我已承诺的到底是什么？

（二）达成协议阶段注意的问题

达成协议阶段离签约仅一步之遥，切记签约是谈判的最终目的。确保达成协议、顺利签约是最重要的。这时双方已进入疲劳状态，情绪容易急躁，所以需心平气和，不因为失礼，伤了和气，也不因为疲惫而草草结束谈判，造成不必要的损失。达成协议阶段需注意的问题有以下几点：

1. 不要做单方面让步

最终报价时，谈判者非常谨慎。首先严格把握最后让步的幅度，为减少不必要的麻烦，千万记住，不做大的单方面的让步，最后的让步应该与要求同时并存。

2. 回顾双方已达成的协议

认真回顾双方已达成的协议或共识，比如，是否还有一些未能解决的问题，以及对这些问题的最后处理方案，阐明双方最后的让步项目和幅度，加深对方的印象，澄清一些模棱两可的事情，以便签订合同，并着手安排交易记录事宜。

3. 避免出现僵局

在谈判的最后达成协议阶段，避免再次出现僵局。在谈判的达成阶段注意建立良好的气氛，因为谈判越到最后，气氛越紧张。双方谈了很长时间，已经筋疲力尽。所以，建立一个良好的氛围，可以用提问、聆听的方法，让对方多参与、多说，让他感觉良好，或者用澄清事实的方法，利用证明和说服的方法建立良好的气氛，同时特别注意态度，避免感情用事。到了谈判的最后阶段，双方都付出了很多，这时候不要被对方的拖延或者犹豫所影响，以至于功亏一篑。

4. 谈判记录及整理

在谈判中，双方一般都做洽谈记录。重要的内容要点是交换整理成简报或纪要，向双方公布，这样可以确保协议不致以后被撕毁。因为这种文件具有一定的法律效力，在以后发生的纠纷中尤为有用。在一项长期而复杂的大型谈判中，每当一个问题谈妥之时，都需通读双方的记录，查对是否一致，不应存在任何含混不清的地方，这在激烈的谈判中尤其必要。因此，在签约前，谈判者须对双方的谈判记录进行核实。检查之后的记录是起草书面协议的主要依据。

第三节　签约礼仪

小案例

小明的烦恼

某公司和一家美国企业达成了初步合作意向，全公司都在为这次合作的最终实现上下忙碌。小明这几年担任公司的策划部主管，公司大大小小的活动基本上都参与过，并且深受公司领导的器重。针对这次与美国企业的合作，公司决定办一个面对公众传媒的隆重签约仪式，并且公司总经理点名由活动策划经验丰富的小明策划和主持本次签约仪式。小明接到任务后，一方面觉得受到领导重视，心情非常激动，另一方面觉得以往参与过很多国内商业活动的策划，应该轻车熟路。所以小明很快就进入工作状态，着手相关活动的安排。随着活动的进一步筹划，小明越来越觉得举办这种国际性的签约仪式跟以前经历的还是有所不同，考虑的因素也更加复杂，工作的压力让小明有点力不从心。

商务谈判中的各项谈判工作固然重要，但是即使谈成了业务，如果不签订合同，双方的权利与义务关系不固定下来，以后执行也就有可能成为问题。所以说，合同的签订不可忽视，而且合同的签订也是商务谈判取得成果的标志。

签约仪式是双方或多方就某一个问题或某一组问题达成协议、协定、缔结条约时常用的一种方式。在商务交往活动中，双方经过洽谈、讨论，就某项重大问题意见、重要交易或合作项目达成一致，就需要把谈判成果和共识，用准确、规范、符合法律要求的格式和文字记载下来，经双方签约盖章，形成具有法律约束力的文件。围绕这一过程，一般都要举行签约仪式。

一、签约准备阶段

签约仪式虽然时间不长，但是由于它涉及各方面的关系，同时往往是谈判成功的一个标志，因此一定需筹办得十分认真。

（一）文本准备

预备好代签的合同文本。举行签字仪式时，文本一旦签字，就具有法律效力。因此，对文本的准备一定要郑重，符合要求。举行签字仪式，是一项严肃而庄严的大事，因此不能将“了犹未了”的“半成品”交付使用；或是临近签字时，有关各方还在为某些细节纠缠不休。在决定正式签署合同时，就当拟定合同的最终文本。签约的正式文本，由举行签字仪式的主方负责准备。负责为签字仪式提供待签的合同文本的主方，会同有关各方一道指定专人，按谈判达成的协议做好文本的定稿、校对、印刷与装订工作。按常规，为在文本签字上的有关各方均提供一份待签文本，必要时，为各方提供一份副本。审核中发现问题及时通报，通过谈判，达成谅解和一致，调整签约时间。

签署涉外商务合同时，按国际惯例，待签的合同文本，同时使用有关各方规定的官方语言，或使用国际上通行的英文、法文，此外，同时用有关各方法定的官方语言与英文或法文。使用外文撰写合同时，反复推敲，字斟句酌，不望文生义或不解其意而乱用词汇。待签文本用高档、精美的纸张印刷，按大 8 开的规格装订成册，并用真皮、仿皮、软木等高档质料作为封面，以示郑重。

（二）人员确定

举行签字仪式前，有关各方事先确定参加签字仪式的人员，向有关方面通报，尤其是客方将出席签字仪式的人数提前通报给主方，以便主方做好安排。主签人员的确定随文件性质的不同而变化，有的由国家领导人主签，有的由政府有关部门领导人主签，还有的由具体部门负责人主签。不管怎样，双方主签人的身份大体相当。参加签字的各方需事先安排一名熟悉仪式程序的助签人员，在签字时负责文本翻页，指明签字处，以防漏签。其他参加签字仪式的人员，一般是参加谈判的人员，如果一方让未参加谈判的人员出席签字仪式，则需事先征得对方同意。出席签字仪式的双方人数大体相等。为了表示对文本谈判的重视，双方高一级的领导可出面参加签字仪式，级别和人数一般对等。

（三）场所的布置

签字厅有常设专用的，也有临时以会议厅、会客厅来代替的。布置的总原则是要庄重、整洁、清静。一间标准的签字厅，应当室内铺满地毯，除了必要的签字用桌椅外，其他一切的陈设都不需要。由于签字的种类不同、各国的风俗习惯不同，正规的签字桌应当为长桌，其上最好铺设深绿色的台布。按照仪式礼仪的规范，签字桌应当横放于室内，在其后，摆放适量的座椅。签署双边性合同时，可放置两张座椅，供签字人就座。签署多边合同时，可以仅放一张座椅，供各方签字人签字时轮流就座；也可以为每位签字人各提供一张座椅。签字人在就座时一般应当面对正门。在签字桌上，循例，应事先安放好待签的合同文本以及签字笔、吸墨器等签字时所用的文具。与外商签署涉外商务合同时还须在签字桌上插放有关各方的国旗。插放国旗时，在其位置与顺序上必须按照礼宾序列而行。例如，签署双边性涉外商务合同时，有关各方的国旗须插放在该方签字人座椅的正前方。

（四）座次的安排

安排好签字时的座次。在正式签署合同时，各方代表对于礼遇均在意，商务人员在签字仪式上体现礼遇高低的就是座次问题，需认真对待。

签字时，各方代表的座次，由主方代为排定。合乎礼仪的做法：在签署双边合同时，请客方签字人在签字桌右侧就座，主方签字人同时就座于签字桌左侧。双方各自的助签人，分别站立于各自一方签字人的外侧，以便随时对签字人提供帮助。双方其他的随员，按照一定的顺序在己方签字人的正对面就座，也可以按照职位的高低依次自左至右（客方）或是自右至左（主方）地列成一行，站立于己方签字人的身后。当一行站不完时，可以按照以上顺序并遵照“前高后低”的惯例排成两行、三行或四行，原则上，双方随员人数大体相近。

在签署多边合同时，设一个签字桌。各方签字人签字时，按照有关各方事先同意的先后顺序，依次签字。助签人随之一同行动。在助签时，依“右高左低”的规矩，助签人站立于签字人的左侧。同时，有关各方的随员按照一定的序列，穿好工作制服或旗袍一类的服装。

二、签约仪式的程序

签约仪式通常是指订立合同、协议的各方在合同、协议正式签署时所正式举行的仪式。举行签约仪式，不仅是对谈判成果的一种公开化、固定化，而且也是有关各方对自己履行合同、协议所作出的一种正式承诺。

(一)位次排列

从礼仪上来讲,举行签约仪式时,在力所能及的条件下,一定要郑重其事,认认真真,其中最为引人注目者,当属举行签约仪式时座次的排列方式问题。一般而言,举行签约仪式时,座次排列的具体方式共有三种基本形式,它们分别适用于不同的具体情况。

1.并列式

并列式排座是举行双边签约仪式时最常见的形式。它的基本做法是:签字桌在室内面门横放。双方出席仪式的全体人员在签字桌之后并排排列,双方签字人员居中面门而坐,客方居右,主办方居左。

2.相对式

相对式签约仪式的排座与并列式签约仪式的排座基本相同。两者之间的主要差别是:相对式排座将双方参加签约仪式的随员席移至签字人的对面。

3.主席式

主席式排座主要适用于多边签约仪式。其操作特点是:签字桌仍须在室内横放,签字席仍须设在桌后面对正门,但只设一个,并且不固定其就座者。举行仪式时,所有各方人员,包括签字人在内,皆应背对正门、面向签字席就座。签字时,各方签字人应以规定的先后顺序依次走上签字席就座签字,然后应立即退回原处就座。

(二)基本程序

基层公务人员在具体操作签约仪式时可以依据下述基本程序进行运作。

1.宣布开始

主持人宣布签约仪式开始,有关各方人员先后步入签字厅,在各自既定的位置上正式就位。参加签约仪式的人要注意保持风度,具体应做到以下两点:

(1)着装正式。男士要穿正装,女士应穿套裙,化淡妆。

(2)保持肃静。签字现场应是庄重、严肃的,不能在签约仪式进行的过程中交头接耳,更不能高声喧哗。手机应关机或设静音。

2.签署文件

谈判双方所签署的文件是谈判双方当事人按照法律规范的要求而达成的合同或协议,是当事人意思表示中一致的法律行为。通常的做法是:首先签署应由己方所保存的文本,然后再签署应由他方所保存的文本。依照礼仪规范,每一位签字人在己方所保留的文本上签字时应当名列首位。因此,每一位签字人均须首先签署将由己方所保存的文本,然后再交由他方签字人签署。此种做法,通常称为“轮换制”。它的含义是:在文本签名的具体排列顺序上,应轮流使有关各方均有机会居于首位一次,以示各方完全平等。

3.交换文本

签字完毕后,各方签字人应同时起立,热烈握手,互致祝贺,并互换刚才用过的签字笔,以示纪念。全场人员热烈鼓掌,以表示祝贺之意。谈判人员还可相互馈赠礼品,除了表示对这次合作成功的祝贺,还表示希望进步、增进友谊和再次合作的愿望。

4.饮酒庆贺

有关各方人员一般应在交换文本后当场饮上一杯香槟酒,与其他各方人士一一干杯。这是国际上通行的增加签约仪式喜庆色彩的一种常规性做法。此时注意自己的风度,不能酗酒,以免当众出丑。有的签约仪式,安排各方领导或上一级领导讲话致辞,时间简短,内容简洁,主要目的是给仪式增辉。谈判不仅是一次艰苦的战斗,也是一种交往的艺术。本章主要阐述了以下几个方面的内容：

(1)谈判前的准备。谈判之初做好充分的准备。谈判人员不仅要有丰富的知识和高超的谈判技巧，还要有充分的物质准备，除了选定谈判场所布置谈判会场之外，还要收集大量谈判所需的信息，营造合适的谈判气氛。

(2)谈判过程的几个阶段。谈判不仅以良好的着装、谈吐、举止等礼仪博得对方的尊重和信任，还以专业的知识、卓绝的口才和超人的耐心夺取谈判的主动权。谈判可按照进程划分为开局、中局、达成三个阶段。开局、明示是获得信息、酝酿气氛、奠定基础的过程；较量阶段则是统一矛盾的过程，是谈判的核心，也是应当充分运用谈判策略的时候；而妥协、达成阶段的坚持与火候的把握则可能带来意想不到的收获。谈判过程中，注意谈判礼仪，互相尊重，平等协商，从而获得对方的尊重和信任。

(3)谈判果实的收获。签约是谈判的终极目标。签约仪式有一定的位次排列方法和严谨的程序。签约既是轻松、愉快的，也是需要谨慎对待的，不要因为签约过程的礼仪问题而导致功亏一篑。

5. 有秩序的退场

双方的最高领导者及客方先退场，然后东道主再退场。整个签字仪式以半小时为宜。

情境案例分析

情境一

若你是某公司的谈判人员，国外A公司是第一次与你公司做交易，准备购买你公司的产品，领导要求你收集有关的谈判信息，则你需要收集哪些信息？

情境二

A公司同某公司签订一项合同，供应给某公司5 000台微波炉。双方约定的交货期为9月10日。9月3日，该公司打来电话，要求提前到9月5日或6日送货。由于A公司在签订合同时预留了足够的时间，实际在9月2日时该公司订购的5 000台微波炉已入库。

假定你是A公司负责该公司业务的销售人员，则该如何做？

情境三

一天，方正物流公司负责前台接待的秘书小李，迎来了一位事先与人事部王经理约好的客人。客人提前几分钟就到达了。小李立刻通知了人事部经理。经理说正在接待一位很重要的客人，请对方稍等。小李就如实转告客人："经理正在接待一位重要客人，请您稍等。"正说着，电话铃响了。小李只是对客人用手指了指一旁的沙发，没顾上说些什么，就赶快去接电话了。客人尴尬地坐下，待小李接完电话后，似乎意识到什么，马上为客人安排了座位。

请分析小李在接待过程中有哪些不当之处，怎样做才对。

第八章　会展礼仪

知识目标

掌握会展礼仪的原则和特点；
掌握会议和展览会的工作流程。

技能目标

掌握展前宣传礼仪，初步具备展览会礼仪策划能力；
掌握展览会中的礼仪及展览会后的评估。

案例导入

会展业被联合国认定为重要产业

联合国国际经济和社会分类专家小组于2005年7月27日在法国巴黎宣布：在所有经济行为的国际标准产业分类中，会议和展览业属于独特的一部分（国际标准产业分类第四次临时修改草案）。

时任全球展览业协会（UFI）秘书长的文森特·杰拉德对联合国的这一决定表示欢迎。他说："很高兴会展业被认定为一个重要产业。我们想要强调的是，同旅游业一样，会展业对本地经济以及民族经济具有重要的影响。UFI坚信通过各种展览会，加强与全球经济紧密联系的国家，其经济往往会在相当一段时期内增长较快。这清楚地表明展览业是一种促进商业发展的重要工具。"

UFI是会展业的世界性组织，策划、服务以及代表世界范围内的商品交易会和博览会。UFI拥有293个成员组织，其中包括世界领先的会展组织者、展览会场地经营者和42家全国性与国际性的专业协会。UFI代表五大洲72个国家和162个城市。全球超过4 500个展览会的管理与运作都要归功于UFI成员的努力。

会展是指会议、展览、大型活动等集体性活动的简称。通过举办各种会展活动和提供各类服务，可以促进商品、物资、人员、资金、信息的流动，产生巨大的社会效应和经济效应。因此，会展的本质是信息的传播和交流，是技术和成果、生产和产品的沟通与交流。

第一节 会展礼仪的特点及原则

会展礼仪最早形成于20世纪40年代的欧洲。随着会展业的不断发展，到20世纪70年代，会展礼仪逐步专业化、正规化。会展礼仪是在会展实践活动中形成的人与人之间、组织与组织之间、国家与国家之间相互表示友好和敬意的外在行为规范和准则。

一、会展礼仪的特点

会展是特殊的服务行业，会展礼仪的核心本质是服务。会展是各种旅游组织与企业通过实物、文字、图表展现其成果、风貌、特征的一种公共关系互动，是旅游组织与企业推广产品和服务、宣传旅游组织成就、塑造形象的重要方式之一。

（一）人文

会展的人文性，即贯穿于会展礼仪的整个过程，是会展的议题，会场的选择，会展的筹备、策划、日程安排，会展报名，与会者的膳宿，会展布置，现场以及会后服务等工作中主办者的办会理念、办会思想等体现出特殊文化性。

（二）责任

无论是哪一次的会展，只要是办会布展，办会人员都应具有高度的责任感，无论哪一个环节、哪一个细节，都必须做到一丝不苟。特别是国家间的或国家的高层会展，办会的各个组织环节都不能出丝毫差错。服务人员的言谈举止，在外宾或客人的眼里，是国家或组织的工作人员的形象，在一定程度上也是国家或组织的形象，即使一个小小的失误，都会给国家和组织带来难以挽回的影响。

（三）从属

从会展的主体来看，会展礼仪依附于会展的召开而存在。会展礼仪随会展规格的升高而攀高，随会展规格的下降而就简。

（四）综合

会展礼仪是服务行业中涉及学科知识最广、专业技能最多的一项复合型工作。会展工作人员需懂服务心理学、公共关系学和管理服务学等学科理论，还须掌握接待礼仪、会话艺术、服务技巧、餐饮文化、设备使用等技能。

（五）协调

会展礼仪环节多，接触面广，哪一方面都不能疏漏，需要与相关部门协调好，相互配合，共同做好礼仪工作。会场布置、座位安排等，需根据会议大小、规格高低安排落实。会议设备大到空调、音响，小到笔记本、签字笔，都需要认真测试，细心准备。尤其是大型会议或大型活动，还应根据需要专门成立会务协调机构，统筹会务各方面的工作，必要时要招募志愿者参加服务工作。

（六）专业

会展的专业性很强，需要参与人员掌握足够的会展知识，明确会展的业务性质范围、责任要求、工作流程、服务标准，才能有的放矢。

二、会展礼仪的原则

会展礼仪服务作为服务业的一种，具备普通服务业的一般原则；但作为一个具有较强专业性、针对性的新兴服务行业，它还具备一些特有的原则。

（一）充分准备

1. 做好计划

会展前的计划也称会前策划或会展方案。尤其是大型会展，不仅有总体计划，而且与会展有关的各个组织部门也应有相应的落实计划。例如，秘书接待、材料、提案新闻、联络、保卫等，都有严密的计划。特别在会务服务方面，要关注每个细节，并且要做备用方案。

2. 物质和思想的准备

从会场布置到会展用品，从音响效果到生活设施，不仅需配备齐全，而且需进行使用检查，确保万无一失。会务人员接到任务后明确会展的目的和要求，领会组织者的意图。对于重大会展，组织者进行必要的工作动员，员工在心理上做好充分的准备。

3. 责任到人

会务服务工作是一项系统工作，需要有明确的分工与相互之间的配合和协调。因此各个部门应按会展计划或方案，落实负责人，任务到人，责任到人，做到职责分明，责任明确。

（二）主题突出

会展是一个吸引新客户的好场所。参展商有在很短的时间内获得对公司产品感兴趣的目标客户群。这些客户对产品感兴趣就表示他们愿意投入时间和精力来了解生产这个产品的公司。参展企业为牢牢地把握住这个绝佳的机会，在激烈的竞争中脱颖而出，会想到许多新奇、激发访客兴趣、有自身特色的展览企划案。会展工作人员在进行这些生动有趣的企划案时一定要注意：不管什么样的沟通交流活动，必须事先明确参展的主要目的，不要活动都搞完了，还不知道自己究竟在干什么，有什么目的。并且，会展工作人员对目的执行力度要坚定不移。在实践中，有些会展工作人员经常会发生“语言上的腹泻”，滔滔不绝地把自己所了解的产品信息一股脑地“倾泻”给顾客，最终顾客也弄不清楚对方企业到底要提供什么，这样企业便失去参展的意义。

小案例

主题突出，办出特色

会展应选择有特色的主题，以吸引更多的专业参观者和旅游者。长沙市尝试将主题会展活动与主题旅游结合，充分挖掘市场深度，如金鹰电视艺术节与展览影视旅游产品、建立影视艺术中心、展示中国电影电视艺术文化相结合。浏阳国际烟花节旅游与本地的旅游资源结合，开发生态旅游。在全国烟酒交易会、省农博会、茶文化节会展期间，会展活动强调湖南有特色的旅游资源与休闲旅游、乡村旅游联姻，使传统的酒文化、茶文化与长沙周边的旅游特色相融合。

（三）周到、细致

1. 周到

参展商们常说：“客户是我们参展的理由，也是我们做生意的理由。”在会展上让客户高兴是参展的主要理由之一。热情、周到的服务和细致入微的接待必不可少。为此，参展商需要举办一些游戏活动或发放些赠品，巩固与客户之间的关系。而会展工作人员做到让客户有如沐春风的感觉，让他们在参加活动或接受赠品的同时愉快地接受企业所宣传的理念并乐意接受企业所提供的服务。

2. 细致

会展工作人员要学会在与顾客短时间的交流中正确了解对方的职业、身份、爱好、兴趣等，做到投其所好。

（四）以人为本

会展活动是为人服务的，必须坚持以人为本的理念。会展活动的人员流动性比较大，顾客对每个展位的参观时间比较短。同时，其他的一些因素也会影响和分散顾客的注意力。会展服务人员为让顾客更多地了解和关心展览，就要考虑到顾客的实际情况，以简便、快捷的方式完成对客宣传，尽量做到不干扰顾客。

礼貌是会展礼仪的重要组成部分，完善的服务礼仪是做好会展的基本条件。微笑的面容、彬彬有礼的举止、大方得体的交谈会给顾客留下良好的印象，为会展的成功奠定基础。

（五）专业扎实

会展是一项专业性很强的活动，每一个展会都有明确的专业特点，在会展的参观人群中，80%以上为专业人员。所以，会展服务人员必须有深厚的专业知识和能力，才能回答顾客的问题，得到顾客的尊重。

（六）坦诚相待

会展服务人员和参展企业要告诉顾客真实的信息，尊重顾客的意见，不要轻易对顾客的意见发表不同的看法；要始终相信对方的诚意，这样才能换取顾客的理解和支持；要让顾客充分感受到真诚，这样顾客才会愿意与其交往合作。

（七）节俭高效

会展是一个支出比较高的活动，对企业来说，特别是刚刚起步的企业，要力求节俭，反对奢侈浪费。另外，会展场所是一个人流、物流集中的地方，作为会展方，一定要注意会展安全。

小案例

会展安全不可忽视

2006年4月10日，印度北方邦密拉特市维多利亚公园的电器交易会临近尾声，上千人进入装有空调的展厅躲避炎热天气。一场大火突然降临，火势蔓延很快，吞噬了用作临时展厅的3座大棚，导致至少100人丧生。据调查，这场火灾是由电线短路引起的，但展厅大棚本身也存在着致命的火灾隐患。

第二节　展览会礼仪

一、展览会策划礼仪

（一）展前礼仪内容

展览会策划礼仪是通过组织专业策划公司精心策划，为参加展览会的企业提供最完美、最优秀的参展活动设计方案。这个方案既包括硬件方面的会场选择，展位、展台布置以及与之配合的各种声、光、电效果；也包括软件方面的宣传促销活动、展览礼仪模特和展览服务人员的培训及包装等。

小案例

“省钱”的奥运会

历史上的各届奥运会基本是在各国政府提供经费的情况下举办的，但第23届洛杉矶奥运会的举办，政府没有出一分钱，而是由美国第一旅游公司副董事长尤伯特设计了一系列出色的策划方案：与企业集团订立资助协议；出售电视广播权和比赛门票；压缩各项开支，充分利用现有设施，尽量不修建体育场馆；不新盖奥林匹克村，租借加州两座大学宿舍，供运动员、官员住宿；招募志愿者为大会义务服务；等等。本届奥运会原计划耗资5亿美元左右，后来不仅没有亏损，而且还赢利。洛杉矶奥组委的材料显示，此次奥运会共赢利2.5亿美元。

（二）展前宣传

1.展前宣传意义

（1）增加展位观众人数。如果展览会的参展商和参展人数太少，一方面会影响展览会的效果和企业的参展热情，另一方面会影响展览会的质量和展会在客户心目中的地位。为更多地吸引企业和客户参展，必须加强会前宣传，让客户和参展商更多地了解展览会并积极参与。

（2）提升参展企业形象。展前宣传可以扩大展会影响，争取更多的客户和观众参观展览会。而客户和观众人数的增加，会提升参展企业的知名度和影响力，树立企业良好的形象，使企业在未来的竞争中占据优势。

2.展前宣传重点

由于展览会在不同阶段的目的和需求不同，因而宣传的侧重点也不一样。在展前阶段，宣传推广的目的是进行“提示性”的宣传，为展览会造势，告诉专业人士和众多消费者有这样一个展览会，希望他们参加。所以，在展前宣传中参展商的服务目标，首先从熟悉的客户入手，加强与老客户的联系，把展览会的准确信息及时传送给他们，获得他们对展览会的支持；其次，要争取潜在的客户，真诚地邀请潜在客户参与展览会，尽量为他们的参与创造条件。

3.参展邀请时间安排

展览会的邀请时间安排，是展前宣传工作的重要组成部分。如果邀请时间太早，则容易被客户和消费者淡忘；如果邀请的时间太晚，则又会让客户和消费者无法安排时间参与。一般情况下，展览会的邀请如果只进行一次，那么最佳邮寄邀请函的时间是在展前两三个星期，这样被邀请者可以在展前4—5个工作日内收到邀请函，以做好参展准备；若是计划多次邀请，则可以在展前第90天发放第一封邀请函，然后过45天再发第二封邀请函，或者每两个星期寄一次。

二、展览会中的礼仪

（一）展台礼仪

1.展位设计有特色

展台礼仪体现在展位设计上，在展会特别是大型展览会中，展位众多，观众比较分散，如何设计好自己的展位，需多花心思。展项设计和展品的选择要体现企业的独特性和针对性；要使用各种现代化的手段对产品的展示进行渲染，这样才能吸引观众的注意力。

2.热情待客

工作人员主动接近客户，与其攀谈可以微笑地使用“您好，欢迎您的光临”等敬语，对客户的询问要耐心、细致地回答，并为其提供宣传资料，礼貌地获取客户的联络方式，然后，用“欢迎再次光临！”等礼貌用语送别客户。

3. 善于交流

优秀的展台接待人员，具有巧妙设计与陌生人交谈时开场白的技巧和流利的解说能力。

(1)开场白。开放式的问题是常见的开场白，如“您对某某产品熟悉吗”“用过某产品吗”。这样的开场白很容易引领与客户的交谈，而“您有什么需要吗”“您喜欢这次展会吗”，这种问题的效果比较差，在准备时选择。

另一种很好的开场白，从引导观众的兴趣爱好和工作性质入手，如“您对我们的产品感兴趣吗”“您在某某方面最迫切的需要是什么”“您在从事这方面的工作吗”等。这种问题容易使交谈双方找到谈话的切入点，引发客户的谈话兴趣，进行更深入的交流。

小案例

良好的交流，留住客户

日本一家电气公司的展会服务人员冈田和一位不久前新发展的客户在展会上偶遇。这个客户见面就问：“冈田，你还指望我们买你的设备吗？”冈田回答：“是的。”客户说：“可是我们刚刚从你手里买的设备温度超过了正常标准，把我手都烫坏了，谁还敢买呀？”冈田答道：“按标准规定，设备可以比室内温度高出60℃，对吗？”“可你们的产品比这高许多，难道我说谎吗？”“你的车间温度是多少？”冈田反问：“大约17℃。”冈田笑道：“17℃加上60℃应该是77℃，要是将您的手放进77℃的热水里，是否会烫坏呢？”“会的。”冈田进一步说：“那么，您以后可不要再用手去摸设备了。您放心，那完全是正常的。”客户最终接受了冈田的观点。

(2)解说。参展工作人员在向客户介绍展品时，应掌握一些基本的解说技巧和方法。具体而言，解说技巧既有共性可循，又因地因时而异。在宣传性展览会和销售性展览会上，解说技巧的共性在于解说要有针对性，同时要注意扬长避短，强调和突出自己展品的特色，必要时可邀请观众亲自动手操作，此外，还可安排观众观看展品的相关影视资料，在展台之上要准备说明材料和单位名片，由观众自取。

宣传性展览会和销售性展览会的解说技巧的不同点在于：前者的重点应放在推广参展单位的形象上，解说围绕参展单位与公众的双向沟通进行；而后者的重点则放在介绍和推销主要产品上。

(二)工作人员礼仪

1. 人员形象

工作人员的形象主要是在展会上直接代表参展单位露面的人员的穿着打扮。在一般情况下，在展位上工作的人员统一着装。最佳的选择，是穿本单位的制服，或者是穿统一的西装、套裙。在大型展览会上，参展单位若安排礼仪人员迎送宾客，最好穿色彩鲜艳的单色旗袍或礼服，这样显得隆重又能突出参展单位的特色。为向客人表明身份，全体工作人员佩戴标明单位、职务、姓名等信息的工作证。

2. 待客之道

在展览会上，不管是宣传型展览会还是销售型展览会，参展工作人员都必须意识到参观者是自己的“上帝”，为其热情、真诚地服务是自己的天职。全体工作人员将礼貌待人放在心上，且落实到行动上。

展览一旦开始，全体参展单位的工作人员即各就各位、站立迎宾，不应迟到、早退，无故脱岗、东游西逛，更不应在参观者到来之时坐卧不起，怠慢对方。

当参观者走进展位时，工作人员面含微笑，主动向对方说："您好！欢迎光临！"随后，面向对方，稍许欠身，伸出右手，掌心向上，指尖直指展台，并告诉对方"请您参观"。

当参观者在展位上进行参观时，工作人员随行于其后，以备对方向自己咨询，也可以请其自便，不加干扰。如参观者较多，在接待组团而来的参观者时，工作人员在左前方引导对方进行参观。对于参观者所提的问题，工作人员应认真回答。

当参观者离去时，工作人员应真诚地道以"谢谢光临"或"再见"。

3. 解说技巧

在宣传展览会与销售展览会上，解说技巧在于：善于因人而异，使解说具有针对性；与此同时，突出自己展品的特色，在实事求是的前提下注意扬长避短，强调"人无我有"之处，必要时，邀请参观者亲自动手操作，或由工作人员为其进行现场示范；此外，还可安排参观者观看与展品相关的影视片，并向其提供说明材料与单位名片。通常，说明材料与单位名片常备于展台之上，观众自取。

（三）模特礼仪

展览会上聘用模特参加展览演示，不仅可以为展台增加亮丽的色彩，还能使展示产品的设计达到最佳宣传效果。事实上，用来推广企业形象、宣传企业品牌的专业礼仪模特，仅仅拥有靓丽的外表是远远不够的。展览会礼仪模特还要具备良好的公关素质，如良好的应变能力、动听的声音、流利的解说能力、服装的表现能力、丰富的礼仪知识等。在这里，要了解专业技术人员与模特之间的区别。技术人员可以答技术问题，但很难在短时间内吸引客户视线，除非技术人员有着模特般的气质和形象。相反，有的公司不惜重金请来大量漂亮的模特助演，但如果她们没有展览会的礼仪常识，不知道如何为企业代言，展览会则也达不到预期目标。

三、展览会后的礼仪

美国的调查表明，如果在展览会闭幕后继续与新建立关系的客户联系，参展企业的销售额可以增加2/3。美国著名展览会专家艾伦·可诺派奇博士建议展出者将预算的15％－20％用于后续工作，并在准备展览会时就计划后续工作，而不是在展览会闭幕后才考虑。

（一）展览会后的评估

展览会评估是对展览会的展览环境、工作效果等方面进行系统、客观、真实、深入的多维度评价，并作出权威的反馈。一般评估工作在开展的一个月开始，在展后一个月内完成。展览会的主办机构会成立专门的评估小组，并指定专人负责，收集展览会的各种资料，然后作出预测和统计。

评估程序是：确立展览会的评估标准，选择规范的评估标准，制订评估方案，撰写评估报告。每次会展是投入比较大的经营活动，都有不同的经验和教训。系统的评估有利于展览会主办方和参展方发现问题、改进工作和提高效率。

（二）展后的跟踪服务和总结

1. 展后的跟踪服务

展后的跟踪服务是针对多展面和重要的专业观众进行的。跟踪服务的目的：加深目标客户的印象，树立展览会的品牌形象，为下届展览会作预告宣传。展览会刚结束时，观众的印象加深。因此,展后的跟踪服务在展览会结束后越快进行越好。若此时抓住机会,开发客户则比较容易。如果在展览会后不再联系参展商,目标客户则很可能会失去热情,这意味着即将失去这些客户。展后的跟踪服务主要从以下两方面进行:

(1)展览会承办机构的跟踪服务。展览会承办机构通过展览会掌握很多参展商和潜在客户的联系资料,因此在展后应进行后续的跟踪服务,这主要包括:建立参展商和客户的信息数据库;手机客户的意见和建议;及时通报展览会信息,与客户及参展商保持长期的感情联系。

(2)参展商的跟踪服务。对参展商来说,参展是建立客户关系,而跟踪服务则是“收获”,这主要包括:对提供帮助的单位和人员表示谢意;如果展出效果好,则要召开记者招待会,发布新闻,以进一步扩大企业的影响力;及时与客户谈判,签订贸易协定;更新客户名单;举办各种方式的联络活动,增进与客户的联系。

小案例

展览会后续工作不可缺

为答谢业内同仁,中国国际广播电视信息网络展览会(CCBN)组委会于2008年12月2日在成都、12月2日在深圳、12月4日在上海三地举办了迎新年答谢招待会。

12月1日,CCBN组委会在成都索菲特万达大饭店凡尔赛宫厅召开了第一场迎新年答谢会。来自四川省和成都市广电局、电视台、网络公司的领导、业内专家、厂商、用户和媒体近10人出席了此次答谢会,国家广电总局广播科学研究院院长、CCBN组委会主任委员马炬先生代表CCBN全体人员对出席的嘉宾表示热烈的欢迎,并向在场嘉宾详细介绍了2009年展会的筹备情况。CCBN已经成为最受瞩目的行业盛会。

2. 展后总结

展后总结不是独立的业务工作,是管理工作的组成部分,目的是统计整理资料,研究分析已经做过的工作,为以后工作提供数据资料、经验和建议。总结工作对展览会和客户的经营与管理有着重要的意义。同时,展后总结也是参展商和观众所关心的,特别是展览会的数据。展后总结,提高企业知名度。好的展览会所取得的成绩可以为下次办展做间接宣传。展后总结的一般方式是讨论会和撰写总结报告。基本内容包括:从筹备到进行展览的所有工作的总结、效益分析与成本核算、项目市场调查。

第三节 会议礼仪

一、会前策划礼仪

(一)会前礼仪

1. 会前准备

会前准备的基本内容包括:让所有参会人员知晓会议开始的时间和持续的时间,以便参会人员合理地安排自己的工作;注意选择会议的地点,会议室的布局是不是适合这次会议的举办;确定会议的主持人、发言人、参加人员和服务人员;确定会议的议题和形式;会议所需物品的准备,例如,纸笔、投影仪、多媒体设备、咖啡、水果、饮料、条幅等。

2. 会前礼仪策划

会前的组织工作是会前礼仪策划的重点，包括以下内容：

(1)会议筹备。围绕会议主题，将领导议定的会议规模、时间、议程等组织落实，通常要组成专门小组，明确分工，责任到人。

(2)通知拟发。举办正式会议均应提前向与会者下发会议通知。它是会议的主办单位发给所有与会单位或全体与会者的书面文件，还包括向有关单位和嘉宾发送的邀请函，具体注意：拟写通知时，保证完整和规范。会议通知一般由标题、主题、会期、出席对象、报到时间、报到地点及与会要求七项要点组成；下发通知时，应保证及时送达，不得延误。

(3)会议证件制作。证件上的会议名称必须写全，法定性的会议使用黑体、宋体，其他会议可以使用一些艺术字体；如果会议有会徽，将会徽印制在会议证件上，在证件上印制参加者的姓名、性别、照片；证件上注明证件名称、证件号码；要印制参加者的组别和会议日程；国际性的会议证件，印制中外两种文字，中文在上、外文在下。会议证件应由专人负责管理、发放。

小案例

证件制作的注意事项

制作会议证件要注意以下几点：

要兼顾会议安全和方便，不能过于简单，影响会议的组织管理，也不能太烦琐，给大会代表和工作人员带来不便。证件在设计和色彩运用上要区别于其他类型证件，体现出大会的特点。

国内会议要体现党的民族政策，坚持汉字和少数民族文字并用；国际性会议则要坚持外事政策，坚持中外文并用。

(4)文件的起草。会议上所用的各种文件材料要在会前准备妥当，主要包括会议的议程、开幕词、闭幕词、主题报告、大会决议、典型材料、背景介绍等。

(5)常规性准备。对一些会议涉及的具体细节，要做好常规性的准备工作。主要工作有以下几项：

①补充采购。会议用品的采购，如纸笔、本册、文件夹、姓名卡、座位签、饮料、声像用具等，要及时补充采购。

②与外界搞好沟通。如向有关新闻部门、公安保卫部门进行通报。

③会场布置。选择好适合的场地，根据需要将桌椅安排妥当，提前调试好音响、照明、投影、摄像、摄影、录音、空调、多媒体等设备。

(二)会场的选择和布置

1. 会场选择

场地的选择对会议的成败重要，会议的组织者高度重视这个问题。会场的选择要注意以下问题：

(1)会议地点。在选择会场的时候，考虑会议地点是不是方便，尤其是大型的国际性会议，一定得考虑交通便利、停车位的情况，会场周围的环境、旅游设施、餐饮设施、购物的便捷性等各种因素。

(2)会场面积。根据参会人数和会议类型确定会场面积。会场的面积充分，如果不得不在空旷和偏窄中选择，则许多会议组织者会选择后者，因为选择前者会给人冷清之感。

(3)硬件设备。现代会议选择有网络接口、装备计算机和视听设备、适合放映数据投影设施的会场。同时,检查会场的灯光、空调、音响等设备是否齐全。一般性的设备如主席台、有线和无线麦克风、白板、纸笔、屏幕、多媒体投影、激光笔等是否齐备。

(4)费用计算。会场的选择以“量入为出”为原则,尽量节约成本。举办会议,注意节约开支,根据会议的规模和开支计划,招募和培训会议服务人员。

2.会场环境设计

会议组织者在设计会场环境时需注意两个方面:一是会场的布置与会议的性质和主题相适应;二是会议的环境设计人性化。会场有各种醒目的标志,标志的制作和选择要符合规范,切忌过于繁多,以免让会议参加者不知所措。

会场环境设计的重点是会场的布置。布置会场需注意以下几个方面:

(1)布局合理,空间适中,通风良好,干净整洁。需根据会议的要求和内容,配置适当的音乐,调节会议气氛。

(2)对会场的温度要及时调整。一般来说,在会议开始前半小时打开空调,温度定在18℃-25℃,相对湿度为60%-80%。白天尽量采用自然光,适当配备灯光,既环保又省电,但要避免阳光直射。使用灯光时要注意强弱和层次,重要区域如主席台,灯光要相对明亮,以突出主席台的重要地位,但反差不宜过大,不要影响主席台与台下的沟通。

(3)一般情况下,会场的布置避免使用黑色和白色,这样的色调对人体会产生吸光和反光。会场四周墙壁和桌椅宜采用浅色调,这对摄像影响较小。主席台背景要简洁、清楚,避免使用山水景物。

(4)会场布置,突出会名。一般情况下,主席台的上方悬挂有会议名称、时间等的横幅。如果是国际会议,则可以使用中外两种文字书写,以右为尊。在主席台和会场四周可适当用鲜花装扮,调节会场气氛。

(5)在会场的安排中,保持畅通,便于安全疏散。在会场内外设置醒目的路标,路标有指示箭头、会议名称、地址、时间等,便于与会者的行动。

(6)会场设备注意安放的位置和音效,避免产生噪声。会场准备茶水、点心、饮料和宣传图册等。

3.大中型会议会场布置

大中型会议一般是指与会者众多、规模较大的会议。其最大特点是会场上应分设主席台和群众席。对于前者,必须认真排座,后者的座次则可排可不排。

(1)主席台排座。大中型会场的主席台一般应面对会场主入口。在主席台上就座之人,通常应当与在群众席上就座之人面对面。每位成员面前的桌上,均应放置资料双向的桌签。主席台座席,具体又可分为主席团座席、主持人座席、发言者席位。

①主席团座席。主席团是指在主席台上正式就座的全体人员。国内目前排主席团座次的基本规则是:前排高于后排;中央高于两侧;左侧高于右侧。

②主持人座席。会议主持人又称大会主席,其具体位置有三种选择:一是居于前排正中;二是居于前排的两侧;三是按其具体身份排座,但不宜就座于后排。

③发言者席位。发言者席位又称发言席。在正式会议上,发言者发言时不宜就座于原处发言。发言席的常规位置有:一是主席团的正前方,二是主席台的右前方。

(2)群众席排座。在大中型会议上,主席台之下的一切座位均称为群众席。具体排座方式有两种:一是不进行统一排座,大家各自择位而坐;二是按单位就座,即指与会者在群众席上按单位、部门或者地位、行业就座。按单位就座时，若分前后排，则以前排为高，后排为低；若分不同楼层，则楼层越高，排序就越低。

4. 国际会议会场布置

国际会议的特点是：规模大、规格高、与会国家多、议题专一、活动内容广泛。国际会议会场布置形式多种多样，应根据会议的性质、内容、规格、人数和主办方的要求等情况来确定。

5. 会议厅布置

大型会议除了使用主会场外，往往需要使用一些小型的厅室开展分组讨论活动。小型厅室布置的总体原则是：美观实用、出入方便、主次分明、错落有致、色调和谐、视听清晰。下面就不同厅室的布置分别介绍：

(1)会见厅。会见厅的桌椅布局有马蹄形、正方形、长方形和凸字形等，其中，马蹄形使用较多。正中迎门的地方放置两个或四个沙发，两边留有出入口，每两个沙发之间放置茶几。布置会见厅，需注意以下两项内容：

①布局合理、庄重，家具之间距离协调一致，内圈沙发应根据人数来安排中间的空距，一般以两脚半长度为宜。内圈沙发之间的茶几，要根据不同的服务对象选择适当的位置，并根据领导的不同习惯适当放置痰盂。

②座位应比会见的总人数多，以备会见时临时增加的人员使用。会见所需物品有一定的富余，会见用的毛巾、茶具、餐具、冷饮具等严格消毒、封存，由专人负责，符合安全卫生标准。以上工作完成后，对会见厅进行全面的卫生清洁和安全检查。

(2)会谈厅。双边会谈通常布置长条形或椭圆形会谈桌和扶手椅，宾主相对而坐。会谈厅的布置根据会谈人数将会谈桌呈横一字形或竖一字形排列，桌子的桌线与正门的中心相对，在桌子两边对称摆放扶手椅。贵宾和主人的座位居中摆放，座位两侧的空间应比其他座位略宽。如果双方人数不同，则双方主要领导人中间座椅对齐，其他两边匀称摆放。如果会谈桌呈横一字形排列，则主人在背向正门的一侧就座，客人在面向正门的一侧就座。如果会谈桌呈竖一字形排列，以进门的方向为准，客人居右方，主人居左方。译员的座位安排在主持会谈的主宾和主人的右侧，其他人按礼宾顺序左右排列。记录员一般在会谈桌的后侧另行安排桌椅就座，如参加会谈的人数较少，也可以安排在会谈桌边侧就座。小范围的会谈，一般不用会谈桌，只设沙发，双方座位按会见座位安排。如果是涉外宾客，会谈桌上则应放置两国国旗，桌上应放置座位卡。使用中外文字书写时要注意主方文字在上面，客方文字在下面。会谈场地正门口，还要安排人员迎送客人。

(3)签字厅。签字仪式所用的厅室，根据出席签字仪式双方领导的身份、出席人数，选择在宽敞的大厅或以高大的屏风、大型挂画、壁画作为背景的厅室进行。布置的方式：在厅室正面的上侧、大型屏风或挂画的前面，将两张长条桌并拢呈横向排列，在桌面上铺墨绿色台布。签字桌的桌布铺正，中心线拉直，下垂部分两端要均等，里外两侧要求外边长里边短。签字台的后面摆两把靠背扶手椅。两把椅子之间相距 1.5—2 米。在两个座位前桌面上放置文具盒、吸水墨具。如果是国事活动，桌面前方则摆放两个国旗的旗架。签字厅的两侧可布置少量沙发，供休息用。

资料卡

签字桌的布置

各国举行的签字仪式不尽相同。有的国家设置两张方桌为签字桌，双方签字人员各坐一桌，双方的小国旗放在各自的签字桌上，参加仪式的人员坐在签字桌的对面。有的国家安排一张长方桌为签字桌，但双方参加仪式的人员坐在签字桌前方两旁，双方国旗挂在签字桌的后面。

(4)大型集会。当参加人数较少时，集会可以安排在礼堂或剧场；当参加人数较多时，安排在广场进行。集会会场的布置主要是主席台和休息厅。主席台的布置以人数的多少而定，人数少，就直接用会议桌安排布置；人数多，搭建梯台。主席台用鲜花装点，悬挂会标和横幅，如果是报告会，则设置讲台。休息厅的布置要方便，要准备茶水、饮料和水果等。大型集会要安排好疏散通道。

(5)合影厅。合影厅的布置根据合影的人数来决定，背景符合合影者的身份，若人数较多，则搭建台阶。合影以弧形或扇面形排列为宜，在前排摆放椅子供主要领导就座。

(6)冷餐会。冷餐会有两种形式：一是设席冷餐会，二是不设席冷餐会。两者在厅室布置上不同。

设席冷餐会有两种布置形式：一是设菜台，但不单独设置酒台，在菜台周围设置圆桌，每桌按 4—6 人安排；二是不设置菜台和酒台，与正式宴会一样，菜点和酒水直接摆放在桌上，客人按次序入座就餐。

不设席冷餐会应根据参加人数、菜点的数量设置菜台、摆放菜点。菜台的设置不宜过大，一般以 20—30 人为宜。菜台四周要放置小桌，设置相应的酒台。厅室周围要放置适量的椅子，供年老体弱者使用。如果有重要客人，则要设立主宾席。主宾席的设立有两种：一是在厅室的上方摆放沙发和扶手椅，每三个座位前摆放一个大茶几，供摆菜点和就餐；二是用圆桌或长桌作为主宾席。

(三)通知礼仪

会议通知的发送需注意：在会议通知中，告知会议的详细情况，便于会议参加者合理安排时间；对会议的主要参加者，在通知中对其出席表示感谢，同时使用礼貌性的语言表达真诚的邀请之意，在会议通知发出后，保持密切联系，确保其对会议的重视；注意发送会议通知有一定的提前量，对发出的通知多方查证，防止会议通知遗失；通知发出后，要求与会者要有回执，并提供详细的联系方式，收到回执后，则要及时向会议参加者发出正式的邀请函。

(四)膳宿礼仪

1.餐饮安排礼仪

会议的餐饮安排很有讲究，涉及就餐编席、名次的排列、时间、地点等。编定就餐席同样需考虑到参会人员的级别、身份、民族等因素，不能任意将一些人组合在一起。多少人一席应视当地具体情况而定，有的地方是 10 人一桌，有的是 8 人一桌，不同地区、场合有不同的习惯，如机关的相关会议编席，往往是按行政级别定的。此外，考虑就餐人员的民族问题，注意少数民族的饮食习惯，将这些参会人员作特别安排，如注明“回族朋友请在某某桌就餐”。

2.住宿安排礼仪

接待住宿根据客人的身份、人数、性别、年龄、身体状况、生活习惯和工作需要安排，选择宾馆根据实际接待能力、口碑与服务质量、周边环境、交通状况、安全条件考虑生活需要，如空调、热水、卫生间、电话、电视、宽带、娱乐。购物、办公、会议设施等要符合要求。

资料卡

会议饭店知多少

适合举办会议的饭店按类型可分为商务型饭店和度假型饭店两种。前者一般位于市区，交通便捷，无论是在外部设计还是在内部装修、可提供的先进通信工具、适合会务的商用场地上，都体现了现代商务高效、快捷的特点。饭店24小时全天候办公，有较强的服务能力。后者一般建在旅游胜地或海边，外部设计、园林规划、内部装修都很有特色，集休闲度假、娱乐健身于一体。度假型饭店也能提供相应的会议设施、美食和各种地方特色活动，这大大方便了会议举办单位。在国内进行的会议，注意住宿安排要相对集中，有利于管理和沟通。同时对住宿中的一些特殊问题要特殊对待：如对职务和级别高的与会者，要安排套房；对职务和级别较高的人员，要安排单人房间；对年老体弱、病、残的与会者，要安排住在底层或离服务台较近的地方；要将同一单位或同时离开会议的人员集中安排住宿，既节约成本，又便于协调房间；会议主要参加者的陪同随行人员，要尽量安排在会议主要人员的房间附近；大会服务人员的工作休息房间，要安排在靠近入口或楼梯的地方，便于与参会者联络。

二、会议现场礼仪

(一)会前礼仪服务

1.注册签到

会议的举办方在车站、码头、机场按照接待规格准备接站牌和欢迎横幅。会议服务人员提前准备好签到和报到的一切物品，提前30分钟就位。签到和报到处一般设立在宾馆或会场入口处。服务人员热情引导参会者办理注册签到手续，领取参会证件、会议文件和纪念品等。会议签到的方法主要有以下几种：

(1)簿式签到。与会人员在会议工作人员预先备好的签到簿上签名，表示到会，一般适用于小型会议。

(2)证卡签到。会议工作人员将印好的签到证事先发给每位与会人员，进入会场时，与会者将签证卡交给会议工作人员，表示到会。证卡签到多用于大型会议。

(3)座次表签到。事先制定好座次表，座次表上每个座位按要求填写合适的与会人员姓名和座位号码。参加会议人员到会时，就在座次表上销号，表示出席。

(4)计算机签到。只需把特制的卡片放到签到机内，几秒钟内即办完，将签到卡退还本人。这是一种先进的签到手段，一些大型会议采用此种方式。

2.接待服务礼仪

迎接客人前要有周密、细致的准备，注意以下事宜：

(1)对前来访问、洽谈业务、参加会议的外国人、外地客人，首先了解对方到达的车次、航班，安排与客人身份、职务相当的人员去迎接。若因某些原因使相应身份的主人不能前往，前去迎接的主人应向客人作出礼貌的解释。对一些重大国际会议的领导人物，必要时可安排欢迎队伍到机场、车站、码头迎送，并安排人员和鲜花，同时协助办理各种通关手续，专车迎送。迎接客人提前到达，绝不能迟到。

(2)接到客人后，首先问候“欢迎您来到我们这个美丽的城市”“欢迎您来到我们公司”“一路辛苦了”等，然后向对方作自我介绍，如有名片可送予对方，提前为客人准备好交通工具和住宿，并协助办理好一切手续，将活动的计划、日程安排交给客人，并把旅游地图、名胜古迹等介绍资料送给客人。

(3)将客人送到住地后，主人不要立即离开，应陪客人稍作交谈，如客人参与活动的背景材料、当地风土人情、自然景观、特产和物价等。谈话时间不宜过长，让客人早些休息，分手时将下次联系的时间、地点和方式告诉客人。具有一定规模的会议，经常会在正式开会前一晚安排一些娱乐和社交节目，但要考虑费用和安全。

(4)在一些正式的会议或官方会议中，一般安排领导人接见与会者，发表讲话，合影留念。当领导不能参加会议时，向与会者说明情况，特别是当客人要找领导人，而由于各种原因领导不能接见时。

(5)参会人员报到后，及时核对与会者对回程票的具体要求，在购买前再次主动向与会者核实返程的详细情况，提前预订和购买，以免影响与会者返程。为加深与与会者的相互了解，缓解参会压力和疲劳，适当安排与会人员参观、游览。在会议结束时，为让与会者对会议加深记忆，并向其表达感谢之情，应向与会者赠送统一的会议纪念品。

3.引导服务礼仪

引导服务是会议服务人员在会议期间为与会者提供指引会场、座位及打听的路线、方向、具体位置、交通条件等服务。引导服务贯穿于会议始终，要注意如下事宜：

(1)会议服务人员熟悉场内区域座号，在引座时做到准确无误。指路时面带微笑，自然地抬起左手，四指并拢，拇指与其余四指自然分开。女性的标准礼仪是手臂内收，手尖倾斜向上推，表示“请往里面走”；男性服务员手势要夸张一点，手向外推。

(2)主动照顾年老体弱者入座、站立、投票、上卫生间等。在会间休息或结束时，要按照规范站在自己的岗位上，及时打开疏散通道，礼送参会者离开会场。

(二)发言礼仪

1.会议发言人礼仪

各种会议的发言人，一般由具有一定职位的人来担任，其礼仪表现对会议的成功与否至关重要。会议发言人礼仪需注意以下几点：

(1)应衣着整洁、庄重，精神饱满，走上主席台稳健有力。

(2)入席后，如果是站立主持，则应双腿并拢，腰背挺直。单手持稿时，右手持稿的底中部，左手五指并拢自然下垂。双手持稿时，应与胸齐高。坐姿主持时，身体应挺直，双臂前伸，两手轻按于桌沿。主持过程中，口齿清楚，简明扼要，切忌出现搔头、揉眼等不雅动作。

(3)发言人对会场上的熟人不能打招呼，更不能寒暄闲谈。在会议开始前或会议休息时间可点头、微笑致意，发言人可根据会议性质调节会议气氛，或庄重、沉稳，或活泼、幽默。

2.会议发言礼仪

会议发言有正式发言和自由发言两种，前者一般是领导报告，后者一般是讨论发言。

(1)正式发言者衣冠整齐，走上主席台时步态自然、有力，体现出自信的气质。发言时口齿清楚，逻辑清晰。如果是书面发言，则要时常抬头扫视会场，不能一味低头读稿。发言完毕，对听众的倾听表示感谢。

(2)自由发言则比较随意，注意：发言讲究顺序和秩序，不能争抢；发言简短，观点明确；与他人有分歧时，应以理服人，态度平和。

（三）会议现场礼仪

1.翻译人员与安保人员

国际会议开始前检查同声传译或翻译是否安排妥当，以保证会议的正常进行。会议开始前，确认安保人员已经到位，如果是保密会议，则需要请无关人员离场。

2.保证会场肃静

会议服务人员关闭手机或将手机铃声设为静音，防止手机声音对会议的干扰。会议开始后关闭会场大门，会议服务人员在提供服务的时候注意会场的安静，尽量减少声音，注意提醒会议参加者保持安静。

（四）会议其他服务礼仪

1.茶水服务礼仪

会议开始前，做好茶水服务的准备。开水、茶叶、茶具，在会议入场前30分钟准备好。开会前15分钟左右，为会场内的茶具浸水沏茶，茶杯不要斟满，1/3即可，这也叫温茶。

与会者入场时，会议服务人员站立在接待桌旁，双手交叉呈自然状态，放于小腹前，面带笑容。与会者入座时，主动上前表示欢迎、问候，并给每位与会者斟茶。会议进行时，仔细观察与会者的饮茶情况，及时为其续水。续水时统一使用暖水瓶，随手带条毛巾。

同与会者交谈时，为了不影响谈话，要从空位处斟茶，保持左脚在前，右脚在后，呈丁字形，上身自然前倾，左手将茶杯盖揭开翻放在台布桌上，再拿起茶杯撤离座位后约20厘米处开，以防溅到与会者身上。斟水以八分满为宜，然后将茶杯轻轻放回原处，再用小毛巾沾净茶壶外的水迹。对茶水的准备要充分，温茶、热茶和开水都要准备，以满足不同与会者的需要。茶具、茶杯要充足，摆放整齐，杯把向外，便于取用。

2.安保服务礼仪

对会议的安全保障要从会场开始。会议安全工作小组和服务人员要有安全意识，做好会前的各项安全检查，对于一些重要会议，可以提前封闭会场。入场时，对入场人员进行严格的验证工作和安检工作，凭证出入，防止闲杂人等进入会场。对与会者入住的宾馆要事先进行安全检查，不要安排与会者入住存在安全隐患的宾馆。会议安全工作小组和饭店保安人员密切配合，对参会人员的人身安全和物品安全提供安全保障。对参会人员的重要物品，交由饭店安保部门重点保管。

对内容需要保密的会议，参会人员接受检查教育，不容许携带摄影和录音设备。会场周围设立隔离区，对会场实行屏蔽，特别重要的会议要对会议地点保密。对文字需要保密的会议，防止会议文件外泄，对会议的所有文字资料，严加管理。对保密的会议，谢绝新闻记者采访。

3.旅游服务礼仪

会议安排的旅游活动，通常先争取参会者的同意。在旅游路线确定以后，制订详细的计划。旅游线路一般以中短线为主，时间不宜太长，主要是参观当地的旅游景点，时间在48小时左右。会议为与会者提供导游、景点门票、交通工具、住宿餐饮、线路报价，还为其购买旅游保险，安排异地往返票。如果会议不安排旅游服务，作为会议的组织者，则向与会者提供详细的当地旅游地图和旅游手册。

对于商务考察，因为牵涉到一定的企业，会议组织者提前联系，安排妥当，并提供交通工具、目的地的食宿和向导。如果需要，则还会邀请媒体，提供影像资料摄制服务。

三、会后服务礼仪

（一）会后礼仪

会议结束后，负责组织会议的人员要礼貌地将与会者送出会场，并做好后续工作，主要有以下几项：

1. 形成文件

对于会议的内容要最终形成文件，包括会议决议、会议纪要等，一般要求尽快形成，会议一结束就要下发公布。

2. 处理材料

根据工作需要与有关保密制度的规定，在会议结束后应对与其有关的一切图文、声像资料进行细致的收集和整理。进行这项工作需遵守的规定和惯例有：该汇总的材料，认真汇总；该存档的材料，一律归档；该回收的材料，一定回收；该销毁的材料，一定仔细销毁。

3. 合影留念

为了加强交流，会议安排与会者合影留念。特别是一些重要会议和有领导参加的会议，这一项也是必不可少的内容。

4. 欢送返程

合影礼仪大会结束后，主动为与会者联络、提供交通工具，或是替对方订购返程的机票、船票、车票，及时将预先购买的返程票交到与会者手里，并且确认无误。会议结束后安排主要领导和与会者告别。告别可以以欢送宴会的形式进行，也可以在会场门口告别，还可以到与会者房间告别。对重要客人要单独告别，以示重视，并安排车辆送站。团队与会者或特殊人士离开本地，还可安排专人为其送行，并帮助其托运行李。

5. 费用结算

会议结束后，会议工作人员及时进行账目结算，对与会者缴纳的费用，多退少补。对会议账目可以公开的，告诉与会者账目明细，并为其开具正式发票。

（二）会后致谢

会议结束后，在送走参会者，完成会议的收尾工作后，会议的组织者及时向会议的协办者和服务人员致谢，向与会者和参会领导致谢。会后致谢是会议的重要组成部分，不能“人走茶凉”。通过致谢可以加强与各方面的联系，沟通感情，建立良好的关系，为以后的工作打下基础。会后致谢的方式有以下三种：

1. 登门致谢

在条件允许的情况下，对参会的主要领导和重要客人，争取做到亲自登门致谢。

2. 电话致谢

如果条件不允许，不能亲自登门致谢，则要及时用电话逐一向有关领导表示真诚的谢意。

3. 电函致谢

可采用现代化的手段，如互联网等进行致谢。

资料卡

国宾访华仪式礼仪知多少

1. 机场红地毯接待

访华国宾大多从国际空港抵达，首都机场人行道上铺红地毯迎接。外交部礼宾司司长同来访国驻华大使登机请国宾下机，国宾与前往机场迎接的外交部副部长以及其他欢迎官员握手，并接受献花。欢迎仪式毕，国宾离开机场至钓鱼台国宾馆国宾下榻处。

2. 欢迎仪式

自 1980 年起，国宾访华欢迎仪式的地点由首都机场改至人民大会堂东门外广场举行。国宾抵达广场后，儿童向他们献花，然后国宾与出席仪式的中方高级官员见面握手。在中方领导人的陪同下，国宾登上检阅台检阅三军仪仗队，同时军乐团奏两国国歌，鸣放 21 响或 19 响礼炮。在仪仗队队长向国宾报告仪仗队准备完毕后，国宾在中国国家领导人的陪同下沿红地毯检阅三军仪仗队。国宾行至军旗前向军旗致敬，检阅完毕向仪仗队致意。国宾再次登上检阅台，检阅三军仪仗队分列式。检阅完毕，客人由中方领导人陪同进入人民大会堂会谈。

3. 举行欢迎国宴

国宴通常在国宾抵京当晚或次日晚在人民大会堂举行。国宴十分隆重、亲切，做到五洲宾客宾至如归。宴会厅内悬挂来访国及中国国旗。席间军乐团演奏席间乐，曲目单经精心挑选印制并有著名歌唱家或艺术家表演节目助兴。

4. 政治会谈

国宾与中方领导人举行正式会谈，称为政治会谈。政治会谈通常在人民大会堂东大厅举行。政治会谈正式、庄重，会场悬挂双方国旗。会谈桌为长方形或椭圆形。桌上摆设有中文和英文写成的座位卡。会谈结束后外交部新闻官员向采访的新闻记者“吹风”。

5. 向人民英雄纪念碑敬献花圈

根据意愿，国宾向人民英雄纪念碑敬献花圈。

6. 签字仪式

国宾访问期间，就发展两国友好合作关系，加强政治、经济、文化、科技、贸易等方面的往来，与中方代表签署协议书，为此举行签字仪式。重大的签字仪式均由两国元首或政府首脑出席。签字毕，宾主举杯祝贺。

7. 参观游览

游览长城、参观故宫等，为首次访华的国宾最喜欢的安排之一。

情境案例分析

青岛国际啤酒节

青岛国际啤酒节始于 1991 年，是中国最早以啤酒为媒介，融经贸、旅游、文化为一体的大型节庆活动，是亚洲最大的啤酒盛会。青岛国际啤酒节由开幕式、啤酒品饮、文艺晚会、艺术巡游、文体娱乐、饮酒大赛、旅游休闲、经贸展览、闭幕式晚会等活动组成。它目前已经跻身我国成功举办的大型节庆行列。

初期，青岛国际啤酒节主要依靠政府投资，从第六届开始，提出了“民办公助”的思路。政府不再给啤酒节以资金上的支持，而是提供一些相关政策上的支持，主要依靠企业出资。随后的第七、八、九届青岛啤酒节处于市场化过渡阶段。到第十届青岛啤酒节，政府已经实现了零投入。

结合上述资料请分析一个会展节庆活动的成功与其目的的明确、前期市场策划的制定是密不可分的，请根据本案例搜集整理相关资料，详细列出青岛国际啤酒节的策划思路。

第九章　商务仪式礼仪

知识目标

熟悉商务庆典仪式的礼仪规范；

了解开业仪式、剪彩仪式、交接仪式、奠基仪式、竣工仪式的基本概念及程序；

熟练掌握开业仪式、剪彩仪式礼仪要求。

技能目标

具备各种商务活动中运用仪式礼仪规范的能力；

掌握商务庆典仪式礼仪相关注意事项。

案例导入

香港回归

1997年6月30日午夜至7月1日凌晨，中英两国政府香港政权交接仪式在香港会议展览中心新翼五楼大会堂隆重举行。

6月30日23时42分，交接仪式正式开始，中方国家主席江泽民、国务院总理李鹏、国务院副总理兼外交部长钱其琛、中央军委副主席张万年、香港特别行政区首任行政长官董建华，英方查尔斯王子、首相布莱尔、外交大臣库克、离任港督彭定康、国防参谋长查尔斯·格思里，同时步入会场登上主席台主礼台。7月1日零时，中华人民共和国国旗和中华人民共和国香港特别行政区区旗在香港升起。零时4分，中华人民共和国主席江泽民庄严宣告：根据中英关于香港问题的《联合声明》，两国政府如期举行了香港交接仪式，宣告中国对香港恢复行使主权。中华人民共和国香港特别行政区正式成立。这是中华民族的盛事，也是世界和平与正义事业的胜利。经历了百年沧桑的香港回归祖国，标志着香港同胞从此成为祖国这块土地上的真正主人，香港的发展从此进入一个崭新的时代。零时12分，香港政权交接仪式结束。

仪式是指在人际交往中特别是一些比较重大、比较庄严、比较隆重、比较热烈的正式场合，为了激发出席者的某种情感，或者为了引起其重视，而郑重其事地参照合乎规范与管理的程序，按部就班地所举行的某种活动的具体形式。在现实生活中，仪式很多，如签字仪式、剪彩仪式、交接仪式、庆典仪式等。从根本上讲，仪式是现代社会发展的产物，因为礼仪与仪式作为人们生活中的行为模式、行为规范，属于社会的上层建筑，由社会经济基础决定，随着经济基础的变化而变化，随着社会实践的发展而不断地丰富发展，而社会生产力水平决定了一个社会的经济基础，所以礼仪的产生和发展最终是由社会生产力水平所制约和决定的。随着现代社会生产力水平的提高，人们的物质文化水平提高，社会所固有的仪式也在不断地发展和臻于完善。

第一节　庆典仪式礼仪

庆典是各种庆祝仪式的统称。在商务活动中，商务人员参加庆典仪式的机会很多，有可能按领导要求为本单位组织一次庆祝活动，也有可能应邀出席外单位的某个庆祝活动。在活动中，个人的行为和表现会直接影响到他人对个人及所属单位的看法。商务庆典活动很多，但是总体来说有一些共同的特征和要求。

一、庆典仪式的含义及类型

庆典是组织围绕自身重大事件、活动所举行的典礼、仪式等公共关系专题活动的总称。庆典一般在各种节日、组织的重要纪念日或取得重大成绩时举行。庆典不是一般的庆祝，是组织美好发展历程的隆重而热烈的形象展示，它凝聚着对组织重大事件、活动的重视。所以，庆典是社会组织公共关系专题活动中最为重要的一类活动。

庆典仪式一般是在一些比较盛大、比较庄严、比较隆重、比较热烈的正式场合举行。为激发起出席者的某种情感，或者为引起其重视，应当郑重其事地参照合乎规范与惯例的程序，举行庆典活动。

常见的庆典类别有开业庆典、落成庆典、剪彩仪式、交接仪式、签约仪式、发奖仪式、周年纪念会、地方传统节日、重大活动的开幕式和闭幕式等。就内容而论，庆典可以分为四类：第一类，本单位成立周年的庆典；第二类，本单位荣获某项荣誉的庆典；第三类，本单位取得重大成就的庆典；第四类，本单位取得显著发展的庆典。各社会组织的庆典活动都要符合盛大、隆重、热烈的基本原则，因此，应精心策划庆典活动，力争在社会上造成广泛而深刻的影响，建立良好的公共关系，营造环境。

根据社会组织的性质、规模和涉及相关公众的范围不同，庆典活动的方式也不同，如举办周年纪念庆典活动时，可选择举行员工大会，或举行周年纪念酒会，还可举行上街义务劳动和服务等。

二、商务庆典仪式的礼仪规范

在商务交往中，庆典仪式发挥着难以被替代的重要作用。针对某项业务活动，举行一个热烈而隆重的仪式，可表明组织对这项活动的庄重而严肃的态度，也可以借此扩大组织的知名度，对提升组织的形象具有重要的作用。

（一）庆典仪式的举办原则

庆典仪式礼仪，一般都有相应活动的正规做法与标准要求。举办一个理想的庆典仪式须认真恪守以下三项礼仪原则：

1. 典礼隆重

典礼最重要的作用，既可以唤起本单位全体员工的自信心和自豪感，又能引起外界对本单位的重视。所以典礼通常不办则已，举办就要郑重其事，符合规范，并且富有新意。只有这样，才有可能借此机会令本单位成为社会各界所关注的焦点。

2. 典礼适度

典礼适度，具有双重含义：一方面，它要求仪式宁缺毋滥，不到必要时不要轻易搞典礼，更不可以使其经常化、庸俗化；另一方面，它又要求典礼的具体形式与规模应与本单位的具体情况相符合，切不可脱离现状，贪求奢华或者过于小气。

3. 典礼俭省

换句话说，典礼也要务实。商务企业举行有关仪式时不仅要尽可能地使之热烈而隆重，而且同时还要使之精打细算。有些可有可无的项目、活动，可以不做；有些无关宗旨的程序，可以省去；有些关系不大的人士，则完全不必邀请到场。

（二）庆典的前期准备

根据商务需要确定商务庆典仪式的具体方式以后，从商务礼仪的角度开始考虑如何组织和运作这些活动，保证该次庆典仪式能够获得圆满成功。

1. 筹备组

筹备组是保证庆典活动顺利进行的重要部分。与一般的商务交往中来宾接待相比，对出席庆祝仪式的来宾的接待，应突出礼仪的特点。最好的办法是庆典一经决定举行，即成立对此全权负责的筹备组。筹备组成员通常是由各方面的有关人士组成，他们是能办事、会办事、办实事的人。在庆典的筹备组之内，根据具体的需要，下设若干专项小组，在公关、礼宾、财务、会务等方面各负其责。其中，负责礼宾商务公关活动礼仪的接待小组，大多不可缺少。接待小组成员原则上由年轻、精干、身材与形象较好、语言表达能力和应变能力强的人士组成。

筹备组的具体工作如下：

(1)庆典活动的时间、地点、出席人员的确定。

(2)人员的联络，包括客方人员、主办方领导、主办方工作人员及媒体等。

(3)庆典活动所需物品的准备，包括庆典资料、赠送给来宾的礼品、活动现场的标志、出席人员(包括主办方领导及出席活动的嘉宾)的讲话及贺词等。

(4)庆典活动现场的协调，包括来宾的迎送、来宾的引导、来宾的陪同、来宾的招待等。

2. 时间与地点

时间与地点是礼仪实践策划方案中首先考虑的问题。庆典活动时间的确定从三方面考虑：首先，活动的起止时间对活动的主要参与方是否合适，找出各方都能参加活动的时间；其次，活动中的具体时间分配，即何时进行何种项目，充分估计到每一项活动需要占用的大体时间，既保证每一个项目能够充分进行，又保证活动总体的紧凑感和完整性；最后，考虑提前多长时间发出邀请或者通知。

庆典的活动地点的确定必须注意以下三个方面：

(1)商务活动的主要目的是什么。如果是加强各方之间的了解为主要目的的活动，则考虑安排在本单位内部，眼光向内；如果是以达成某种商务交易为主要目的的活动，则应考虑对双方有利的环境和氛围，眼光可以向外。

(2)活动地点的基本条件是否完备。例如，是否有足够的活动空间、人员席位；是否有良好的环境；是否有卫生间、停车场等必要的设施；是否能提供茶水、饮料、会议服务等。选定地点后，不能只凭想当然，必须亲临现场进行逐项检查，确保完全符合活动需要。

(3)活动现场的美化。为了烘托出热烈、隆重、喜庆的气氛，可在现场张灯结彩，悬挂彩灯、彩带，张贴一些宣传标语，并且张挂标明庆典具体内容的大型横幅。如果有能力，则还可以请由本单位员工组成的乐队、锣鼓队届时演奏音乐或敲锣打鼓。

3. 出席人员

参加人员是庆典活动中体现主办方素质与文化的最重要方面。确定庆典的出席者名单，始终应当以庆典的宗旨为指导思想。一般来说，庆典的出席者通常包括如下人士：上级领导、社会名流、大众传媒、合作伙伴、单位员工。确定参加活动的人员时应注意以下几点：

(1)主办方出席的主要人员、参与活动的陪同人员以及活动的具体工作人员。

(2)拟订出席活动的客方的详细名单。事先掌握客方的一些背景情况，如公司的情况、人员数量、职务、职称、大致年龄等。

(3)人员的具体名单一旦确定，尽早发出邀请或通知。鉴于庆典的出席人员甚多，牵涉面极广，故不到万不得已，均不得将庆典取消、改期或延期。

(4)出席活动人员的排序。首先排出活动参与各方的人员职务序列，然后按主、客两方的情况排出人员之间的职务序列和公司名称序列。这种排列最主要的目的是在活动中给每个人员安排具体位置，因此非常重要。

(5)主办方人员参照商务服装的要求进行着装。如果单位有统一的制服，则具体工作人员应穿着制服。

4. 活动联络

联络是保障庆典活动顺利进行的重要因素。联络需注意以下几点：

(1)参加活动的各方是否需安排接送。如果需要，则必须提前落实接送的车辆、人员以及接送的地点。特别是接送的地点应该了解清楚，否则可能造成正式活动延迟。

(2)参加活动各方需关注交通工具如何停放以及安全问题、庆典活动的行进路线是否畅通。

(3)是否需要专门的通信设备，如果需要，则是何种类、数量多少。

(4)包括主办方领导、工作人员、客方人员在内的具体联络方式，包括相关号码、地址等。

5. 媒体

媒体是将庆典仪式活动顺利、完整宣传出去的重要渠道。参加典礼与仪式活动的公众有限，典礼与仪式作为公共关系活动争取传播到更大公众范围中去。商务交往活动开展的主要目的之一，是希望通过媒体让相关部门和人们了解本单位，促进产品销售。因此，大型的商务庆典礼仪活动都考虑邀请媒体到场，对庆典活动进行宣传报道。一般邀请的媒体包括活动举办地的媒体、行业媒体及与本单位影响范围相匹配的地域级媒体。媒体的类型尽量多元化、立体化，既要包括报纸、杂志等传统媒介，又要包括网站、电视等现代传播媒介。

6. 活动资料

活动资料是进行庆典宣传的重要工具。资料介绍是进行商务宣传和推广的重要媒介。准备资料时应认真考虑以下几项内容：

(1)资料的内容。在有限的资料介绍中，向外界传递什么信息。

(2)资料的载体。资料应尽可能齐全，包括文字稿件、宣传册、产品以及各种音像资料等。

(3)资料的语言文字。资料的语言文字是用一种语言文字，还是双语或者多种语言文字。一般考虑使参与活动各方都能从中接触到自己熟悉的母语。

(4)资料的外观。首先在显著位置显示企业的标志，其次设计得美观大方。

(5)商务活动中出现需要做笔记、做演示、进行签名或题字等的活动，根据庆典的形式要求和需要，准备必要的文具，比如纸、笔、题字本、白板等传统的文具用品，以及计算机、投影仪等现代办公设备。当然，像签约仪式这样专门的礼仪活动，更离不开专门的文具用品，比如签字本、签字笔、吸墨器等。

7. 标志

标志与旗帜是庆典礼仪中最能体现管理细节的环节，包括横幅、路标、会议席位卡、宴会座位卡、宴会席位图、胸卡、请柬等。设计和制作标志需要考虑以下三点：

(1)文字图案是否合适。标志的目的是给人以指引，因此必须简单、易懂。标志的语种和图案应以参与活动各方人员能读懂、看懂为重要依据。

(2)标志的大小是否合适，是否符合国际通用标准和规格。

(3)是否美观。旗帜尽管也是标志的一种，但由于旗帜具有身份和主权等严肃的政治意义，因此要给予高度重视。涉外活动应考虑是否需要国旗以及国旗摆放的位置。

8. 礼品

礼品是联络主客方感情、增强客方对本次活动好感的主要道具。礼品是一个企业文化的体现。赠送礼品是商业企业进行自我宣传、推广的一种方式。准备礼品应考虑以下四点：

(1)礼品的禁忌。从色彩、质地、形案、意义等方面考虑，赠礼的对象是否有诸如宗教、文化等方面的各种禁忌。

(2)礼品的档次。礼品的档次与庆典活动的档次相适应，不宜过于奢华或简陋。无论何种档次的礼品都应尽量精美包装，以显示心意。

(3)礼品的实用性或观赏性。礼品最好具有实用性或观赏性，而不是送出后，被客方放置不理。

(4)礼品的宣传性。可在礼品及其外包装印刷本单位的企业标志、广告用语、产品图案、开业日期等。选用本单位的产品，并使之具有一定的纪念意义。

(三)庆典的现场礼仪

拟订庆典的程序需坚持两条原则：第一，时间宜短不宜长。大体上讲，以一个小时为极限。第二，程序宜少不宜多。

1. 庆典的流程

依照常规，成功的庆典应包括下述流程：

预备：请来宾就座，出席者安静，介绍嘉宾。第一项，宣布庆典正式开始，全体起立，奏国歌，唱本单位之歌。本环节应突出“庄严”的气氛。第二项，本单位主要负责人致辞。其内容主要是介绍此次庆典的缘由，并对来宾表示感谢等，其重点应是报捷以及庆典的可“喜”之处。第三项，邀请嘉宾讲话。通常，出席此次庆典的上级主要领导、协作单位及关系单位，均应有代表讲话或致贺词。对外来的贺电、贺信等，可不必一一宣读，但对其署名单位或个人应当公布。公布名单应依照“先来后到”为序，或是按照其具体名称的汉字声母顺序进行宣读。本环节的重点是突出“庆”的气氛。

2. 现场人员的要求

(1)仪容规范。参加庆典的本单位人员一定是仪表干净、整洁。男士剃胡须，女士化淡妆。穿着方面，如果单位有统一式样制服，则以制服作为内部人士的观典着装。穿制服的单位，规定届时出席庆典活动的本单位人员必须穿着礼仪性服装，即男士应穿深色的商务西装套装，配白衬衫、领带、黑皮鞋。女士穿深色商务套裙，配长筒袜、黑色中跟鞋，或者穿深色的套装，也可穿着质地上乘、制作精美的旗袍，但是注意一定与现场礼仪人员有区分。

(2)遵守时间。无论是本单位的负责人，还是级别最低的员工，不得姗姗来迟、无故缺席或中途退场。如果庆典的起止时间已有规定,则应当准时开始、准时结束,不可无故推迟或早散。

(3)气氛庄重。在举行庆典期间,不允许嬉皮笑脸、嘻嘻哈哈,愁眉苦脸、一脸晦气。在举行庆典的整个过程中,表情庄重、专注、聚精会神。庆典一般安排升国旗、唱国歌、唱"厂歌"的程序,一定依礼行事:起立,脱帽,立正,面向国旗或主席台行注目礼,认真,表情庄严、肃穆。在起立或坐下时,不可把座椅弄得乱响,不可一边脱帽一边梳头发,更不可在此期间走动或交头接耳,这些行为都会严重影响本单位的形象。

(4)态度友好。这是指主方对来宾的态度要友好。主方人员遇到来宾,热情地问好。对来宾提出的问题,立即予以友好的回复。当来宾在庆典上发表贺词时,或是随后进午餐时,主动鼓掌表示欢迎或感谢。不要围观、指点来宾,或是对来宾持有敌意。在鼓掌时,一视同仁,主动热烈,不可挑三拣四、有轻有重。无论来宾说了什么不适当的言论,主方人员都要保持克制,不吹口哨、敲打桌椅等,也不允许打断来宾讲话,或者提出挑衅性问题,或者进行激烈辩论,或者进行人身攻击。同时,来宾也应表现出受邀参加此次庆典活动,倍感荣幸,在接受主方人员的服务或帮助时,及时点头微笑致谢。

(5)发言简短。庆典中发言的人员,上下场时沉着冷静,不慌不忙,开口讲话时,平心静气。发言一定在规定的时间内结束,宁短勿长,不信口开河、随意发挥。在发言过程中,应当少做手势,尤其是含义不明的手势。最重要的是在发言过程中要讲究礼貌。发言开始时,说一句"大家好"或"各位好"。在提及感谢对象时,真诚地目视对方,表示感谢时,郑重地欠身施礼。对于大家的鼓掌,以自己的掌声来回礼。讲话结束应当说一声"谢谢大家"。

(6)行为自律。主办方人员有责任也有义务用自己的实际行动确保庆典仪式的顺利进行。因此,在仪式现场,主办方人员严格自律,不随心所欲,想来就来,想走就走;不在庆典举行期间到处乱走、乱转;不与周围的人说悄悄话,开玩笑,做出痛苦或大笑的姿态;不有意无意做出对庆典毫无兴趣的样子,如看报纸、听音乐、玩游戏、打瞌睡等;不让人觉得心不在焉,如东张西望、时常看表等。

第二节 各种商务仪式礼仪

一、开业典礼礼仪

开业仪式是指在单位创建、开业,项目完工、落成,某一建筑物正式启用,或是某一工程正式开始之际,为了表示庆贺和纪念,而按照一定的程序所隆重举行的专门的仪式。筹备和举行开业仪式始终应按照"热烈、节约、缜密"的原则进行。

(一)开业典礼的筹备

筹备和举行开业仪式始终应按"热烈、隆重、节约"的原则进行,做好以下筹备工作:

1.做好舆论宣传

企业(公司)或店铺可运用传媒广泛发布广告,或在告示栏中张贴开业告示,以引起公众的注意。这些广告或告示应包括开业典礼举行的日期、地点、企业的经营范围及特色、开业的优惠情况等内容。

2.拟订宾客名单

邀请的宾客一般包括政府有关部门负责人、社区负责人、社会知名人士、同行业代表、新闻记者、员工代表及公众代表。对邀请出席典礼的宾客应提前将请柬送达其手中。

3. 布置现场环境

举行仪式的现场是店面门口或正门之外的广场，也可是正门内的大厅。现场布置突出喜庆场面，渲染热烈气氛，一般可悬挂开业仪式的会标、庆祝或欢迎词语等，悬放氢气球。会场两边可放置来宾赠送的花篮，四周悬挂彩带、彩灯和彩旗。开业仪式一般是站立举行的，所以在来宾站立处铺设红色地毯，以示尊敬和庄重；准备好音响、照明设备，使整个场地显得隆重、热烈。对于音响、照明设备以及开业仪式举行时所需的其他用具、设备，事先认真进行检查、调试，以防在使用时出现差错。

4. 安排接待服务

对来宾的接待服务工作指派专人负责，对重要来宾的接待由组织负责人亲自完成。安排专门的接待室，接待室茶杯洁净，茶几上放置烟灰缸，如不允许吸烟，礼貌标语标牌放置在接待室中，提示来宾；准备好来宾的签到处，准备贵宾留言簿，最好是红色或金色锦缎面的高级留言簿，同时准备好毛笔、砚、墨等留言用的文具。为了便于来宾了解组织的情况，可以印刷一些材料，如庆典活动的内容、意义，来宾名单和致辞，组织经营项目和政策。

5. 拟订仪式程序

为了使开业仪式顺利进行，在筹备之时必须草拟具体程序，并选定好称职的主持人。主要程序包括：确定主持人，介绍重要来宾，组织负责人或重要来宾致辞、剪彩或参观、座谈、联欢等。

6. 准备馈赠礼品

开业仪式上向来宾赠送礼品是一种宣传性传播媒介，准备得当，往往能产生很好的效果。礼品突出纪念性，具有一定的纪念意义，让人珍惜；同时，突出其宣传性，可以在礼品的包装上印上组织标志、庆典开业日期、产品图案、企业口号和服务承诺等。

（二）开业典礼礼仪要求

对于开业典礼的组织者来说，整个礼仪过程都是礼待宾客的过程，每个人的仪容仪表、言谈举止都关系企业的形象。参加开业典礼的人员需做到以下几点：

1. 仪容整洁

所有出席单位典礼的人员，事前适当修饰，女士适当化妆，男士梳理好头发，剃掉胡须。

2. 服饰规范

有条件的单位统一着装；没有条件的，要求每个人穿着礼仪性的服装，即男士穿深色西装，女士穿深色西装套裙或套装，给人以整齐、统一、团结的感觉。

3. 准备充分

请柬的发放按时，席位的安排可按身份与职务高低确定主席台座次及宾客席位。

4. 遵守时间

整个仪式力求按事前宣布的时间进行。仪式准时开始，准时结束，以此向社会证明本单位是言而有信的。

5. 态度友好

对所有来宾热情接待，主动问好。对来宾提出的问题应予以友善的答复。当来宾发表贺词后，主动鼓掌，表示感谢。

6. 行为自律

典礼过程中，主办方人员不做与典礼无关的事，也不东张西望、心不在焉。主办方人员的得体举止，充分展示本单位文明礼貌、礼尚往来的良好风范。

(三)几种开业仪式礼仪

1. 开幕仪式

开幕仪式是开业仪式的具体形式之一,通常是指公司、企业、宾馆、商店、银行正式启用之前,或是各类商品的展示会、博览会、订货会正式开始之前,所有正式举行的相关仪式。开幕仪式通常在较为宽敞的活动空间举行。门前广场、展厅门前、室内大厅等处,都是举行开幕仪式的合适地点。开幕仪式的基本程序通常如下所述:

第一项,宣布仪式开始,全体肃立,介绍来宾。

第二项,邀请专人揭幕或剪彩。揭幕的具体做法是:揭幕人行至彩幕前恭位,礼仪小姐双手将开启彩幕的彩索递交对方。揭幕人随之目视彩幕,双手拉启彩索,令其展开彩幕。全场目视彩幕,鼓掌并奏乐。

第三项,在主人的亲自引导下,全体到场者依次进入幕门。

第四项,主人致词答谢。

第五项,来宾代表发言祝贺。

第六项,主人陪同来宾进行参观,开始正式接待顾客或观众,对外营业或对外展览宣告开始。

2. 开工仪式

开工仪式通常是指工厂准备正式开始生产产品、矿山准备正式开采矿石时,专门举行的庆祝性和纪念性活动。开工仪式大多在生产现场举行。仪式的现场应打扫整洁并稍加修饰,一般会布置一些标语、鲜花、彩旗等。除司仪人员按惯例应着礼仪性服装外,主办方全体职工也均应穿着干净而整洁的工作服出席仪式。开工仪式的主要程序有以下五项:

第一项,宣布仪式开始,全体起立,介绍各位来宾并奏乐。

第二项,在司仪的引导下,本单位的主要负责人陪同来宾行至开工现场肃立,如机器开关或电闸附近。

第三项,正式开工。届时应请本单位职工代表或来宾代表来到机器开关或电闸旁,先对其躬身施礼,然后再动手启动机器或合上电闸。全体人员此刻应鼓掌祝贺并奏乐。

第四项,全体职工各就各位,上岗进行操作。

第五项,在主人的带领下,全体来宾参观生产现场。

3. 奠基仪式

奠基仪式通常是指一些重要的建筑物,如大厦、各类场馆、亭台楼阁、园林、纪念碑等,在动工修建之际,正式举行的庆贺性活动。

奠基仪式举行的地点一般选择在即将开工的施工现场。现场应准备好奠基用的铁锹等工具,也要准备好话筒、音响等设备。在一般情况下,用以奠基的奠基石应为一块完整无损、外观精美的长方形石料。在奠基石上,通常文字应当竖写;在其右上款,应刻有建筑物的正式名称;在其正中央,应刻有“奠基”两个大字;在其左下款,则应刻有奠基单位的全称及举行奠基仪式的具体年、月、日。奠基石上的字,大多以楷体字刻写,并且最好是白底金字或黑字。奠基石要放在事先准备好的基床中央,一般是在建筑物将来的侧面靠墙角的位置,注意应使奠基石上的字迹高出地基平面。奠基石上一般还要扎上布扎的大红花。奠基仪式的主要程序如下:

第一项,仪式正式开始,介绍来宾,全体起立。

第二项,奏国歌。

第三项,主人对该建筑物的功能以及规划设计进行简要介绍。

第四项,来宾致词道喜。

第五项，正式进行奠基。此时，应锣鼓喧天或演奏喜庆乐曲。首先由奠基人双手持握系有红绸的新锹为奠基石培土，随后再由主人与其他嘉宾依次为之培土，直至将其埋没为止。

二、剪彩仪式礼仪

（一）剪彩仪式的含义

剪彩仪式是有关企业、单位为了庆贺企业成立开业、大型建筑物落成、新造的车船和飞机出厂、道路桥梁的首次通车、大型展销会和博览会的开幕而举行的一种庆祝活动。剪彩作为一种庆典形式，既可以在开业典礼中进行，也可举行专门的剪彩仪式，以期引起社会各界的重视。因其主要活动内容是邀请专人使用剪刀剪断一条被称之为“彩”的红色或彩色缎带，故被人们称为剪彩，如图 9—1 所示。

图 9—1　剪彩仪式

（二）剪彩仪式的组织

在现代商务活动中，公司、商场、酒店、旅馆的开业、工程的开工、设施的投入使用，一般情况下要举行剪彩仪式。热烈而隆重的符合有关礼仪的剪彩仪式，能够在社会公众中树立企业良好的社会形象。组织剪彩仪式应注意以下一些问题：

1. 剪彩场地的布置

剪彩仪式的会场一般选在展销会、博览会门口，如果是新建设施、新建工程竣工启用，会场则一般安排在新建设施、工程的现场。正门外的广场、正门内的大厅，都是可以优先考虑的场所，在活动现场可略作装饰。剪彩处悬挂写有剪彩仪式的具体名称的大型横幅，这是必不可少的。

2. 拟发通知

事前（一周或半个月）向有关单位和个人发送请柬或刊发广告和张贴告示，特别是对剪彩者发出郑重邀请。剪彩者一般是上级领导、主管部门负责人或某一方面的知名人士，而且有较高威望、深受大家尊敬和信任的人。

资料卡

剪彩仪式的由来

剪彩仪式来源于一次偶然事件。1912年，美国圣安东尼奥的华狄密镇有一家大百货店将要开业。开张这天的一大早，店主威尔斯在开着的店门前横系了一条布带，来防止公司未开张前有闲人闯入。这时，老板的10岁女儿牵着一条哈巴狗从店里匆匆跑出来，无意中碰断了这条布带。等在门外的顾客以为这是该店有意为开张玩的“新把戏”，都以为商店已经开业，便蜂拥而入，争先购物。商店生意兴隆。不久，当老板的一个分公司又要开张时，他有意让女儿把布带碰断，果然财运又很好。这样一来，人们认为公司、店铺开张时，在门口横条带子，并让女孩碰断是一个极好的兆头，都争相效仿。后来，人们用彩带取代了颜色单一的布带，并用剪刀剪断。执行人由小女孩改成年轻的姑娘，后又由当地官员或社会名流替代，人们还给这种做法正式取名为“剪彩”。

时至今日，剪彩已风靡全球，成为商务公关、开业庆典的一种重要仪式，并约定俗成地形成了一整套礼仪规范和要求，这大概是当年的店主威尔斯和他可爱的小女儿所始料不及的。

3.剪彩工具的准备

对于剪彩仪式上使用的某些特殊用具，如红色绥带、新剪刀、白色薄纱手套、托盘以及红色地毯，应仔细进行选择与准备。

(1)红色绥带。红色绥带即剪彩仪式中的“彩”。目前，有些单位厉行节约，而代之以长度为两米左右的细窄的红色绥带，或者以红布条、红线绳、红纸条作为其变通，也是可行的。红色绥带上的花团，不仅生动、硕大、醒目，而且具体数目与现场剪彩者的人数直接相关。

(2)新剪刀。新剪刀是专门供剪彩者在剪彩仪式上正式剪彩使用的，必须是每位现场剪彩人人手一把，而且必须崭新、锋利、顺手。将被用以剪彩的剪刀应事先检查是否已经开刃，好不好用。务必确保剪彩者在正式剪彩时，可以“手起刀落”，一举成功，切勿一再补刀。

(3)白色薄纱手套。白色薄纱手套是专为剪彩者准备的。在正式的剪彩仪式上，剪彩者剪彩时每人戴上一副白色薄纱手套，郑重其事。在准备白色薄纱手套时，除确保其数量充足之外，还须使之大小适度、崭新平整、洁白无瑕。

(4)托盘。托盘在剪彩仪式上是托在礼仪小姐手中，用作盛放红色绥带、剪刀、白色薄纱手套的。在剪彩仪式上使用的托盘，最好是崭新的、洁净的。

(5)红色地毯。红色地毯需崭新、干净，还需注意铺设的长度及位置符合礼仪规范。红色地毯主要铺设在剪彩者正式剪彩时的站立之处。铺设的长度可视剪彩人数的多寡而定，宽度则不应在1米以下。在剪彩现场铺设红色地毯，是为了提升档次，营造一种喜庆的气氛。

4.剪彩人员

在剪彩仪式上，最活跃的是人不是物。因此，对剪彩人员需认真选择，事先进行培训。除主持人外，剪彩的人员是由剪彩者与助剪者构成。剪彩者，即在剪彩仪式上持剪刀之人。在剪彩仪式上担任剪彩者，是一种很高的荣誉。剪彩仪式档次的高低，同剪彩者的身份相关。根据惯例，剪彩者可以是一人，也可以是几个人，一般不多于5人。通常，剪彩者由上级领导、合作伙伴、社会名流、员工代表和客户代表担任。助剪者是剪彩者在剪彩过程中从旁为其提供帮助的人员。一般，助剪者由东道主一方的女职员担任。

（三）剪彩仪式的程序

剪彩仪式的过程在原则上要求紧凑、高效，切忌拖拉。剪彩仪式的一般程序如下所述：

1. 请来宾就座

通常剪彩仪式上，只需为剪彩者、来宾和本单位的负责人安排座席，其他人一律站立。在剪彩仪式开始时，即请大家在已排好顺序的座位上就座。

2. 宣布仪式正式开始

主持人宣布仪式开始后，乐队应演奏音乐，现场可燃放鞭炮，全体到场者热烈鼓掌。此后，主持人向全体到场者介绍到场的重要来宾。

3. 奏国歌

此刻须全场起立，必要时，亦可随后演奏本单位标志性的歌曲。

4. 发言

发言者依次应为东道主单位的代表、上级主管部门的代表、地方政府的代表、合作单位的代表等。发言内容应言简意赅，每人不超过3分钟，重点分别应为介绍、道贺与致贺。

5. 剪彩

此刻，全体人员热烈鼓掌，必要时还可奏乐或燃放鞭炮。在剪彩前，须向全体到场者介绍剪彩者。

6. 参观或聚会

剪彩之后，主人应陪同来宾参观工程、展览等。随后，东道主单位向来宾赠送纪念性礼品，并以自助餐款待全体来宾。

三、新闻发布会礼仪

（一）新闻发布会的含义及特点

1. 新闻发布会的含义

新闻发布会又称记者招待会，是国家机关、企事业单位或社会团体就有关新闻向社会公开，邀请记者参加的会议。在现代商务活动中，新闻发布会是一种主动传播各类有关的信息，谋求新闻界对某一社会组织或某一活动、事件进行客观而公正的报道的有效沟通方式。

2. 新闻发布会的特点

新闻发布会作为现代企业联络、协调与新闻媒介之间关系的一种重要手段，具有以下特点：

(1)正规隆重。新闻发布会一般形式正规，档次较高，地点安排精心，通常会邀请记者、新闻界(媒体)负责人、行业部门主管、各协作单位代表及政府官员。

(2)沟通活跃。新闻发布会是信息沟通的双向互动，先发布新闻，后请记者提问并回答。

(3)方式优越。新闻传播面广，报刊、电视、广播、网站集中发布(时间集中、人员集中、媒体集中)，迅速扩散到公众。

（二）前期准备

筹备新闻发布会，最重要的就是做好主题的确定、时空的选择、人员的安排、材料的准备等工作。

1. 明确主题

新闻发布会的组织者一定要明确主题，以便确定邀请新闻记者的范围，做到有的放矢。一般而言，新闻发布会的主题大致上有三类：发布某一消息、说明某一活动、解释某一事件。如果主题不明确，新闻记者则很难按照组织者预定的目的传播信息，甚至会弄巧成拙，损害组织在公众中的形象。

2.选择时空

举行新闻发布会的最佳时间在周一至周四的上午10点至12点，或是下午的3点至5点。在此时间段内，绝大多数人都方便与会。一般来说，一次新闻发布会所使用的全部时间限制在两个小时以内。举行新闻发布会的现场，交通方便、条件舒适、面积适中。本单位的会议厅、宾馆的多功能厅等，可酌情予以选择。会场安静、气温合适、灯光明亮、座位充足。大型的新闻发布会使用长方形桌子，小型的记者招待会可用圆形桌子。新闻发布会的举行地点，除可以考虑本单位所在地、活动或事件所在地之外，还可优先考虑影响巨大的中心性城市；必要时，还可在不同地点举行内容相似的新闻发布会。

（三）新闻发布会的程序

新闻发布会举行之前，为确保发布会的顺利进行，应提前做好发布会的程序安排。会议程序要安排得详细、紧凑，避免出现冷场和混乱局面。

1. 签到

组织方在接待站设签到处，由组织内的一个主要人物出面，负责迎宾。迎宾工作一方面表示出主人的礼貌和会议的郑重，另一方面也可以通过问候沟通感情。

2. 分发资料

在会议正式开始前，将准备好的资料有礼貌地分发下去，使记者对会议有粗略的了解，以便主持人发布信息时对会议主题有更进一步的认识和理解。

3. 宣布开始

主持人宣布新闻发布会开始，致简短欢迎词，介绍议题和议程，推出新闻发言人。

4. 发布新闻

新闻发言人讲话，可以宣读新闻发布稿，也可以按发言提纲发布新闻。

5. 答记者问

在回答记者提问时，准确自如，不随便打断记者提问。对于不便回答的问题，温文尔雅、婉转地向记者作出解释；如果遇到不友好的提问，则从容应对，礼貌地阐明自己的看法。答问切忌激动或发怒，以免产生负面新闻。

6. 会议结束

新闻发布会结束后，主办人员向参加者一一道别，感谢他们的光临。对于个别记者有特殊要求时，有关人员还需耐心地予以答复。主办单位通常准备自助餐以及欢送晚宴，或赠送礼品、纪念品答谢记者。

（四）新闻发布会的礼仪规范

新闻发布会在正式举行的过程中会出现这样或那样的确定或不确定的问题。应对这些问题，确保新闻发布会顺利进行，需主持人、发言人在新闻发布会举行之际，牢记下述几点礼仪规范：

(1)主持人发挥其主持者和组织者的作用，言谈庄重而幽默，把握会议议题，掌握会议时间，活跃会议气氛。在讲话之际，讲话者语言是否生动、话题是否灵活，直接影响现场的气氛。面对冷场或者冲突爆发时，讲话者生动而灵活的语言，可以化险为夷。因此，发布会上适当地采用一些幽默风趣的语言、巧妙的典故，必不可少。

(2)发言人讲话简明扼要、重点突出、清晰流畅，对于记者的提问，随问随答，诚恳而巧妙。不管是发言还是答问，条理清楚、重点集中，令人一听就懂，又难以忘怀。

(3)发布的信息须准确无误,发现错误,立即更正。对于不便发表和透露的内容,应委婉地作出解释。

(4)各位发言人在重大问题上统一口径,切忌说法不一,注意相互配合。不论是主持人还是发言人,在新闻发布会上都站在同一立场,因此两者之间的配合默契必不可少。

(5)回答媒体记者的问题生动灵活、温文尔雅,不随意打断记者的发言和提问,也不以各种表情、动作表示不满。对各方记者一视同仁,不厚此薄彼。新闻记者大多见多识广,又是有备而来。所以,他们在新闻发布会上会提出一些尖锐的问题。无论如何,不要对对方恶语相加,甚至粗暴地打断对方的提问。发言人切忌说话吞吞吐吐、张口结舌,只有语言谦恭敬人、高雅脱俗,才能事半功倍。

(6)注意仪表修饰。在新闻发布会上,主持人、发言人被新闻界人士视为主办单位的化身和代言人。主持人、发言人对于自己的外表,尤其是仪容、服饰、举止,一定要事先进行认真的修饰。主持人、发言人进行必要的化妆,以淡妆为主,应当庄重而大方。男士宜穿深色西装套装、白色衬衫、黑鞋黑袜,打领带;女士则宜穿单色套裙、肉色丝袜、高跟皮鞋。

情境案例分析

情境一

假如你是一家大型体育服装公司的市场部经理,需要组织一个分店的开业庆典。新开的分店位于某省会城市的繁华路段,时间定在9月份。你的工作要求如下:

(1)如何能使此次开业庆典引人注意。

(2)确定开业庆典的确切时间和地点、程序。

(3)确定需要多少工作人员以及具体的工作安排。

(4)确定要邀请的嘉宾。

(5)确定要邀请的媒体。

(6)撰写贺词和己方发言人的致辞。

(7)其他注意事项。

你会如何筹备这次开业庆典?

情境二

国内有一条生产医疗设备的厂家,准备和国外客商签约长期合作。在双方的业务洽谈中,厂长通晓生产线行情,考虑问题周密,给外商以精明能干的良好印象。双方决定第二天正式签约。由于时间充裕,厂长请外商到车间参观。车间秩序井然,外商也感到满意。不料,就在这时,厂长突然感到喉咙不适,本能地咳了一声,到车间的墙角吐了一口痰,然后连忙用鞋擦去,地上留下一片痰迹。第二天一早,翻译送来了外商写来的一封信,信中写道:"尊敬的厂长先生,我十分佩服您的才智和精明,但是您在车间里吐痰的一幕使我彻夜难眠。恕我直言,一个厂长的卫生习惯可以反映一个工厂的管理素质。况且,我们今后将生产的是用于治病的输液管。贵国的成语说得好:人命关天!请原谅我的不辞而别。"

请分析这次投资失败的原因。

第十章　涉外商务礼仪

知识目标

了解不同国家(地区)的商务礼俗;
了解不同国家(地区)商务交往过程中的禁忌。

技能目标

通过本项目的学习,了解主要国家(地区)的风俗习惯;
熟悉和掌握这些国家(地区)的商务习俗和禁忌,在与外商往来中能够熟练地使用这些礼仪规范,避免造成不必要的误会或冲突。

案例导入

总统也会犯错

20 世纪 60 年代,美国总统约翰逊访问泰国。在受到泰国国王接见时,约翰逊竟毫无顾忌地跷起了二郎腿,脚尖正对着国王。而这种姿势,在泰国被视为一种侮辱,因此引起泰国国王的不满。更为糟糕的是,约翰逊在告别时竟然用得克萨斯州的礼节紧紧拥抱了王后。在泰国,除了国王外,任何人都不得触及王后,约翰逊的行为使泰国举国哗然。约翰逊的举动产生了不小的遗憾,也成了涉外交往中的典型笑话。

由此可见,涉外商务礼仪在人们的交往过程中具有重要的作用。不同的国家有不同的礼仪和习俗,在涉外交际场合,需了解和尊重外国人的宗教信仰和风俗习惯。涉外礼仪是指对外交际中逐渐形成的用以维护自身形象、对交往对象表示尊敬与友好的约定俗成的做法。它强调交往中的规范性、对象性、技巧性。随着全球化的不断加深,学习涉外商务礼仪,对于提高个人修养和专业素质、促进涉外活动的顺利进行有重要的意义。

涉外礼仪是指对外交际中逐渐形成的用以维护自身形象、对交往对象表示尊敬与友好的约定俗成的做法。它强调交往中的规范性、对象性、技巧性。随着全球化的不断加深,学习涉外商务礼仪,对于提高个人修养和专业素质、促进涉外活动的顺利进行有重要的意义。

第一节　涉外商务礼仪概述

一、涉外礼仪的含义

涉外礼仪是涉外交际礼仪的简称。涉外礼仪是指国家或个人在对外交往和涉外工作中在维护国家和个人形象的前提下所执行的对外宾表示尊重、友好与礼貌的礼仪规范。涉外礼仪是在长期的国际交往中逐渐形成的，属于国际通行的一种专用性礼仪规范。

二、涉外商务礼仪的基本原则

《联合国宪章》在《序言》中阐述“大小各国平等权利”的信念，规定各会员国遵守的七项原则，其中第一项：“本组织系基于各会员国主权平等之原则。”

现代国际关系以公认的“主权平等”为基础。“主权平等”包含两方面的含义：一方面，每个国家都享有平等权利，不受他人侵犯；另一方面，每个国家都有尊重别国主权的义务，不得借口行使自己的主权而侵犯他国的主权。国家无论大小，都具有独立自主处理自己内外事务、管理自己国家的权利。

“主权平等”是现代国际关系的基本准则。作为国际交往中行为规范的现代国际礼仪，也必须遵循这一准则。“主权平等”体现在以下几个方面：

第一，国家的尊严受到尊重；国家元首、国旗、国徽不受侮辱。

第二，国家的外交代表，按照国际公约的规定，享有外交特权和豁免权。

第三，不以任何方式强制他国接受自己的意志；不以任何借口干涉别国的内部事务。

第四，在交往中，实行“对等”和大体上的“平衡”。

第五，“主权平等”的原则，在国际组织中的国际会议上表现为每一个参加国都有同等的“代表权”和“投票权”，每一个国家所投的票在法律上具有同等效力。

第六，在“礼宾序列”问题上，体现各国“主权平等”的原则。在国际会议上，各国代表的位次，不是按国家大小强调的原则来排列，一般是按会议所用文字的国名字母顺序排列。在签订条约协定时，遵守“轮换制”，即每个缔约国在其保存的一份文本上名列首位，它的代表在这份文本上首先签字。在国际活动中，各国代表的序列，以代表的职务高低或就职时间的先后作为排列的依据。在文字的使用上，每个国家都有使用本国文字的权利，在签订国际条约规定时，本国文字与别国文字有同等效力。

小案例

被拒绝的生日蛋糕

有一位先生为一位外国朋友定做生日蛋糕。他来到一家酒店的餐厅，对服务员说：“小姐，您好，我要为我的一位外国朋友定做一个生日蛋糕，同时打一张贺卡，您看可以吗？”服务员接过订单一看，忙说：“对不起，请问先生，您的朋友是小姐还是太太？”这位先生也不清楚这位外国朋友结婚没有，从来没有打听过。他为难地抓了抓后脑勺，想想说：“小姐？太太？一大把岁数了，应该是太太。”生日蛋糕做好后，服务员小姐按地址到酒店客房送生日蛋糕。她敲敲门，一女子开门，服务员有礼貌地说：“请问，您是怀特太太吗？”女子愣了愣，不高兴地说：“错了！”

服务员小姐丈二和尚摸不着头脑，抬头看看门牌号，再回去打个电话问那位先生，没错，房间号码没错。再敲一敲，门打开了，服务员说："没错，怀特太太，这是您的蛋糕。"那女子大声说："告诉你，错了，这里只有怀特小姐，没有怀特太太。"啪的一声，门被大声关上，蛋糕掉地。

（一）国际礼仪特点

（1）相互尊重。现代国家关系是完整的主权国家之间的关系。这与封建割据、闭关自守的封建国家之间的关系、宗主国同殖民地附属国之间的关系不同。国家不论大小强弱，主权一律平等。

（2）国家之间，除双边关系发展外，多边往来大量增加的趋势十分明显，从而在礼仪上提出新问题，产生新做法。

（3）国际礼仪的内涵更丰富，包括外交、经济贸易、文化教育、军事国防以及民间往来、多层次的国际往来，通过一定的礼仪形式进行活动，特别是国际经济贸易的发展，许多公司设有专职礼仪人员和公关部门。

（4）礼仪活动讲究实效，形式多样。例如，领导之间的实质性会谈受到重视；日程安排紧凑合理，举行宴会讲究礼仪但不铺张；参加宴会的人数有所压缩；宴会上发表正式讲话的次数有所减少；动员群众参加的大规模场面很少；互访代表团人数减少；生活接待注意安全、舒适、方便；等等。

（5）"外交礼仪简化"成为趋势。由于国际交往和活动急剧增多，繁文缛节成为人们不堪负荷的重担，分去人们的许多时间和精力，因此，外交礼节简化在国际上成了一种必然趋势。

（二）遵时守约

在现代社会里，在国际交往中，信誉重要。从某种意义上来讲，信誉就是生命，信誉就是形象，信誉就是社会关系，信誉就是工作效率。对于一个人、一个组织、一个民族乃至一个国家而言，都是如此。遵守时间是信守承诺的具体体现。不懂得遵守时间的人，在人际交往中是难以遵守其个人承诺的。目前，遵守时间在国际社会里已成为衡量、评价一个人文明程度的重要标志之一。具体而言，国际交往需注意以下三个问题：

1. 有约在先

有约在先，就是在人际交往中必须事先约定具体时间，不要占用对方的休息时间或工作过于繁忙的时间。一般而言，凌晨、深夜、午休时间、就餐时间以及节假日，外方人士忌讳被外人打扰。

2. 如约而行

如约而行比有约在先更加重要。参加正式会议、会见或其他类型的社交聚会时一定要养成正点抵达现场的良好习惯。双方有约在先的交往时间，轻易不要改动。如果因特殊原因，需要变更时间或取消约定，则应尽快告知对方。

3. 适可而止

在国际交往中，还须谨记"适可而止"四个字，即在双方交往之时不要拖延时间，而应当适时结束。

（三）女士优先

"女士优先"是国际社会公认的重要的礼仪原则，主要用于成年的异性进行社交活动之时。每一名成年男子都有义务主动而自觉地以自己的实际行动去尊重女士、照顾女士、体谅女士、保护女士并且想方设法、尽心竭力地为女士排忧解难。具体要求如下：

(1)在马路上行走时,男士走在靠近车辆一侧,而让女士走在靠近墙壁或商店之内侧。

(2)进入汽车时,男士先行打开最近的一扇车门,待女士坐定后,关上车门,绕过车身,再自己开门坐进车内。

(3)下车时,男士先开门下车,绕过车身,替女士开门,待女士完全离开汽车后,再关车门,然后跟上。

(4)进入电梯时,男士先行替女士挡住电梯门,女士进入后,自己才进入并按下欲去的楼层;抵达该楼层时,须用手挡住电梯门,待女士完全走出后再跟上。此点不仅适用女士,对待客户和重要的人也是如此。

(5)上楼梯或是扶梯时,男士走在女士后面,万一女士跌倒时可以搀扶;下楼时相反,由男士领前,其道理与上楼梯相同。

(6)进入旋转门时,若门仍在旋转,则女士优先走入;若是处于静止状态,则男士先入,以便为女士转动旋转门。

(7)吃自助餐时,通常主人宣布:"请自取佳肴,OK! Ladies first!"这时男士须待在原位,等女士取完首轮后,男士再依序取用。

(四)爱护环境

爱护环境是涉外礼仪的主要原则之一,其含义是对人类赖以生存的环境自觉地加以爱惜和保护。

1. 不可破坏自然环境

不论是为了发展经济还是提高生活质量,都不可破坏自然环境,如乱采矿藏、乱伐树木、浪费或污染水资源、污染空气等。这些行为在短期内能够取得一定的经济效益,无异于"饮鸩止渴",得不偿失。

2. 不可虐待动物

在国外,动物的地位极高。能否积极保护动物、是否反对虐待动物,与一个人的道德水准的高低挂钩。

3. 不可损坏公物

一切公物是人类公共环境的有机组成部分。每一个人享受一切为大众提供服务的公共设施时,也有责任、有义务对公物自觉爱惜、自觉维护。对于任何公物,不可据为己有,也不可独占或挪作私用。尤其要注意的是,不在公共场所和公共设施上乱写、乱画、乱刻,不偷折偷采树枝、花卉,不对公用的电话、桌椅进行恶作剧式的破坏。

4. 不可乱挂私人物品

对公共环境卫生予以自觉维护,是良好的个人教养和生活习惯的外在体现。在公用的楼梯、走道、门厅等处,不任意堆放私物或垃圾;否则,对己对人都会造成极大的不便。不在临近阳台、窗口处随便晾晒衣物,尤其是不胡乱放置杂物,这样很不雅观。

5. 不可乱扔废弃物

对废弃物品不自行焚毁,否则不仅会使周围空气充满烟气,还有可能污染环境,更不可随便一扔了事,在指定地点分门别类地放置。

6. 不随地吐痰

随地吐痰是很恶劣的不良习惯。现代医学告诉我们,随地吐痰很不卫生。痰是人体呼吸道发生炎症或感染疾病的分泌物,含有大量细菌、病毒和真菌等病原体。流行性感冒、肺结核、支气管炎、肺炎等呼吸道传染病,都通过痰液进行传播,危害性极大,因此,应先将痰吐在痰盂里，或是先吐在纸巾中，然后再抛到垃圾桶内。

7. 不在公共场所吸烟

在涉外交往中，除在明示不准吸烟处不得吸烟之外，在其他公共场所也不要吸烟。对于外宾，做到“吸烟不敬烟”，如果自己吸烟，出于习惯做法一定也请外宾吸烟，则是失礼的表现。

8. 不大声喧哗

噪声污染对于环境是一种极具杀伤力的破坏，这是不争的事实，所以，在与人交谈时，需轻声细语。为此，公共场合切勿大声喧哗，不在不适当的时间和场所劲歌狂舞，不在一切公共场合让自己的手机铃响不止。

（五）尊重隐私

所谓个人隐私，是指某个人出于个人尊严或者其他方面的特殊考虑而不愿意对外公开、不希望外人了解的私人事宜或个人秘密。

在国际交往中，按照常规，如下九个方面的私人问题，均被外方人士看做是“不可告人”的“绝对隐私”，通常被称为“个人隐私九不问”。将其铭记在心，在外事活动中一般就不容易犯忌。

1. 个人收支

在国外，个人的收入与支出问题是不宜直接打探的个人隐私问题。每个人的实际收入与支出，通常都与个人能力、社会地位存在着一定的因果关系。因此，个人收入与支出的多少，就如同人的脸面一般，十分忌讳别人的关注。不仅如此，除直接的收入与支出外，可以间接反映出个人经济状况的一些私人问题，如银行存款、股票收益、纳税数额、居所位置、私宅面积、私车型号、服饰品牌、度假地点、娱乐方式等也是不欢迎外人打探的。

2. 年纪大小

在许多国家与地区，人们都将本人的实际年龄视为自己的“核心机密”之一，绝对不会主动将其告之于人。外国人普遍忌讳“老”，他们希望自己永远年轻。在他们眼里，“老”了就失去了机会，“老”了就会告别社会舞台，而年轻意味着自己充满了活力与希望。在国外，两种人尤其忌讳被人问及年纪或被人尊为“长者”：一是“白领丽人”，对她们来说，最好永远年轻，一旦上了年纪，就等于宣告自己“人老珠黄”，并且应该“告老还乡”了；二是老年人，如果问年纪，就意味着他们“不行了”，若称其为“长者”，则如同讥讽他们。

3. 恋爱婚姻

在国外，与恋爱、婚姻、家庭直接相关的问题，都是人们在交谈中讳莫如深的。外国人认为“家家都有一本难念的经”，随意向外人打探家庭问题，可能触动对方的伤心之处，伤害其自尊、自信之心，令对方感到难堪。在有的国家，向异性打探此类问题，会被对方视为无聊之至，还有可能会被对方控告为“性骚扰”，甚至因此而吃官司。

4. 健康状况

在国外，人们普遍将个人的健康看做是自己的重要“资本”。身体健康意味着自己前程远大、建功立业的机会很多，并且可以在社会上赢得广泛的支持。如果身体状况欠佳，则意味着自己“日薄西山”，前途渺茫，不仅失去了个人发展的许多机会，而且也难以在个人事业上取得各方的支持。因此，与外国人交谈时，不宜涉及个人的身体状况，如健康、身高、体重等问题，更要“讳疾忌医”，不可与之交流有关“求医问药”的心得体会。

5. 个人经历

“英雄莫问出处”在国外普遍流行，是指在与他人进行交往时忌讳打听其既往的个人经历。

若不跟对方“见外”，一而再、再而三地刨根问底，细查其“户口”，会给人以居心叵测之感。一般而言，我国公务人员与外方人士进行交谈时至少有下列最关键的个人经历问题不宜向对方打听：

(1)对方的籍贯。

(2)对方具有何种最高学历。

(3)对方拥有何种学术学位、技术职称或行政职务。

(4)对方既往的具体职业经历。

6. 政见信仰

国家之间的合作，讲究求同存异。必须客观地承认，各国的社会制度、司法体系、政治主张、意识形态均存在着明显的差异。因此，各国的事情由各国自己负责，各国人民都拥有自行选择本国发展道路的决定权。在对外交往中，真正求得交往的顺利、合作的成功、双方的友好，双方就必须不以社会制度画线，不强调司法体系、政治主张的不同，并超越双方的意识形态方面存在的差异，处处以大局为重、以友谊为重、以信任为重、以国家利益为重。

我国公务人员在与外方人士交谈时，不对对方的政治见解、宗教信仰表现出过多的兴趣，更不对其政治见解、宗教信仰等品头论足、横加非议，或是“唯我独尊”，蛮横无理地将本人的立场、观点强加于人。此外，在国外，对于与个人政治见解密切相关的从属于何种党派或政治性团体的问题，通常也不宜向他人打探。

7. 生活习惯

在外国人眼里，个人习惯与别人毫不相关，完全没有为外人所了解的必要。倘若对他人的个人生活习惯过分地感兴趣，不是别有用心，就是对对方产生了异性之间的好感，因而都是很不正常的。有关个人饮食、起居、运动、娱乐、阅读、交友等方面的具体生活习惯，都在“不可告人”之列。

8. 所忙何事

在国内，“忙什么呢?”“身体好吗?”和“吃过饭没有?”是人们相逢之时互致问候的“老三样”。可外国人绝对不乐于回答此类问题。外国人认为自己“所忙何事”仅与自己有关，与别人并无干系，所以“不足为外人道哉”。有时，他们担心此类问题一旦被人深究，可能会泄露个人的最新动向甚至行业秘密，使自己的工作与事业受损，因此绝对不愿此类问题在外人面前“曝光”。

9. 家庭住址

中国人的交际习惯之一是喜欢到亲朋好友家里串门，并且乐于邀请对方上门做客。然而，在国际社会里，绝大多数外国人将私人居所看做是神圣不可侵犯的“个人领地”，讨厌别人无端对其进行打扰。加之，平时为事业辛劳奔忙，居家度日时就十分忌讳别人破坏自己的休息与宁静。在一般情况下，若非亲属、至交、知己，外国人都不可能邀请外人到自己家中做客。必要时，他们宁肯花钱去饭店、餐馆请客吃饭。

(六)馈赠礼仪

在国际交往中，人们经常通过赠送礼品来表达谢意和祝贺，以增进友谊。在一般涉外友好交往中，向外国友人赠送礼品要遵循惯例，注重合理性，其中最主要的有以下几个方面：

1. 馈赠礼品

“投其所好”是赠送礼品最基本的原则。选择馈赠礼品要尽可能考虑受礼人的喜好。如不甚了解对方喜好，稳妥的办法是选择具有民族特色的工艺品。

2. 馈赠方式

外国人在送礼时看重礼品的包装。在各种涉外交往中，当接受宾朋的礼品时，主人有礼貌地双手接过，并握手致谢。许多欧美人，在接受别人的礼品时，会打开包装，欣赏并赞美一番。此时，送礼人可酌情对礼品作几句介绍，以表“礼轻情意重”。

3. 馈赠时间

在有的国家（如日本），选择人不多的场合送礼；而在阿拉伯国家，必须有其他人在场，送礼才不会有贿赂的嫌疑；在英国，合适送礼的时机是请别人用完晚餐或在剧院看完演出之后；在法国，不向初次结识的朋友送礼，下次相逢的适当时机再送。

4. 馈赠地点

赠礼要分清场合，去友人家做客，不要把宴会上吃的食品作为礼物。出席酒会、招待会不必送礼，必要时可送花篮或花束等。

第二节　涉外接待礼仪

有朋自远方来，理应热情接待。这既是对外宾应有的尊重，也是对外宾表示友好。外宾来自不同的国家，其文化背景和民族传统各异，为此，在涉外接待的表现方式上应有所区别，多加注意。

一、礼宾次序

礼宾次序是指国际交往中对出席活动的国家、团体、人士的位次按某些规则和惯例进行排列的先后次序。它体现东道主对宾客的礼遇。礼宾次序在国际集会上还体现出各国的平等地位。

（一）礼宾次序排列依据

在涉外商务活动中，如果礼宾排序不当，违反国际惯例或本国外交原则，则会影响国家之间的关系和涉外商务活动的顺利开展。根据有关国际法的规定和国际外交实践中形成的一些惯例，我国的礼宾排序大体有以下几种方法：

1. 按来宾的身份与职务的高低排列

在排列过程中，如因各国体制不同，导致所设部门与部门职务的级别有差异，东道主国家与来宾国家相互协商，按照对等、相当的原则来安排。

2. 按一定语言的字母顺序排列

在国际性会议、多边贸易谈判、国际体育比赛等多边国际活动中较为常见，一般以英语字母的顺序排序，也有以其他语种字母或以东道国语言字母为序的。

3. 以应邀日期先后来排列

按派遣国决定应邀的答复时间先后排序，也可以按接到派遣国代表团回函的日期先后排序，还可以按各国代表团抵达的时间先后排序。礼宾排序主要应兼顾各方面考虑，灵活组合，没有固定模式。在复杂多样的国际关系交往中，有时为突出国家关系的变化，突出活动的性质、内容，表现不同国家对活动的意义和贡献等，可以打破常规，设计新的方案，灵活变通，力求使礼宾排序工作达到宾主各方都能满意的效果。

（二）影响礼宾次序排列的其他因素

1. 政治因素

在多边活动中，礼宾次序的排列需要尽可能考虑客人之间的政治关系。若双方政见分歧大，两国关系紧张，就要尽量避免安排在一起。

2. 身份、语言、专业的因素

席位安排主要依据礼宾次序，在排席位前，将经落实能出席的宾主双方名单分别按礼宾次序开列出来，并考虑语言习惯、专业对口等因素，以便在宴席上交谈与沟通。

（三）礼宾次序排列的注意事项

在实际操作中，礼宾次序是一个政策性较强、较敏感的问题，若礼宾次序排列不符合国际惯例或安排不当，则会引起不必要的误解，甚至损害两国之间的关系。

1. 席位安排的忌讳

安排宴会的席位时，有些国家忌讳以背向人，特别是安排长桌席位时，主宾席背向群众的一边和进门第一排桌主宾的座位，均不宜安排主宾。在许多国家，陪同、译员一般不上席，为便于交谈，译员坐在主人和主宾的背后。

2. 礼宾次序最佳方案的选择

礼宾次序的安排应慎之又慎，在安排时尽量避免因礼宾次序安排不周而产生矛盾，这就要求多拟出几种方案，从中选择最佳或最满意的方案。

3. 善后工作的处理与安排

由于考虑不周或其他原因而引起礼宾次序上的风波，组织单位、部门和主管人员对已出现的波折要努力做好善后工作，主人应作解释，尽量缓解“一人向隅，举桌不欢”的气氛，使这种情形的影响减小到最小的范围和最低的限度。

总之，在涉外商务活动中，外事接待人员和其他有关成员只有了解礼仪、礼宾方面的基本知识与社交规范、礼节及仪式，遵循外事工作基本原则，掌握和学会礼宾次序的基本要求，才能更好地为对外交往作出贡献。

二、迎送外宾礼仪

迎客和送客是商务活动中的两个重要环节，在整个活动中有极其重要的位置。一个精心安排的欢迎仪式，能使来宾一踏上被访国就产生良好的第一印象；一个周到、圆满的欢送仪式，会给来宾留下美好而难忘的回忆。因此，热情迎送，善始善终，使来宾高兴而来，满意而归，就显得尤为重要。

（一）迎送前的准备

接受迎送任务的人员，在外宾到达前，必须进行周密的准备，使迎送工作自然有序地开展。主要应考虑的方面有：根据来宾的身份地位，安排身份地位对等的我方人员组成迎送队伍；除特殊情况，接待个别或少量客商，迎送队伍不必过大，有些经常旅行、往返于世界各地的欧美客商，“自理”能力很强，也是老客户，不必接站也不为失礼；迎送前要事先了解来访人员的人数、姓名、全称、职务等，掌握来宾所乘坐的交通工具及到达时间，如果需要，则还应预备译员、摄影摄像人员以及花环、花束、车辆等。

（二）迎送过程中的礼仪

迎送主要分为隆重的迎送和一般性迎送两种。

1. 隆重的迎送

隆重的迎送仪式适用于来访的外国国家元首、政府首脑、军方高级领导人或其他重要的官方代表团，以示对他们的欢迎和重视。仪式必须讲求规范性和严肃性，一定要严格遵守相应的国际惯例。

2.一般性迎送

一般性迎送仪式要求相对宽松一些，适用于一般来访者，可能是官方人士、专业代表团、文化体育团体，也可能是长驻我国的外方使节、外国专家、记者等其他人士。这种仪式同样郑重，但不可过分渲染、夸张，充分表示出尊重和友谊。另外，还有一些纯属私人性质的来访，迎送的安排要以礼貌、方便、实际为原则。

3.迎送规格

迎送的规格一般由主方决定。通常情况下，迎送外宾的人员身份应与客人相对等，也可以稍低一些。如果是国家元首或政府首脑到某地访问，由当地最高行政长官或对口负责人迎送；而贵宾只是过境，则规格可适当降低。在某些情况下，根据两国关系或政治等特殊需要，也可适当提高规格。

4.迎送礼节

迎送外宾首先要准确掌握外宾抵达、离开的时间，迎送人员及车辆要事先安排好，不可迟到、早退。对贵宾应布置好两国国旗，在行进路上铺设红地毯，有时设供检阅的仪仗队。献花一定选用鲜花扎成的花束或花环，在主宾握手后，一般由儿童或少女献上。选择花卉，注意对方国家的禁忌，通常忌用菊花、杜鹃花、石竹花和黄色花朵。

客人抵达时，主动迎上去，按其国家、民族习惯行礼，多以握手、拥抱、贴面为礼节，然后，相互介绍随行人员，用对方母语介绍较为礼貌，一般场合下交换名片。迎接外宾一定要事先安排好住处，指派专人协助其办理各种手续、事宜，安排好翻译工作。当客人抵达住处后，一般不可马上安排活动，应让外宾稍作休息，以便更衣等。在迎送外宾的过程中，始终面带微笑，亲切大方，但不可流于谄媚，令对方感到受到尊重和欢迎，心情愉快。

三、翻译与陪同礼仪

（一）翻译礼仪

在涉外工作中，翻译人员至关重要。无论是国家领导人间的交往，还是企业与外商谈判，都离不开翻译。按出席的场合、级别，翻译大致可以分为正式和非正式两种。

1.正式场合的翻译

正式场合的翻译一般指为领导人当翻译，以及在一些官方的场合同外国人打交道时的翻译，如签订合同、贸易谈判等。正式场合的翻译人员须仪容端庄、业务精通，懂得外交礼节，且具备耳快、眼快、嘴快的基本素质。

许多国家的翻译人员一般不出席正式宴会，只是在需要翻译的人身后负责翻译。按国际惯例，翻译为自由职业者，薪金虽高，但地位不高。许多国家的官员与翻译之间，只是雇主与雇员的关系。宴会中，翻译既非东道国的主人，也不是应邀客人，而只是主宾双方的“传话筒”，不能与主宾平起平坐。但在我国不同，翻译多为国家外事部门的工作人员，会议时紧靠领导人的左右。周恩来总理生前接待外宾时，反对让翻译坐在身后，而是主张让翻译坐在旁边，出访时也要求东道主方尊重中国的习惯。

作为翻译人员，同主人、客人穿风格一致的衣服。例如，主人穿小礼服，男性翻译人员也要穿小礼服，女性翻译人员则应穿晚礼服。翻译人员在参加外事工作之前忌食有异味的东西，如葱、蒜等，以免传出刺激性气味，对人不礼貌。口臭的人，如果不能处理好口气，则不宜做翻译工作。

在宴会上，翻译人员为保证及时、准确地做好“传话筒”，不吃东西，即使主客间未对话，不需翻译时，也不可随他人吃东西，否则一旦有人说话，自己口中含有食物，不能及时翻译，这是非常尴尬的。

2.非正式场合的翻译

非正式场合的翻译通常是指一些民间交往中的翻译，如陪同外宾观光、购物等。这种非正式场合的翻译，除要注意国际交往礼节、尊重对方国家的风俗习惯外，还要注意对外宾热情、随和、亲切。

（二）陪同礼仪

陪同是接待外宾的一种活动，主要是指来访接送、访问、观光、游览等方面的接待，陪同要自始至终，讲究礼节与规格。陪同不是一件简单的事情，需事先做好充分的准备，了解外宾的基本情况和需要，体察细微，不可疏忽大意。

(1)为了做好外宾的陪同工作，要预先学习和研究外宾所在国的基本情况和风俗礼仪，明确接待的方针、政策和要求，结合当时的国际、国内大事研究或预测对方可能提出的问题，研究和熟悉全程参观项目的方案与接待安排，研究和了解第一站的旅行事宜，知晓外宾的人数、特点，了解外宾抵达的确切时间等。

(2)外宾到达后可请代表团团长介绍该团的基本情况、人数、护照签证情况、停留天数等，同时还应交代参观访问的注意事项，通知旅行的具体日程。在陪同外宾参观访问的过程中，陪同人员的人数应适当，不宜过多；否则，队伍浩浩荡荡，外宾会不自在。

(3)陪同人员一般要自始至终参加，不能中途离开。在向外宾作介绍时，应考虑面向全体，不能只为个别人介绍，而冷落其他人。

(4)对外宾提出的问题要酌情回答，既不能敷衍了事，也不能不顾外事纪律，信口开河；对那些无法回答的提问和要求，要及时汇报，不能轻率答复或许诺。

(5)在外宾参观访问过程中，有的人对某些参观内容很感兴趣，看得细，走得慢，这时要有专人照顾，并前后呼应。每到一站，都应向其做必要的介绍，并及时与下一站联系，了解情况，做到心中有数。在整个外宾来访期间，对于一些外宾生活不适等困难，要及时协调解决。陪同行程中，如因事需到外宾房间谈话，一般要两人以上同去，如客人约请一名翻译交谈，须事先请示，事后汇报，这是我国的外事纪律要求。

四、涉外交往的基本原则

个人的礼仪修养不仅影响个人的形象，也涉及国家的尊严。因此，涉外交往遵守的基本原则有：

（一）尊重对方

尊重对方是不论对方的国家、民族大小，企业实力强弱，或者风俗习惯、宗教、法律等，都不能歧视对方，做到在人格上平等相待。尊重对方通过举止言谈、服饰礼仪表现出来。

（二）捍卫自尊

相互尊重的另一面是自尊，只有自尊，才能得到对方对你个人，对你的组织甚至对你的国家的尊重，才能谈得上真诚、平等地合作。

（三）不卑不亢

不卑不亢，是涉外礼仪的一项重要原则。在国际交往中，人与人、国与国之间是平等的关系。每一个人在参与国际交往时，都必须意识到自己在外国人眼里是代表着自己的国家、民族。因此，其言行从容得体，堂堂正正，在外国人面前既不表现得畏惧、自卑，低三下四，也不表现得自大狂妄，放肆嚣张。

（四）保守机密

对外交往涉及党和国家、组织的一些情况。作为组织的工作人员在对外交往时，一方面不要随意议论对方的礼遇与参观访问中遇到的问题；另一方面，必须牢记保守党和国家、组织的机密，绝不允许以友好、坦诚为借口，向外宾提供机密或在谈判时对我方不利的情况或者资料。接待外国人参观和洽谈业务，从时机出发，划清机密与非机密的界限，不得泄露内部的对外援助技术，出口和接受外援的具体政策、规划数字、计划措施等机密事项。

（五）实事求是

实事求是是涉外交往中必须坚持的一个重要礼仪原则。有一说一，有二说二，不能浮夸；不能只讲优点、成绩，不讲缺点、不足之处，报喜不报忧。虽然对牵涉到对方的话题，为表示尊重而采用委婉的说法，但西方人往往喜欢直率的谈吐，而禁忌那些言不由衷的客套。

（六）入乡随俗

入乡随俗，是国际交往的一条很重要的原则。出国或在国内接触外宾，需尊重对方的风俗习惯与礼节。由于不同国家的社会制度差异、文化习俗有别，思维方式与礼节角度也往往差别很大。因此，每到一个国家或接待来自某一国的客人，需事先了解该国的礼俗，即使相当熟悉的友人，也要注意基本礼仪。

第三节　世界主要国家礼仪及禁忌

俗话说“十里不同风，百里不同俗”。地球作为一个大家庭，其中的每一个成员都有其独特的礼仪风俗习惯。“进门见礼，出门问忌”在日益密切的国际交往中就显得尤为重要。

一、亚太地区主要国家礼仪及禁忌

亚太地区人口稠密，民族国家众多，这里只着重介绍部分国家的礼仪风俗。

（一）韩国

1. 基本概况

韩国的正式国名是大韩民国。它位于亚洲东北部，总面积约 10 万平方千米，人口 5 100 多万（2023 年数据），全部单一韩族人，首都首尔，主要宗教是佛教，官方语言是韩语，亦即朝鲜语。

2. 社交礼仪

在正式交际场合，韩国人一般都采用握手作为见面礼节。韩国妇女一般不与男子握手，而往往代之以鞠躬或者点头致意。韩国人在不少场合有时也同时采用先鞠躬、后握手的方式；同他人告别时，若对方是有地位、身份的人，韩国人往往要行礼达三五次之多；个别的韩国人甚至讲一句话道别，行一次礼。

一般情况下，韩国人在称呼他人时爱用尊称和敬语，习惯称呼对方头衔。韩国人非常讲究预先约定，遵守时间，并且十分重视名片的使用。

3. 服饰礼仪

韩国人对社交场合的穿着打扮十分在意。交际应酬通常都穿西式服装。邋里邋遢、衣冠不整的人，和着装过露、过透明的人一样，都是让人看不起的。

在逢年过节或某些特定场合，韩国人往往会穿自己本民族的传统服装：男子上身穿袄，下身穿宽大的长裆裤，或加上一件披肩，甚至再披上一件长袍；韩国妇女则大多上穿短袄，下着齐胸长裙。光脚参加社交活动，是一种失礼的行为。进屋之前需脱鞋，摆放鞋子不准将鞋尖直对屋内。

4.餐饮礼仪

韩国饮食以辣、酸为主要特点，主食是米饭、冷面。他们爱吃的菜肴主要有泡菜、烤牛肉、烧狗肉、人参鸡等。韩国菜的品种并不太多，而且其中的绝大多数都比较清淡。

韩国饮料较多。韩国男子通常酒量都不错，对烧酒、清酒、啤酒往往来者不拒；韩国妇女则多不饮酒。韩国人通常不喝稀粥清汤，认为只有穷人才会如此，一般也不吃过腻、过油、过甜的东西，并且不吃鸭子、羊肉和肥猪肉。

5.商务礼仪

去韩国进行商务访问最适宜的时间是2—6月、9月、11月和12月上旬，尽量避开节日较多的10月、7—8月中旬、12月下旬。韩国人与不了解的人来往，都要有一位双方都信任尊重的第三者进行介绍和委托，否则不容易得到韩国人的信任。为了介绍方便，要准备好名片，中英文或韩文均可，但是要避免在名片上使用日文。韩国人不喜欢直接说“不”，有的时候用“是”表示否定的意思。

韩国人重视业务中的接待，宴请一般是在饭店举行，吃饭时所有的菜一次上齐；饭后有时会邀请客人到歌舞厅娱乐、喝酒、唱歌，一般不能拒绝，因为拒绝是不礼貌的表现。

（二）日本

1.基本概况

日本的正式国名是日本国，位于亚洲东部，总面积为37.78万平方千米，人口约1.25亿（2022年数据），由大和族、阿伊努人、朝鲜人和华人组成，首都是东京。大和族是日本的主体民族，约占日本全国总人口的99%，主要宗教是神道教和佛教，神道教是日本固有的宗教。日本的国语是日语。

2.社交礼仪

日本人通常以鞠躬作为见面礼节，在鞠躬的度数、时间的长短、次数等方面还有其特别的讲究。行鞠躬礼时手中不得拿东西，头上不得戴帽子。日本有时还一面握手一面鞠躬致敬。

在日本乡村民间，送别亲友往往还会向对方行跪礼或摇屐礼。妇女所行的为跪礼，即屈膝下跪；男子所行的是摇屐礼，手持木屐在空中摇动。日本人与他人初次见面时通常都要互换名片，否则即被理解为是不愿与对方交往。在交换名片时，一般以身份地位较低或年轻的一方先给对方，并目视对方自报姓名，以示礼貌。女性的名片一般要比男性的名片小一些。在交际场合，日本人的信条是“不给别人添麻烦”，因此，他们忌讳高声谈笑，但是在外人面前则大多要满脸笑容，日本人认为这是礼貌。

3.服饰礼仪

日本人在交际应酬中对穿着打扮十分精心。在商务政务以及对外的场合，通常要穿西式服装。而在民间交往中，他们有时也会穿和服，配布袜、木屐或草屐。历史上日本曾等级森严，和服的色彩、图案、款式、面料乃至穿着方法，无一不与穿着者的地位、身份相关。

日本人的衣着观有四点：第一，日本人认为衣着不整齐便意味着没有教养，或不尊重交往对象；第二，到日本人家里做客时，进门前要脱下大衣、风衣和鞋子；第三，做客时，切勿未经主人许可而自行脱去外衣；第四，参加庆典或仪式时，不论天气多么热，都要穿套装或套裙。

4.餐饮礼仪

日本饮食一般被称为“和食”或“日本料理”，可归纳为“五味”“五色”与“五法”。“五味”为春苦、夏酸、秋滋、冬甜、涩味；“五色”是绿春、朱夏、白秋、玄冬，再加上黄色的广泛运用；所谓“五法”指烹饪方法，即蒸、烧、煮、炸、生吃五种。

日本人的饮食禁忌为：不吃肥猪肉和猪的内脏，也有一些人不喜欢吃羊肉和鸭肉。日本人非常爱喝酒，普遍爱好饮茶。日本人在用餐时有“忌八筷”之说：一是忌舔筷；二是忌迷筷，即不准拿着筷子在饭菜上晃来晃去；三是忌移筷，即不准夹了一种菜又夹另一种菜；四是忌扭筷，即不准将筷子头反过去吞在口里；五是忌插筷，即不准将筷子插在饭菜里或是把它当作叉子叉起饭菜吃；六是忌掏筷，即不准用筷子在饭菜里扒来扒去；七是忌跨筷，即不准把筷子跨放在碗、盘之上；八是忌别筷，即不准用筷子当牙签用。

5. 商务礼仪

当日本人与外国人会面时，他们通常是向对方鞠躬，打招呼，如果还要握手，则感到烦琐。当然，现在年轻一代日本人已习惯握手这种动作。鞠躬的形式男女也有别：男士双手垂下贴腿鞠躬，女士一只手压着另一只手放在前面鞠躬。

对日本人来说，交换名片是人际交流最简洁而又不使双方感到尴尬的方式。日本人对坐姿极为讲究，不管是坐在椅子上还是坐在榻榻米上。当拜访日本公司时，宾主的会面通常是在会议室进行。而且，客人一般会被先领到会议室，主人稍迟几分钟来到并走近每一位客人交换名片。作为礼貌，客人不能随随便便就坐到贵宾位上，应一直站着等主人进来让座。

日本人在正式场合特别注重形象。如果出席日本人的宴席或其他活动，一定要穿着整齐，否则会被认为是不把主人当回事。所以，在访问期间，要确保有一套整洁的服装在身边随时备用。礼物在日本社会极其重要。此外，日本人的严谨态度是举世公认的，他们参加任何活动都非常准时。

（三）新加坡

1. 基本概况

新加坡的正式国名是新加坡共和国，位于马来半岛最南端，面积为 718 平方千米，人口 563 万人（2022 年数据），是一个集国家、首都、城市、岛屿为一体的城市型岛国。马来语“新加坡”的意思是“狮城”。在新加坡，华人占全国总人口的 76%，是除中国以外世界上唯一以华人为主的国家。新加坡的主要宗教为佛教、基督教、伊斯兰教、印度教。马来语、英语、华语和泰米尔语四种语言同为官方语言，英语则为行政用语。

2. 社交礼仪

新加坡人在社交场合与他人所行的见面礼节多为握手礼。由于文化多元化，新加坡的礼仪与习俗也呈现多样化：华人习惯于拱手作揖；而马来人采用“摸手礼”。新加坡人特别强调笑脸迎客，显得彬彬有礼。新加坡政府强调“不学礼，无以立”，而且专门编定了《礼貌手册》。

3. 服饰礼仪

新加坡国服为以胡姬花为图案的衬衫，一般在隆重的庆典场合穿。在政务活动和商务交往中，新加坡人着装郑重，男子一般要穿白色长袖衬衫、深色西裤，打领带；女子则穿套装。许多公共场所对穿着过分随便者往往拒其入内。

4. 餐饮礼仪

新加坡的饮食习惯受我国广东、福建、海南和上海等地的影响较大，口味喜清淡，偏甜；而马来人忌食猪肉、狗肉、自死之物和动物的血，不吃贝壳类动物，不饮酒；印度人则不吃牛肉。在用餐时，不论是马来人还是印度人都不用刀叉、筷子，而惯于用右手直接抓取食物，忌用左手取食。另外,新加坡华人大多喜欢饮茶。

5.商务礼仪

新加坡高层管理人员经常出差,若要与他们会谈则应事先预约。在新加坡,从事谈判需要良好的耐心,发脾气或在公共场合咒骂会引人反感。新加坡人通常认为,私人关系和商务关系同样重要。在谈判时,新加坡人很直爽,但有时因避免直接说“不”而采取婉转的说法,要注意他们谈话中的一些暗示。

(四)马来西亚

1.基本概况

马来西亚的正式国名为马来西亚联邦,位于东南亚南端,总面积有32.98万平方千米,总人口约为3 393.8万(2022年数据),其中,马来人占1/2以上,马来西亚籍华人和华侨则占1/3左右,除此还有少量的印度人和巴基斯坦人。首都是吉隆坡,马来语的本意是“泥泞的河口”。

马来西亚以伊斯兰教为国教,全国总人口的一半以上信奉伊斯兰教。马来西亚的官方语言是马来语,英语和华语则是通用的语言。

2.社交礼仪

马来西亚不同民族采用不同的见面礼节。马来人的常规做法是向对方轻轻点头,以示尊重。马来人传统的见面礼节是“摸手礼”。它的具体做法为:与他人相见时,一方将双手首先伸向对方,另一方则伸出自己的双手,轻轻摸一下对方伸过来的双手,随后将自己的双手收回胸前,稍举一下,同时身体前弯呈鞠躬状。马来西亚的华人与印度人同他人见面时,则大多以握手作为见面礼节。马来人通常只有自己的名字,而没有固定的姓氏,儿子以父名为姓,父亲则又姓祖父的名字。马来西亚的国花为扶桑花,在马来西亚叫做“班加拉亚”。

3.服饰礼仪

长袖衬衣“巴迪”被誉为马来西亚的“国服”,多以蜡染的花布做成,多在正式交际场合穿用。

在一般情况下,马来族男子通常上穿“巴汝”,下身则围一大块布,叫做“沙笼”。马来族的女子,则一般穿无领、长袖的连衣长裙,围以头巾。在社交场合,马来西亚人可以穿着西装或套裙。马来西亚人的服饰偏好红色、橙色和其他一些鲜艳的颜色。他们认为黑色属于消极之色,黄色也不适于作为服装之色。受伊斯兰教影响,马来人对绿色十分喜爱。去马来西亚人家里做客,进门前必须首先脱下鞋子,并且摘下墨镜。

4.餐饮礼仪

马来西亚以伊斯兰教为国教,饮食习俗禁酒,喜欢饮用椰子水、红茶、咖啡等。马来西亚的印度人不吃牛肉,但是可以吃羊肉、猪肉和家禽肉。马来人一般十分好客,他们认为客人在主人家里若不吃不喝,等于不尊敬主人。平常用餐时只用右手抓食,左手被视为“不洁之手”,禁用其取食物或饮料。只有在十分正规的宴请中,马来西亚人才以刀叉进餐。

5.商务礼仪

在马来西亚,男性之间见面时通常握手,而男性与女性见面则稍稍弯腰或点头招呼更为适宜,特别是遇见老一代的马来西亚妇女时。去马来西亚时也要准备好商业名片。

马来西亚人对外宾一般都很友好、热诚。在商务活动中,请客吃饭是一个重要组成部分,通常是在饭店里以午宴或晚宴招待。送礼的习俗也随着华裔、马来人和印度人各自不同的民族文化而有所不同。但不论受礼者属于哪个族群,用左手递送礼物或马上打开礼物来看都被认为是不礼貌的。如果主人赠送了礼物，写一封感谢信是理所应当的。

（五）泰国

1. 基本概况

泰国的正式国名是泰王国，地处中南半岛的中南部，国土面积为51.4万平方千米，总人口约7 169.7万（2022年数据），由傣族、老挝族、马来族、高棉族等30多个民族构成，以佛教为国教，官方语言是泰语，英语则为通用语，首都为曼谷。

2. 社交礼仪

泰国人交际应酬使用最多的见面礼节，是带有浓厚佛门色彩的合十礼，并且同时问候对方“您好”。在一般情况下，行合十礼之后，不必握手。行合十礼时，晚辈要先向长辈行礼；身份、地位低的人要先向身份、地位高的人行礼。对方随后亦应还之以合十礼，否则即为失礼。泰国人习惯以“小姐”“先生”等国际上流行的称呼彼此相称。在称呼对方时，为了表示友善和亲近，直接称呼其名。跟外人打交道时，泰国人颇有涵养，一贯讲究“温、良、恭、俭、让”，并且总是喜欢面含微笑，细声低语。

3. 服饰礼仪

泰国的各个民族都有自己的传统服饰，其服饰喜用鲜艳之色，其中，黄色表示星期一，粉色表示星期二，绿色表示星期三，橙色表示星期四，淡蓝色表示星期五，紫色表示星期六，红色表示星期日。由于气候炎热，泰国人平时多穿衬衫、长裤与裙子。只有在商务交往中，他们才会穿深色的套装或套裙。去泰国人家做客或是进入佛寺之前，务必要记住先在门口脱下鞋子。

4. 餐饮礼仪

泰国人不喝热茶，喜好冻茶；喝果汁时习惯在其中加入少许盐末。泰国人的口味不喜过咸、过甜或红烧，喜辛辣、鲜嫩；爱往菜肴中加入辣酱、鱼露或味精；用餐时多惯于围绕着低矮的圆桌跪膝而坐，以右手抓取食物享用。

5. 商务礼仪

访问泰国各级政府机构宜穿西装。拜访大公司或政府部门必须提前预订时间，并持有用英文、泰文和中文对照的名片。同泰国人打交道，千万不要夸耀自己国家的经济如何发达；否则，他们会认为你太傲慢，在以后的交往中，有可能会有意地为难你。因此，在泰国商人面前显得越谦虚越好，这样他们才能很好地与你配合。另外，在泰国进行商务活动，则最好携带旅行支票，少用或尽量不用现金支付。

在商务谈判中，坐下时不要把鞋底露出来，这样会被认为是极不友好的表示；用脚踢门会受到当地人的唾弃；更不能用脚给别人指东西，这是泰国人最忌讳的动作。

泰国属热带季风气候，全年分为热、雨、旱三季，年均气温24℃－30℃。如果进行商务活动，最好安排在当年的11月至次年的3月为佳，4—5月份当地商人多半外出度假。

（六）印度

1. 基本概况

印度的正式国名是印度共和国，位于南亚次大陆，总面积为320万平方千米，人口为14.17亿（2022年数据），由印度斯坦族、旁遮普族等十大民族和其他几个小民族组成，主体民族是印度斯坦族，占总人口的46％。主要宗教有印度教、伊斯兰教、基督教、佛教、锡克教、耆那教等。

印度共有179种语言，印地语为该国国语，英语则为官方语言。其首都是新德里，源自“德里”，有“山冈”“高地”等多种含义，为纪念公元前100年重建该城的古印度王公拉贾·德里命名。

2. 社交礼仪

印度交际应酬礼节繁多，有合十礼、拥抱礼、贴面礼、摸脚礼、举手礼等，也流行握手礼。

印度人迎接嘉宾往往要向对方敬献用鲜花编织而成的花环。印度人以往对等级、地位、身份极其关注。印度所特有的种姓制度分为四个等级：一是“婆罗门”，即僧侣；二是“刹帝利”，即名门、贵族；三是“吠舍”，即平民；四是“首陀罗”，从事低贱的职业。此外，还有“不可接触的贱民”，叫做“达利特”。传统的种姓制度广遭非议，但影响犹在。

3. 服饰礼仪

印度人着装朴素、清洁，但各民族各异。印度斯坦族男子的一般着装为：上身“吉尔达”，即宽松圆领长衫；下身穿“陀地”，即以一块白布缠绕在下身、垂至脚面的围裤。在正式活动中，则在“吉尔达”之外再加外套。印度妇女一般着纱丽，即由一大块丝制长巾披在内衣之外。印度教徒戴白色船形帽，伊斯兰教徒戴伊斯兰小帽，锡克教徒包裹头巾。印度妇女在前额上点“吉祥痣”，过去是表示已婚，而今则用于装扮。

4. 餐饮礼仪

印度人的主食有大米及面食，烹调方式有炒、煮、烩三种，喜加入各种香料，尤其是辛辣类香料。印度食素者特别多，而且社会地位越高的人越忌荤食。根据教规，印度教教徒和锡克教教徒不吃牛肉，伊斯兰教徒不吃猪肉，耆那教徒则既忌杀生又忌肉食。

印度人用餐习惯用右手抓食。

5. 商务礼仪

在印度，初次访问公司或政府机关，宜穿西服，并事先预约，尽量按时赴约。印度商人喜欢凭样交易，洽谈中应多出示样品，广为介绍经济实惠的品种。在商务谈判中，他们往往细细研究，费时较久。在谈判时，切忌在印度人面前谈论印度的赤贫、庞大的军费及外援。

访问新德里最好选择在当年 10 月至次年 6 月，访问孟买最好选择在 9—10 月，以避开酷热或梅雨等。在印度，节假日期间一般不进行交易。因此，访问印度前务必先了解好对方的假期。与印度人进行商业谈判，他们会很自然地说：“你们的资本比我们的多，所以这一笔费用该由你们支付。”钱较多的人或是较受欢迎的人应该付钱——他们认为这是“顺理成章”的事。

资料卡

印度风俗小常识

印度有“牛的王国”之称，牛是当地最神圣不可侵犯的动物。在路上驾车时，千万注意不要撞到牛，更不要佩戴牛制品进入庙宇，同时最好也尽量避免以牛为摄影对象。印度还有一项特别不同的习惯，回答对方问题时若将头歪一边或摇头，那是肯定的表示，可千万别理解错误，造成不应有的麻烦。信仰印度教的印度人实行种姓制度，打听当地人的种姓、阶级也是一件极不礼貌的事。

不要摸小孩的头，印度等地的人们不希望别人摸自己头上的任何一部分，他们也不喜欢去摸别人。他们认为，头部是人体最高的部分，也是人体中最神圣无比的部分，尤其是孩子的头，被视为神明停留之处，所以不要触摸。

被邀去吃饭不必客气。在印度人的观念中，吃东西是要大家一起分享的。独食是小气而不礼貌的行为，所以印度人邀请人共餐，绝不是碍于情面，假惺惺，而是诚心诚意的邀请。拒人于千里之外的回绝当然令人不高兴。

二、欧洲地区主要国家礼仪及禁忌

欧洲大陆是西方文明的发祥地，来到欧洲，一定要“入乡随俗”，遵守特定的礼仪行为规范。

（一）德国

1. 基本概况

德国的全称为德意志联邦共和国，是位于中欧的联邦议会共和制国家，由 16 个联邦州组成，首都为柏林，领土面积为 35.7 万平方千米，以温带气候为主，人口约 8 408 万人(2022 年数据)，是欧洲联盟中人口最多的国家。德语是公用语，英语只在旅馆行得通。

2. 社交礼仪

德国人非常注重规则和纪律，干什么都十分认真。凡是有明文规定的，德国人都会自觉遵守；凡是明确禁止的，德国人则不会去触碰。德国人在待人接物时所表现出来的独特风格，往往会给人以深刻的印象：第一，纪律严明，法制观念极强；第二，讲究信誉，重视时间观念；第三，极端自尊，非常尊重传统；第四，待人热情，十分注重感情。

德国人在人际交往中对礼节非常重视。与德国人握手时，下述两点有必要特别注意：一是握手时务必要坦然地注视对方；二是握手的时间宜稍长一些，晃动的次数宜稍多一些，握手时所用的力量宜稍大一些。

重视称呼，是德国人在人际交往中的一个鲜明特点。对德国人称呼不当，通常会令对方大为不快。一般情况下，切勿直呼德国人的名字。称其全称或仅称其姓，则大多可行。与德国人交谈时，切勿疏忽对“您”与“你”这两种人称代词的使用。对于熟人、朋友、同龄者，方可以“您”相称。在德国，称“您”表示尊重，称“你”则表示地位平等、关系密切。

3. 服饰礼仪

德国人在正式场合露面时穿戴得整整齐齐，衣着一般多为深色。在商务交往中，他们讲究男士穿三件套西装，女士穿裙式服装。德国人对发型较为重视。在德国，男士不宜剃光头。

4. 餐饮礼仪

德国人在用餐时有以下几条特殊的规矩：其一，吃鱼用的刀叉不得用来吃肉或奶酪；其二，若同时饮用啤酒和葡萄酒，宜先饮啤酒，后饮葡萄酒，否则被认为有损健康；其三，食盘中不宜堆积过多的食物；其四，不得用餐巾扇风。

5. 商务礼仪

在德国，拜访前一定要预约。另外，德国人有很强的时间观念，约定后必须准时。德国的一些商店只在星期六开业，银行周末都休息；8 月份是多数工厂、企业的夏休时间，复活节前后两周也不适宜拜访，慕尼黑及科隆嘉年华会期间也应避免拜访；上午 10 时前下午 4 时后，不宜订约约会。

商务交谈时尽量说德语，或携同译员同往。虽然德国商人多半会说一些英语，但使用德语会令对方高兴。尽量以握手为礼，握手时要用右手，伸手动作要大方。如果对方身份高，须得对方先伸手，再与之握手。称呼对方多使用“先生”“女士”等称谓。

德国人不喜欢暮气沉沉、拖拖拉拉、不守纪律和不讲卫生的坏习气。在商务活动中，德国商人讲究穿着打扮，一般男士穿深色的三件套西装，打领带，并穿深色的鞋袜；女士穿长过膝盖的套裙或连衣裙，并配以高筒袜，化淡妆。女士在商务场合不宜穿低胸、紧身、透明的性感上装和超短裙，也不宜佩戴过多的首饰(最多不超过 3 件)。与德国人打交道时，若在这些方面加以注意，则有助于赢得对方的好感和信任；反之，则会被视为待人无礼和不自重。不能不论男女长幼、地位高低而随便把一人介绍给另一人，一般的习惯是从老者和女士开始。

德国商人不愿浪费时间，所以宜先熟悉问题，单刀直入。如果被邀请到德国人家中做客，通常宜带鲜花去，鲜花是送给女主人最好的礼物，但必须是单数，5 朵或 7 朵皆可。

（二）英国

1. 基本概况

英国的全称为大不列颠及北爱尔兰联合王国，简称联合王国或不列颠，通称英国，是位于欧洲大陆西北面的不列颠群岛，被北海、英吉利海峡、凯尔特海、爱尔兰海和大西洋包围，除英国本土之外，还包括 14 个海外领地，本土面积达 24.48 万平方千米；主要宗教是基督教新教和罗马天主教；首都伦敦，被称为“雾都”；英语是官方语言。

2. 社交礼仪

英国人彼此间第一次认识时一般都以握手为礼，随便拍打客人被认为是非礼的行为，即使在公务完结之后也如此。在英国经商，必须恪守信用，答应过的事情，必须全力以赴，不折不扣地完成。

英国人待人彬彬有礼，讲话十分客气，“谢谢”“请”字不离口。对英国人讲话也要客气，不论他们是服务员还是司机，都要以礼相待；请对方办事时说话要委婉，不要使人感到有命令的口吻，否则可能会遭到冷遇。

英国人的时间观念很强，拜会或洽谈生意，访前必须预约，准时很重要，最好提前几分钟到达。英国人的相处之道是严守时间，遵守诺言，如因故延误或临时取消约会，要设法通知对方。

3. 服饰礼仪

在穿戴上，英国人是最讲究的，在交际应酬中非常重视“绅士”“淑女”之风。在参加宴会时，男士要穿燕尾服，头戴高帽，手持文明棍或者雨伞，这是他们的标准行头；女士是穿深色套裙或是素雅的连衣裙，庄重、肃穆的黑色服装是首选。在英国参加正式的宴会时要注意四个要求：忌打带条纹式的领带；不系长衬衫袖口的扣子；正式场合穿皮鞋；浅色皮鞋配深色西服。英国人注重服装，穿着要因时而异；他们往往以貌取人，尤注意仪容态度。

4. 餐饮礼仪

英国的“烤牛肉加约克郡布丁”被称为国菜。这是用牛腰部位的肉，再把鸡蛋加牛奶和面，与牛肉、土豆一起在烤箱中烤制的菜肴。上桌时，还要另配些单煮的青菜。普通家庭一日三餐（即早餐、午餐、晚餐），以午餐为正餐。阔绰人家则一日四餐（即早餐、午餐、茶点和晚餐）：早餐一般为燕麦或大麦片，牛奶、糖或盐做的粥，火腿、蛋，奶油面包或果酱面包；午餐有冷肉、土豆和用黄瓜、番茄、胡萝卜、莴苣、甜菜头等制作的凉拌菜；茶点一般在下午 4—5 点，有茶、糕饼、面包；晚餐是正餐，要穿礼服，菜肴要丰美。英格兰人一般都爱吃酥皮葱饼；英国许多海港一带的人喜爱鲱鱼和鲭鱼。

英国人在进餐时一般都爱喝啤酒，还喜欢喝威士忌等烈性酒。中国茶叶自 17 世纪传入英国后，英国人便与茶结下了不解之缘。他们一改过去只喝咖啡、啤酒的习惯。如今，真正的英国人大多有早晨喝“被窝茶”、午后喝“下午茶”的习惯。他们平时主要吃英式西餐或法式西餐；对中餐也极为赞赏并乐于品尝，在英国国内所有的市镇一般有一家以上的中餐馆。他们用餐一般都习惯左手拿餐叉，右手用餐刀，并喜欢在餐桌上备有调味品。

5. 商务礼仪

与英国人谈生意态度须保守、谨慎。初次见面或在特殊场合，或者是表示赞同与祝贺时，才相互握手。英国商人并不喜欢长时间讨价还价，他们希望谈一两次便有结果。

英国人一般不善交际，但有时为了生意需要，也进行一些必要的应酬。而这种应酬，也显得保守、古雅。

在英国，不流行邀对方早餐谈生意，一般也不会邀请客人至家中饮宴，聚会大多在酒店、饭店进行。英国人的饮宴，在某种意义上说，以俭朴为主，他们讨厌浪费。

在正式的宴会上，一般不准吸烟。进餐吸烟，被视为失礼。英国人在穿戴上比较讲究，在会客、拜访或参加酒会、宴会、晚会时都要穿西服，打领带。在夏天，可以不穿西服，只穿短袖衬衫，但也得打领带。英国人习惯穿黑色礼服，衣裤须烫得笔挺。受到英国人款待一定要致谢，事后致函表示谢意更能引起对方的注意。

（三）法国

1. 基本概况

法国的全称是法兰西共和国，简称法兰西或法国，位于欧洲西部，面积为 55.4 万平方千米，是个半海半陆的国家。法语为其官方语言。首都巴黎是世界著名的国际性大都市，也是艺术之都、时尚之都。

2. 社交礼仪

法国人诙谐幽默、天性浪漫，他们在人际交往中大多爽朗热情，善于雄辩和高谈阔论，好开玩笑，对愁眉苦脸者难以接受。受传统文化的影响，法国人不仅爱冒险，而且喜欢浪漫的经历。

在人际交往中，法国人所采取的礼节主要有握手礼、拥抱礼和吻面礼。在世界上，法国人是最著名的“自由主义者”。“自由、平等、博爱”不仅被法国宪法定为本国的国家箴言，而且在国徽上明文写出。他们虽然讲究法制，但是一般纪律较差，不大喜欢集体行动。与法国人打交道，约会必须事先约定，并且准时赴约，但是也要对他们可能的姗姗来迟事先有所准备。

与法国人交谈时，如能讲几句法语，一定会使对方热情有加。

与客人见面时，法国人一般惯以握手为礼。轻轻握手是通常的问候方式，但客人对社会地位较高的人不应主动伸手。少女向妇女也常施屈膝礼。男女之间、女子之间见面时，还常以亲面颊来代替相互间的握手。在法国，“吻手礼”也颇为流行。施吻手礼时，嘴不应接触到女士的手，也不能吻戴手套的手，不能在公共场合吻手，更不得吻少女的手。

3. 服饰礼仪

法国人对于衣饰的讲究，在世界上是最为有名的。所谓“巴黎式样”，在世人耳中即与时尚、流行含义相同。在正式场合，法国人通常要穿西装、套裙或连衣裙，颜色多为蓝色、灰色或黑色，质地则多为纯毛。出席庆典仪式时，一般要穿礼服。男士所穿的多为配以蝴蝶结的燕尾服或是黑色西装套装；女士所穿的则多为连衣裙式的单色大礼服或小礼服。对于穿着打扮，法国人认为重在搭配是否得法。在选择发型、手袋、帽子、鞋子、手表、眼镜时，都十分强调要使之与自己着装相协调、相一致。

4. 餐饮礼仪

法国人十分讲究饮食。在西餐中，法国菜可以说是最讲究的。

法国人爱吃面食，面包的种类很多；他们大多爱吃奶酪；在肉食方面，他们爱吃牛肉、猪肉、鸡肉、鱼子酱、鹅肝，不吃肥肉、宠物、肝脏之外的动物内脏、无鳞鱼和带刺骨的鱼。法国人特别善饮，他们几乎餐餐必饮，而且讲究在餐桌上以不同品种的酒水搭配不同的菜肴；除酒水之外，法国人平时还爱喝咖啡。法国人用餐时，两手允许放在餐桌上，但却不许将两肘支在桌子上；在放下刀叉时，他们习惯于将其一半放在碟子上，一半放在餐桌上。

5. 商务礼仪

在法国从事商务活动宜穿保守式西装，访问公司、单位要预约。在法国，礼节上要求把自己的身份列在名片上。客人在拜访并参加晚宴的前夕，总是喜欢送花给主人。

法国人大多着重于依赖自己的力量，很少考虑集体的力量，个人的办事权限很大。组织结构单纯，从下级管理职位到上级管理职位通常只有二三级，因此在参加商谈的时候，也大多由一人承担，并且能够决策。

与法国人谈判时，即使他们的英语讲得很好，他们可能也会要求用法语进行谈判。在这点上他们很少让步，除非他们恰好是在国外而且在商业上对你有所求。如果一个法国谈判者对你说英语，那么这可能是这一天你可能取得的最大让步。

虽然法国人为人冷淡但不正规刻板。法国人喜欢度假，任何劝诱都不会使他们错过或推迟一个假期去谈判。7 月的最后一个星期，他们的心思就已经从生意上转移了，因此避免在这一时期访问，最好在 9 月份以后再去法国谈生意。

资料卡

法国人的宴请

法国烹饪誉满全球，法国人非常讲究饮食，就餐是法国人的一大快事。法国人一般喜欢晚宴，不喜欢午餐会谈。若应邀到对方家里进晚餐，则应先叫花店送些花去。进餐时法国人对味道很敏感，所以每当有客人夸奖菜肴很好吃的时候，主人就会很高兴。因此，当客人把所夸奖的菜肴吃完的时候，一定会再端一盘新的上来。有这么一种说法，即英国人“注意着礼节吃”，德国人“考虑着营养吃”，意大利人“痛痛快快地吃”，而法国人则“夸奖着厨师的技艺吃”，这句话把法国人的性格表露得淋漓尽致。

法国的奶酪消费量居世界第一位。法国前总统戴高乐说过：“一年 365 天，我们法国就有 365 种奶酪。”事实上，法国至少有 400 多种奶酪，是闻名世界的奶酪之国。到法国人家中做客，主人不仅会拿出各种各样的葡萄酒来招待客人，而且还会端出各种各样的奶酪让客人品尝。

（四）俄罗斯

1. 基本概况

俄罗斯的全称是俄罗斯联邦，是世界上面积最大的国家，国土面积达 1 707.54 万平方千米，地跨欧亚大陆。俄罗斯是一个联邦制国家。俄罗斯联邦由 85 个平等的联邦主体组成，首都莫斯科是俄罗斯政治、经济、金融、科学、艺术、教育、商业中心，也是欧洲最大的城市。

2. 社交礼仪

在人际交往中，俄罗斯人素来以热情、豪放、勇敢、耿直而著称于世。在交际场合，俄罗斯人惯于和初次会面的人行握手礼，但对于熟悉的人，尤其是在久别重逢时，他们则大多要与对方热情拥抱。

在迎接贵宾之时，俄罗斯人通常会向对方献上“面包和盐”，这是给予对方的一种极高的礼遇，来宾必须对其欣然笑纳。称呼方面，在正式场合，他们也采用“先生”“小姐”“夫人”之类的称呼。在俄罗斯，人们非常看重人的社会地位，因此对有职务、学衔、军衔的人，最好以其职务、学衔、军衔相称。

依照俄罗斯民俗，在用姓名称呼俄罗斯人时，可按彼此之间的不同关系，具体采用不同的方法。只有与初次见面之人打交道时,或是在极为正规的场合,才有必要将俄罗斯人姓名的三个部分连在一起称呼。

3.服饰礼仪

俄罗斯人大多讲究仪表,注重服饰。在俄罗斯民间,已婚妇女必须戴头巾,并以白色为主;未婚姑娘则不戴头巾,但常戴帽子。在城市里,俄罗斯人目前多穿西装或套裙,俄罗斯妇女往往还要穿一条连衣裙。前去拜访俄罗斯人时,进门之后应自觉地脱下外套、手套和帽子,并且摘下墨镜,这是一种礼貌。

4.餐饮礼仪

在饮食习惯上,俄罗斯人讲究量大实惠,油大味厚。他们喜欢酸、辣、咸味,偏爱炸、煎、烤、炒的食物,尤其爱吃冷菜。总的来说,他们的食物在制作上较为粗糙一些。

一般来说,俄罗斯以面食为主,他们很爱吃用黑麦烤制的黑面包。除黑面包之外,俄罗斯人大名远扬的特色食品还有鱼子酱、酸黄瓜、酸牛奶等。吃水果时,他们多不削皮。在饮料方面,俄罗斯人很能喝冷饮。具有该国特色的烈酒伏特加,是他们最爱喝的酒。此外,他们还喜欢喝一种叫“格瓦斯”的饮料。用餐之时,俄罗斯人多用刀叉。他们忌讳用餐时发出声响,并且不能用匙直接饮茶或让其直立于杯中。通常,他们吃饭时只用盘子而不用碗。参加俄罗斯人的宴请时,宜对其菜肴加以称道,并且尽量多吃一些。俄罗斯人将手放在喉部,表示已经吃饱。

5.商务礼仪

俄罗斯商人有着俄罗斯人特有的冷漠与热情两重性。商人们初次交往时,往往非常认真、客气,见面或道别时,一般要握手或拥抱以示友好。俄罗斯商人非常看重自己的名片,一般不轻易散发,除非确信对方的身份值得信赖或是自己的业务伙伴时才会递上名片。

在进行商业谈判时,俄罗斯商人对合作方的举止细节很在意。站立时,身体不能靠在别的东西上,而且最好是挺胸收腹。坐下时,两腿不能抖动不停。在谈判前,最好不要吃散发异味的食物。在谈判休息时可以稍微放松,但不能做一些有失庄重的小动作,比如伸懒腰、掏耳朵、挖鼻孔或修指甲等,更不能乱丢果皮、烟蒂和吐痰。

许多俄罗斯商人的思维方式比较古板、固执而不易变通,所以,在谈判时要保持平和、宁静,不要轻易下最后通牒,不要想着速战速决。

对商品的看法,俄罗斯商人认为,商品质量的好坏及用途是最重要的。买卖那些能够吸引和满足广大消费者一般购买力的商品是很好的生财之道。

商人们初次交往时,在商业交往中,宜穿庄重、保守的西服,而且最好不要是黑色的。俄罗斯人较偏爱灰色、青色。衣着服饰考究与否,在俄罗斯商人眼里不仅是身份的体现,而且还是此次生意是否重要的主要判断标志之一。

俄罗斯商人认为礼物不在重而在于别致,太贵重的礼物反而使受礼方过意不去,常会误认为送礼者另有企图。俄罗斯商人对喝酒吃饭也不拒绝,但他们并不在意排场是否大、菜肴是否珍贵,而主要看是否能尽兴。俄罗斯商人十分注重建立长期关系,尤其是私人关系,在酒桌上,这种关系最容易建立。千万要记住,女士在俄罗斯礼仪上是优先照顾的。

三、美洲地区主要国家礼仪及禁忌

美洲全称亚美利加洲,居民大多是英法等欧洲国家移民的后裔,其次是印第安人、黑人和混血人种。北美洲主要通用英语和法语,南美洲巴西的官方语言为葡萄牙语,法属圭亚那为法语,圭亚那为英语,苏里南为荷兰语,其他国家均使用西班牙语。印第安人使用印第安语。美洲居民主要信奉天主教和基督教新教。

(一)美国

1.基本概况

美国的全称是美利坚合众国,是由华盛顿哥伦比亚特区、50个州、波多黎各自由邦和关岛等众多海外领土组成的联邦共和立宪制国家,其主体部分位于北美洲中部,国土面积963万平方千米,人口为3.3亿(2022年数据),通用英语,是一个移民国家。美国是高度发达的资本主义国家,其政治、经济、军事、文化、创新等实力领衔全球。

2.社交礼仪

美国人与客人见面时,一般都以握手为礼。美国人性格浪漫,为人诚挚。在公共场所就座时,一般都让长者和妇女坐在右边,走路要让长者和妇女走在右边。美国人以好客著称。为了表示友好,使客人感到随便,不拘束,他们一般乐于在自己家里宴请客人,而不习惯在餐馆请客。美国人很健谈,喜欢边谈边用手势比画。他们喜欢自由自在,不受约束;惯于晚睡晚起,有拖拖拉拉的习惯。

在美国,无论任何时候接受他人的服务都要说声"谢谢(Thank You)",否则会被视为无礼;任何时候,都要礼让妇女、儿童,如帮他们开门、让他们先行等;在任何情况下,都不要询问对方的年龄(尤其是女士)、收入及婚姻状况;一定不要随地吐痰、随处吸烟,要吸烟时请注意是否有禁烟标志,并询问周围的人(特别是女士)是否介意吸烟;在扶梯上,应把左侧让给有急事的人;不要在马路、走廊上数人并排行走。

美国人的姓名排列是名在前,姓在后。姓一般只有一个,名可以有一个或两个,妇女婚后随夫姓。美国人见面时常直呼对方名字,即便是初次相识。他们的平等观念强,尊重妇女,尊重个人,父母到孩子的房间去也必须先敲门。与美国人交谈,避免谈论种族、宗教、性别、年龄和身体特征。美国人对安全问题非常重视,期望对所有接触的人都保持礼节,包括机场保安和空服人员。

美国人还十分讲究个人空间。和美国人谈话时,不可站得太近,一般保持在50厘米以外为宜。无论是在饭馆还是在图书馆,也要尽量同他人保持一定距离,不得已与别人同坐一桌或紧挨着别人坐时,最好打个招呼,问一声"我可以坐在这里吗",在得到允许后再坐下。在商务访问前,必须预约,最好在即将抵达时先通个电话告知。美国人热情好客,哪怕仅仅相识一分钟,都有可能被邀请去看戏、吃饭或外出旅游。但一星期之后,他很可能就把你忘得一干二净。到美国人家去登门拜访,贸然登门是失礼的,必须事先做好约定。就是给亲朋好友送礼,如果他们事先不知道的话,也不要直接敲门,最好把礼物放在其家门口,然后再通知对方去取。

3.服饰礼仪

西装在美国是极庄重的服饰,适用于谈判、参观、典礼及婚葬礼等,穿着时应配以深色领带、皮鞋;切勿穿着背心、短裤、拖鞋出入公共场所;衣着须整洁,切勿身带异味,否则会引起别人反感。

4.餐饮礼仪

请美国人用餐,他们一般是不提前到达的,而是准时或迟到5—15分钟。应邀去美国人家中做客或参加宴会,最好给主人带上一些小礼品,如化妆品、儿童玩具、本国特产或烟酒之类。对家中的摆设,主人喜欢听赞赏的语言,而不愿听到询问价格的话。

5.商务礼仪

与美国人交往时,准时守信相当重要。美国商人喜欢表现自己的"不正式""随和"与"幽默感”。能经常说几句笑话的人，往往易为对方接受。美国商界流行早餐与午餐约会谈判。答应参加美国人举办的宴会，一定要准时赴宴，如果因特殊情况不能准时赴约，则一定要提前通知主人，并说明理由，或者告诉主人什么时间可以到。

借助其在国际贸易中的地位，美国文化给谈判带来的特点变得颇为引人注目。从总体上来说，美国人的性格通常是外向的。因此，有人将美国人的性格特点归纳为外露、坦率、真挚、热情、自信和滔滔不绝，追求物质上的实际利益。

与美国人做生意，“是”和“否”必须保持清楚，这是一条基本原则。当无法接受对方提出的条款时，要明白地告诉对方你不能接受，而不要含糊其词，使对方存有希望。万一发生了纠纷，就更要注意谈判的态度，必须诚恳、认真，绝对不要笑。因为在美国人看来，出现了纠纷、争论时，双方的心情都很恶劣，笑容必定是装出来的，这就会使对方更为生气，甚至认为你已经自认理亏了。

与美国人谈判，绝对不能指责客户公司中某人的缺点，或把以前与某人有过摩擦的事作为话题，或把处于竞争关系中的公司的缺点抖搂出来进行贬抑等，这些都是绝对不可以的，这是因为美国人在谈到第三者时，都会避免损伤对方的人格。这点务必牢记于心，否则是会被对方蔑视的。美国的商业习惯是每一种产品都要投保，非常重视专利与商标。美国工会影响力很大，对美贸易应找与工会有一定联系的代理商，这样推销工作有可能做得更好。美国的商业活动节奏很快(特别是在纽约)，决策也很迅速，中层主管通常有相当的决定权，可以决定一些中型规模的交易。

(二)加拿大

1. 基本概况

加拿大是北美洲最北的国家，西抵太平洋，东迄大西洋，北至北冰洋，东北部和丹麦领地格陵兰岛相望，东部和法属圣皮埃尔和密克隆群岛相望，南方与美国本土接壤，西北方与美国阿拉斯加州为邻，领土面积为998万平方千米，位居世界第二。

加拿大素有“枫叶之国”的美誉，首都是渥太华。加拿大政治体制为联邦制、君主立宪制及议会制，是英联邦国家之一。英王伊丽莎白二世为国家元首及国家象征，但无实际权力。

加拿大是典型的英法双语国家。加拿大得益于丰富的自然资源和高度发达的科技，同时也是世界上拥有高生活品质的国家之一，是全球最富裕、经济最发达的国家之一。

2. 社交礼仪

加拿大人在社交场合与客人相见时，一般都惯行握手礼。亲吻和拥抱礼虽然也是加拿大人的礼节方式，但它仅适合于熟人、亲友和情人之间。

加拿大与英国、欧洲其他国家以及它南面的邻国——美国保持着紧密的联系，其居民中大部分讲法语。

加拿大人朴实、友善、随和，易于接近，讲礼貌但不流于烦琐礼节。在北美，人们在得到他人服务时，一般都会微笑地道声“谢谢”，特别是在接受礼物、感谢主人的热情款待、司机与导游的周到服务、餐馆侍应生端上盘菜之时。

加拿大人在公共场所注意文明礼让，在公共汽车和地铁里，都自动给老人和小孩让座，并礼让女士优先；乘坐公共交通工具，总是依次排队，很少有拥挤现象；在公共场所，一般不大声喧哗；当有事或出错时，可说“打搅了”(Excuse me)或“对不起”(Sorry)等来表达礼貌性歉意。加拿大人不喜欢外来人过分地把他们的国家和美国进行比较，而喜欢外来人谈有关他们的国家和人民的长处。

3.服饰礼仪

在加拿大,不同的场合有不同的装束。在教堂,男性着深色西装,打领结;女士则穿样式庄重的衣裙。在参加婚礼时,男性或穿着西装,或穿便装,穿便装时不打领带;妇女则不宜打扮得过分耀眼,以免喧宾夺主,更不宜穿白色或米色系列的服装,因为象征纯洁的白色是属于新娘的。如是非正式的宴会,或彼此很熟识,男性可穿不同颜色的上装和长裤;女士着整套衣裙或衫裙,服装颜色不宜太显眼,款式不能过于奇异。在加拿大参加葬礼,男性要着整套西装,打素色或黑色领带;妇女则穿素色衣裙,款式要保守,不宜穿金戴银和过分化妆,以表现出自己对死者的哀悼。加拿大青年人喜爱那种能体现现代生活的节奏感,使着装者显得潇洒、干练的服装,如牛仔系列服装就很受青睐。

4.餐饮礼仪

加拿大由于历史的原因和人种的构成因素,生活习俗及饮食习惯与英、法、美相仿。其独特之处是他们养成了特别爱吃烤制食品的习惯,这主要是受到加拿大气候寒冷的影响。他们在餐具使用上一般都习惯用刀叉,喜欢吃家乡风味的烤牛排,尤以半生不熟的嫩牛排为佳,习惯饭后喝咖啡和吃水果。

亲朋好友之间请吃饭一般在家里而不去餐馆,认为这样更友好。客人来到主人家,进餐时由女主人安排座位,或事先在每个座位前放好写有客人姓名的卡片。在加拿大还有一种更随意的宴请方式,即"自助餐"或"冷餐会"形式:由主人把饭菜全部摆在桌上后,客人可各自拿一只大盘子(或由主人发给),自己动手盛取喜欢吃的食品,离开餐桌到另一房间随便就坐进餐,这样客人与主人、客人与客人之间便有更多的时间交谈。

5.商务礼仪

在加拿大,除了受宗教教规影响的少数村庄外,一般并无显著的色彩爱好。加拿大的商人中,90%为英国和法国后裔,大体而言,属于保守型,不喜欢产品的价格经常波动。去魁北克省与法裔加拿大人谈生意,如能说几句法语,有意想不到的好处。加拿大人不像美国人那样随便,大部分招待会在饭店和俱乐部举行。如果应邀去加拿大人家里做客,则可以事先送去或随身携带一束鲜花给女主人,但不要送白色的百合花。在加拿大,白色的百合花只有在葬礼上才用。

(三)巴西

1.基本概况

巴西的全称为巴西联邦共和国,位于南美洲东部和中部,面积851万平方千米,是南美洲面积最大、人口最多的国家。巴西是世界上种族融合最广泛的国家之一,被人们称为"人种的大熔炉"。巴西首都巴西利亚是新兴的现代化城市,其官方语言为葡萄牙语。

2.社交礼仪

巴西人的社交习惯与欧洲差不多,有时较拘礼,有时又十分随和。初见面时,人们以握手为礼,然而亲戚朋友彼此问候时也习惯拥抱、亲颊。比较亲近的男士彼此习惯拥抱,并在对方背上重重拍打。巴西人慷慨好客,到他们家里做客,酒杯里永远有酒,盘子与咖啡杯里永远不空。在巴西人家里做客后的第二天,应托人给女主人送一束鲜花或一张致谢的便条。

在巴西,以棕色、紫色表示悲伤,黄色表示绝望。人们迷信紫色会给人们带来悲伤,所以千万不能送紫色鲜花。另外,他们还认为深咖啡色会招来不幸。

巴西人特别喜爱孩子,谈话中可以夸奖他的孩子。巴西的男人喜欢笑,但客人应避免涉及当地民族的玩笑,对当地的政治问题最好闭口不谈。

3.服饰礼仪

通常，巴西的男性企业管理者穿流行的三件套，办公室职员穿两件套。合适的商业服饰经常会包括长袖衬衫，即使是在夏天也不例外。商业女性应该穿端庄的套装或者礼服，还有衬衫和裙子。女士的衬衫可以是短袖的。男性和女性都应该避免穿黄色和绿色的服装，因为那是巴西国旗的颜色。

4. 餐饮礼仪

在饮食方面，巴西因为是欧、亚、非移民荟萃之地，饮食习惯深受移民国影响，所以各地习惯不一，极具地方特色。

巴西南部土地肥沃，牧场很多，烤肉就成为当地最常用的大菜。东北地区人们的主食是木薯粉和黑豆，其他地区的主食是面、大米和豆类等。蔬菜的消费量以东南部和南部地区居多。巴西有名的菜肴有：豆子炖肉是全民大菜，它是用豆子烹煮而成；烤肉为一品国菜，在巴西的每个地方，烤肉都是巴西的风味菜；坑炖羊肉因其特有的烹制方式和乡村风味风靡全国。

巴西素称“咖啡王国”，喝咖啡也就成了人们的习惯。还有一些人爱喝马黛茶。巴西的餐桌礼仪没有美国和欧洲那么严格，有些巴西人用大陆方式拿刀叉（一手总拿着叉子），而有的则用美国方式（换手拿叉子），表示用餐完毕应把餐具水平放在盘子上面。巴西人认为用手和手指直接接触食物“不干净”，用手拿食物时应该用餐巾。

5. 商务礼仪

商务访问时，宜穿保守式样深色西装。无论访问政府机关或私人机构，均需事先订约。与巴西商人进行商务谈判时，要准时赴约。如对方迟到，哪怕是两个小时，也应谅解。像大部分拉美人一样，巴西人对时间和工作的态度比较随便。

在巴西，当地的联系者是必需的。潜在的买主不会对直接的、临时的访问有什么好的反应。为了遇到自己感兴趣的伙伴，可以参加贸易展览或者贸易会议，也可以请商会、贸易协会、政府中介、银行或者行业协会向巴西公司帮忙推介。你的第一封联络信件应该用葡萄牙语写，并且说明，如果可能的话，以后将用英语联络。要提前两周预订约会，尽量安排在办公室而不是饭店或者酒吧见面。不要希望很快就进入谈生意的阶段，巴西人需要时间来了解对方。

巴西人是有名的难对付的杀价高手，他们不害怕非常直接地拒绝对方的开价。然而，这样直率并不是有意地想无礼或者发生冲突，他们只是想让对方知道他们的观点。要为漫长的谈判程序留出足够的时间，同时在最初出价时要留足余地，为让步留出空间。在整个谈判过程中，要尽量少沉默，因为巴西人似乎一直在说。

四、非洲、大洋洲地区主要国家礼仪及禁忌

（一）南非

1. 基本概况

南非的全称是南非共和国，位于非洲大陆最南端，东、西、南三面濒临印度洋和大西洋，北与纳米比亚、博茨瓦纳、津巴布韦、莫桑比克和斯威士兰接壤，地处两大洋间的航运要冲，其西南端的好望角航线历来是世界上最繁忙的海上通道之一，有“西方海上生命线”之称。南非国土面积约 122 万平方千米，全境大部分为海拔 600 米以上的高原。

南非有 11 种官方语言，英语和阿非利卡语（南非荷兰语）为通用语言，居民主要信奉基督教新教、天主教、伊斯兰教和原始宗教。

南非是世界上唯一同时存在 3 个首都的国家：行政首都比勒陀利亚（Pretoria）是南非中央政府所在地；立法首都开普敦（Cape Town）是南非国会所在地，也是全国第二大城市和重要港

口，位于西南端，为重要的国际海运航道交汇点；司法首都布隆方丹（Bloemfontein）为全国司法机构所在地。

2.社交礼仪

南非人把宾客临门视为荣幸。殷勤招待、用咖啡待客是比较常见的礼节。南非人用不同的手势来表达喜怒哀乐：举起和挥动右手并竖起大拇指，双目注视，表示尊敬；五指握拳，不停地挥动，表示诅咒和谩骂；用拇指和食指拈出“达达”的声音，表示对话题很感兴趣，完全同意对方的意见；用手指头迅速地刮自己的耳朵，表示话不投机或完全不同意对方的见解；一只手抹另一只手的手背，表示此事与己无关；两手手掌朝上，表示疑问；一只手掌拍另一只手掌表示惊异和奇怪；用手指指某人，然后张开手掌，举起手左右转动，这是在骂某人是傻瓜；用食指朝着某人，表示蔑视或看不起；伸出手并张开五指，或是用手指刮别人的鼻子，双方势必有一场激烈的争吵甚至斗殴。南非人不会当众剔牙、摸皮带、拉裤子、脱鞋。

有些南非人行拥抱礼，有些行亲吻礼，还有些则行独特的握手礼，即先用自己的左手握住自己的右手腕，再用右手去与人握手。

3.服饰礼仪

在城市之中，南非人的穿着打扮基本西化。大凡正式场合，他们都讲究着装端庄、严谨。因此在进行官方交往或商务交往时，最好穿样式保守、色彩偏深的套装或裙装，不然就会被对方视作失礼。另外，南非黑人通常还有穿着本民族服装的习惯。不同部族的黑人，在着装上往往会有自己不同的特色。越来越多的人开始脱去传统服装，穿西装。

4.餐饮礼仪

南非当地白人平日以吃西餐为主，经常吃牛肉、鸡肉、鸡蛋和面包，爱喝咖啡与红茶。南非黑人喜欢吃牛肉、羊肉，主食是玉米、薯类、豆类；不喜生食，爱吃熟食。南非著名的饮料是如宝茶。在南非黑人家做客，主人一般送上刚挤出的牛奶或羊奶，有时是自制的啤酒。客人一定要多喝，最好一饮而尽。

5.商务礼仪

南非商务礼仪可以概括为“黑白分明”“英式为主”。所谓“黑白分明”，是指受到种族、宗教、习俗的制约，南非的黑人和白人所遵从的商务礼仪不同；“英式为主”是指在很长的一段历史时期内，白人掌握南非政权，白人的商务礼仪特别是英国式社交礼仪广泛流行于南非。

以目前而论，在社交场合，南非人所采用的普遍见面礼节是握手礼，他们对交往对象的称呼则主要是“先生”“小姐”或“夫人”。在黑人部族中，尤其是广大农村，南非黑人往往会表现出与社会主流不同的风格。比如，他们习惯以鸵鸟毛或孔雀毛赠予贵宾，客人此刻得体的做法是将这些珍贵的羽毛插在自己的帽子上或头发上。

南非商人十分保守，交易方式力求正式。许多生意在私人俱乐部或对方家中做成。在此地做生意使用过于细腻的手段或说话兜圈子常不被人了解，想以这种方式达到目的多半行不通，想说的话就大胆直率地说出来。南非黑人对自己的传统情有独钟。

（二）澳大利亚

1.基本概况

澳大利亚由大陆部分和塔斯马尼亚等众多的岛屿组成，全国总面积约为762万平方千米，分为6个州和2个地区，首都是堪培拉。全国总人口中，当地土著居民仅占约1%，其余主要是外国移民的后裔。澳大利亚的主要宗教是基督教，全国约98%的人是基督教教徒；官方语言是英语。

2.社交礼仪

澳大利亚的社交礼仪深受英国的影响。另外，由于近些年来英国地位的衰落与美国势力的膨胀，美国的社交礼仪已经日益渗入澳大利亚，所以澳大利亚人在人际交往中呈现出第一个基本特点，即亦英亦美，以英为主。

在澳大利亚，同时生活着许多民族，他们共同奋斗，共同创造澳大利亚的文明与繁荣，同时也在一定程度上保留了本民族的传统礼仪与习俗，并且努力将其发扬光大。因此，澳大利亚的社交礼仪便形成了第二个基本特点，即兼容并包，多姿多彩。

澳大利亚人见面时所行的既有拥抱礼、亲吻礼，也有合十礼、鞠躬礼、握手礼、拱手礼、点头礼。土著居民在见面时所行的勾指礼，极具特色，即相见的双方各自伸出手来，令双方的中指紧紧钩住，然后再轻轻往自己身边一拉，以示相亲、相敬。澳大利亚人普遍乐于同他人交往，并且表现得质朴、开朗、热情，过分地客套或做作均会令他们不快。在讲英语的国家中，澳大利亚人可能是最无拘无束、轻松自在、爱交朋友的了。在公共场合，他们爱跟陌生人打招呼、聊天，并且爱请别人到自己家里做客。

3.服饰礼仪

澳大利亚人除在极为正式的场合穿西装、套裙之外，平时一般穿着 T 恤衫、短裤或者牛仔装、夹克衫。由于阳光强烈，他们在出门时通常喜欢戴上一顶棒球帽来遮挡阳光。有趣的是，由于澳大利亚地处南半球，季节正好与北半球相反，所以澳大利亚人在同一个季节里的穿着可能与北半球的人相反，如在欢度圣诞节的时候，澳大利亚人要穿夏装。

4.餐饮礼仪

澳大利亚人的饮食习惯可谓多种多样。就主流社会而言，人们一般喜欢英式西餐，口味清淡，不喜油腻，忌食辣味。不少的澳大利亚人还不吃味道酸的东西。

澳大利亚人大多爱吃牛肉、羊肉，对于鸡肉、鱼肉、禽蛋也比较喜欢。他们的主食是面包，爱喝的饮料则有牛奶、咖啡、啤酒与矿泉水等。澳大利亚人不吃狗肉、猫肉、蛇肉、动物的内脏与其头、爪。

在用餐时，澳大利亚人是使用刀、叉。在有些地方，如在达尔文市，人们外出用餐时必须衣冠楚楚，否则将被禁止入内。平时，澳大利亚人还很爱外出野餐，并以烧烤为主。

5.商务礼仪

谈判中，澳方派出的谈判人员一定都是具有决定权的人，因此对方也应该派出同样具有决定权的人，否则他们便会很不乐意。他们极不愿意把时间浪费在不能做决定的空谈中，而且在谈判中谈及价格时不喜欢对方报高价，然后再慢慢地减价，也不愿意在讨价还价上浪费时间。所以，他们采购货物，大多采用招标的方式，根本不给予讨价还价的机会，所以必须以最低价格议价。

澳大利亚人的成见比较重，所以谈判人员必须给予好的第一印象，才能使谈判顺利进行。大多数澳大利亚人，不论其地位多高，都很平易近人，会真诚而专注地倾听对方的意见。他们讨厌任何依仗地位来摆架子的作风。

澳大利亚的员工一般很遵守工作时间，下班时间一到，就会立即离开办公室。但经理阶层的责任感很强，对工作很热心，待人不拘束，也乐于接受招待。值得注意的是，不要以为在一起喝过酒，生意就好做了。他们的想法是：招待归招待，与生意无关，公私分明很清楚。在悉尼和墨尔本宜随时穿西装；在布里斯班，当地商人惯穿衬衫、打领带、穿短裤，不过，初次见面时，仍不妨穿西装。拜访商界或政府办公室，须预约。很多生意是在酒吧中做成的，如果你提议喝一杯，通常由你付账，不可各自付账，除非事先说好。

澳大利亚人有个无法通融的习惯，那就是每周日上午一定要到教堂做礼拜。澳大利亚人自古至今一直严守“周日做礼拜”的习惯，因此，要避免在周日上午拜访他们。到澳大利亚进行商务活动的最佳月份是3—11月；12月至次年2月为休假期。此外，圣诞节和复活节前后一周不宜拜访。

情境案例分析

情境一

一位英国老妇到中国游览观光，对接待她的导游小姐评价颇高，认为她服务态度好，语言水平也很高，便夸奖导游小姐说：“你的英语讲得好极了！”小姐马上回答说：“我的英语讲得不好。”英国老妇一听生气了：“英语是我的母语，难道我不知道英语该怎么说？”

谦虚是美德，可老妇为什么生气呢？如果是你，则你会怎样回答？

情境二

假定你去机场接法国的朋友约翰等，来的有约翰先生、约翰先生的妻子以及约翰先生的秘书，与同学模拟训练逐一与他们握手并进行问候这一过程。

情境三

若公司派你接待一位重要的日本友人，则你怎样给这位友人准备礼品？

情境四

刘伟是一家大型国有企业的总经理。他获悉有一家著名的英国企业经理布朗夫人来本地寻求合作伙伴，便想办法取得了与对方面谈的机会。双方会面的那一天，总经理对自己的形象刻意地进行了一番修饰，身穿名牌夹克衫、牛仔裤，脚踩旅游鞋，最后还特意买来百合花送给这位女士。然而事与愿违，布朗夫人显得很不高兴。刘总经理的错误在哪里？你若是他，会怎样赴约？

情境五

王先生随团到泰国进行考察。抵达目的地后，受到东道主的热情接待，并举行宴会招待。席间，为表示敬意，主人向每位客人递上一杯当地特产饮料。轮到王先生接饮料时，一向是“左撇子”的王先生不假思索地伸出左手去接。主人见此情景，脸色骤变，不但没有将饮料递到王先生的手中，而且非常生气地将饮料重重地放在餐桌上，并不再理睬王先生。你知道这是为什么吗？

参考文献

[1] 金正昆. 社交礼仪教程[M]. 第 5 版. 北京:中国人民大学出版社,2016.
[2] 舒伯阳,刘名俭. 旅游实用礼貌礼仪[M]. 第 2 版. 天津:南开大学出版社,2008.
[3] 藏圣辑. 礼记[M]. 哈尔滨:北方文艺出版社,2016.
[4] 伍新蕾. 服务礼仪与形体训练[M]. 大连:东北财经大学出版社,2016.
[5] 叶明. 商务礼仪基于国际视野礼仪[M]. 北京:清华大学出版社,2015.
[6] 牟红,杨梅. 旅游礼仪实务[M]. 北京:清华大学出版社,2015.
[7] 付红梅. 现代礼仪大全:实用礼仪指南[M]. 北京:中国华侨出版社,2008.
[8] 蔡桂娟. 现代礼仪[M]. 上海:上海交通大学出版社,2010.
[9] 王兴斌. 中国旅游客源国概况[M]. 北京:旅游教育出版社,2016.
[10] 胡晓涓. 商务礼仪[M]. 第 2 版. 北京:中国人民大学出版社,2012.